英语词汇与文化

方　元 ◎ 著

（著作组成员）

郝永辉　明　焰　聂倩莲
萨晓丽　王庆华　董　倩

吉林大学出版社
·长　春·

图书在版编目（CIP）数据

英语词汇与文化 / 方元著 . — 长春 : 吉林大学出版社 , 2022.9

ISBN 978-7-5768-0708-0

Ⅰ . ①英… Ⅱ . ①方… Ⅲ . ①英语—词汇—研究 Ⅳ . ① H313

中国版本图书馆 CIP 数据核字（2022）第 186125 号

书　　名　英语词汇与文化
　　　　　　YINGYU CIHUI YU WENHUA

作　　者　方 元 著
策划编辑　张文涛
责任编辑　安　斌
责任校对　邹燕妮
装帧设计　马静静
出版发行　吉林大学出版社
社　　址　长春市人民大街 4059 号
邮政编码　130021
发行电话　0431-89580028/29/21
网　　址　http://www.jlup.com.cn
电子邮箱　jldxcbs@sina.com
印　　刷　北京亚吉飞数码科技有限公司
开　　本　787mm×1092mm　1/16
印　　张　16
字　　数　255 千字
版　　次　2024 年 3 月　第 1 版
印　　次　2024 年 3 月　第 1 次
书　　号　ISBN 978-7-5768-0708-0
定　　价　92.00 元

版权所有　翻印必究

前　言

　　语言和文化的关系至为密切。广义上讲,文化包含一个社会的一切:信仰、道德、法律、习俗、艺术、语言、教育以及衣食住行等日常生活。每一个民族和地区都有自己独特的文化。语言是人类沟通的工具,它既是文化的一部分,也是文化的载体。语言由文字、语音和语法组成,文字更易受时代变迁、社会习俗、伦理道德、思维观念等文化因素的影响。二者具有共生性、互依性和表里性。可以说,文化的存在要有语言作为它的符号标志,作为它的表达形式;而语言的存在也要文化作为它的意念理据,作为它的社会底座。诚如语言学大家萨丕尔所说:"语言有一个底座……语言也不脱离文化而存在,就是说,不脱离社会流传下来的、决定我们生活面貌的风俗和信仰的总体。"所以,没有语言,文化无从形成和显现;而没有文化,语言也不能建构和确立。这样,从文化的视角,用文化学的原理和方法来研究和阐释语言现象及其规律,就是很有意义、很有价值的。

　　英语是西方文化的载体,它深深地印上了西方各个民族悠久而多姿多采的文化历史的印记,学习英语同样必须把握西方文化。要想把握好西方文化,应注重学习最能反映西方文化特征的文化词汇。这是因为文化词汇总是同民族的文化背景、心理素质、习俗民情、社会制度的变革和社会生活的变化密切相关,随着社会的变化而变化,是词汇中最活跃的部分。对文化词汇进行比较深入的考察和研究,弄清它的来龙去脉,具有较大的现实意义。为此,作者在参阅大量相关著作文献的基础上,精心策划并撰写了《英语词汇与文化》一书。

　　本书共包含九章,分为两大部分。由于英语语言的发展历程与英国的历史有着不可分割的联系。追根溯源,语言学意义上真正的英语是公元 5 世纪由日尔曼部落的盎格鲁人(Angles)、撒克逊人(Saxon)和朱特人(Jutes)带入不列颠岛,并逐渐发展为英语"English"。英国历史上一些事件,如罗马帝国的入侵、诺曼征服、文艺复兴等,给不列颠岛上的语言带来大量拉丁语和希腊语因素，拉丁词根和词缀的影响尤为突出。英语中不仅有很多的拉丁语的词，如 a.m.、p.m.、per se、bonus 等，而且在学术领域和其他正式的语境下，绝大多数英语词汇（80%～90%）包含拉丁词根（root）和词缀（affix），因此要学好英语词汇，拉丁词根和希腊词根、词缀的意义的掌握至关重要，是扩展词汇和理解词汇不可缺少的工具，因此本书的第一部分（即第一章）对其进行了比较全面的介绍，当然在其他章节中也有一定的覆盖。另外，由于英国从 16 世纪开始海外扩张，工业革命进一步推进英帝国建立更多殖民地，英语在北美洲、欧洲、非洲、大洋洲、亚洲的很多国家成为官方语言或者对外交流语言，这些国家构成了一个广泛的英语共同体，英语成为国际交流的主要语言。这些国家的神话传说、服饰、饮食、节日、音乐、教育以及价值观等方面的信息赋予英语丰富的文化意义，因此本书的第二部分（即从第二章至第九章）对这些内容做了归纳和介绍。

总体来说，本书包含丰富的文化信息，在撰写过程中作者查阅大量文献资料，做了广泛的调研和访谈。语言简练，偏重信息和知识性。通过附加表格、图片等直接和简洁的手段说明各种文化信息。

本书是基于北京信息科技大学通识选课"英语词汇与文化"的教学内容而撰写的学生阅读文本，在十几年的教学实践中不断修改和完善，全体著者倾注大量努力，但是书中难免有一些纰漏，敬请广大读者和同仁批评指正。同时，本书得到了北京信息科技大学外国语学院的大力支持和王朝晖院长的指导，在此向其表示诚挚的感谢！

作　者
2022 年 11 月

目 录

第一章 词根、词缀与英语词汇 ·· 1
    第一节 自然界 ·· 2
    第二节 人体各部分及相关动作 ·· 15
    第三节 社　会 ·· 31

第二章 现代英语中的古希腊罗马神话 ······································ 38
    第一节 古希腊神话中三代神王更迭的历史 ··· 38
    第二节 奥林匹斯神族和宙斯的人间爱人及子女 ·································· 50
    第三节 特洛伊战争 ·· 68

第三章 源自寓言童话的英语习语 ··· 76
    第一节 源自《伊索寓言》的习语 ·· 76
    第二节 源自民间神话的习语 ·· 95

第四章 具有文化特点的服饰英语词汇 ······································ 99
    第一节 衣　料 ·· 99
    第二节 服　装 ·· 103
    第三节 鞋　帽 ·· 111
    第四节 其他配饰 ·· 116
    第五节 关于服装的地道英语口语 ·· 120

第五章 具有文化特点的饮食英语词汇 ······································ 125
    第一节 食材和烹调方式 ··· 125
    第二节 烘焙食物 ·· 144

第三节　英语文化特有的饭后甜食……………………………148
第四节　厨房用具……………………………………………150

第六章　英语国家主要节日及文化信息……………………………158
第一节　节日概述……………………………………………158
第二节　不同月份里的节日…………………………………163

第七章　英美音乐与英语词汇………………………………………181
第一节　英美音乐常用词汇…………………………………181
第二节　英美音乐其他常见词汇表达………………………195

第八章　教育领域中特色英语词汇…………………………………202
第一节　中西方教育的不同表达……………………………202
第二节　中西方教育领域其他常见表达……………………209

第九章　社会文化价值取向对英语词汇的影响……………………221
第一节　中西价值观的差异…………………………………222
第二节　中西价值取向对于用词的影响……………………229
第三节　价值取向对于词语联想意义的影响………………235

参考文献……………………………………………………………242

第一章

词根、词缀与英语词汇

　　英语源于英国,起源于盎格鲁-撒克逊人(Anglo-Saxons)的语言,在它成长的过程中经历种种变迁。盎格鲁-撒克逊人在定居不列颠岛之前,罗马人跟他们就有一些贸易往来,拉丁语开始进入他们的语言中。在凯尔特人(Celts)时期罗马帝国三次入侵不列颠岛,一些拉丁词语随着贸易和宗教使团的教义传播而进入不列颠岛上使用的语言中。1066年,法国的诺曼底公爵(Duke of Normandy)在英国王位争夺战中获胜,入主英国,获得了王位,史称征服者威廉(William the Conqueror),使英国进入为期近200年的法语为官方语言的时期。法语属于拉丁语系,很多法语词包含拉丁词根。另外,文艺复兴时期,欧洲学者热衷于古典文化的研究,拉丁语的使用再一次进入繁荣时期。英语中包含拉丁词根的词汇多为正式用词,在学术领域、法律文本和外交等方面含有拉丁词根的词汇占比相当高。如果想高效率掌握这些词汇,拉丁词根的学习是必不可少的。下面我们从英语基本词汇所对应的拉丁词根一点一点地学起来!

第一节 自然界

一、世界、宇宙

我们生活的这个世界称之为 world,浩瀚的宇宙我们称作 space,cosmo 是来自希腊语的词根,表示"宇宙,世界",它的构词举例见下表:

词语	含义	扩展
cosmos	n. 宇宙	cosmic adj. 宇宙的; cosmism n. 宇宙论; cosmics n. 宇宙学
cosmology	n. 宇宙学,宇宙论	cosmologic adj. 宇宙学的,宇宙论的; cosmologist n. 宇宙论学者
cosmonautics	n. 宇宙航行学(naut,原来意思是船,演变为航行者,-ics 表示学科的名词性后缀)	cosmonaut n. 宇宙航行员
cosmopolis	n. 国际都市(polis,城市)	cosmopolitan adj. 全世界的,世界主义的; cosmopolitanism n. 世界主义
microcosm	n. 微观世界(micro,微,小)	microcosmic adj. 微观世界的
macrocosm	n. 宏观世界(macro,大)	macrocosmic adj. 宏观世界的

二、天

我们站在地球上抬头仰望的是天空(sky),诗歌中的天空常用 heaven,天堂或者极乐世界可以用 heaven,也可以用 paradise(希腊词语中这个词是"花园"的意思)。表示天空的拉丁词根是 ceil,但是构成的英语单词数量有限,如 ceiling n. 天花板,引申含义是"最高限额"。还有一个词根 urano 来自希腊的天穹之神 Uranus 的名字,构词有: uranology (n. 天学), uranometry (n. 星图,天文图)。

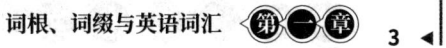

三、我们脚下的大地

我们赖以生存的地球、土地是 earth，但是与土地有关的高端的词汇，却离不开两个词根 geo 和 terr，它们的构词如下：

词根和意义	来源	扩展
geo 大地	Gaea/Gaia 希腊神话中的大地女神	geometry n. 几何（metr 测量，丈量土地）；geothermal adj. 地热的（therm 热）；geopolitics n. 地缘政治学
terr 土地	Terra 罗马神话中的大地女神	Mediterranean n. 地中海（medi 中间）；territory n. 领土；terranmycin（mycin 霉素）n. 土霉素；terra cotta warrior 兵马俑；terrestrial adj. 地球的，长在陆地上的

四、光明的使者太阳

万物生长靠太阳，它的重要性没有人能否定，在英语基本词汇中太阳的对应词是 sun，但是大量与太阳有关的词汇却和拉丁词根 sol 和希腊词根 helios 有着千丝万缕的联系，请看下列表格：

词汇和意义	来源	扩展
Sol 太阳神	罗马神话，拉丁词根	solar adj. 太阳的，日光的（-ar 形容词后缀）；solarize v. 晒（-ize 动词后缀，表示过程，……化）；solarium n. 日光浴室（-ium 名词后缀，表示地点或者场所）；turnsole n. 向日葵（turn 转动）；parasol n. 遮阳伞（para- 希腊前缀，表示位置，旁外）；circumsolar adj. 环绕太阳的，近太阳的（circum- 拉丁前缀，意思是环绕，在……周围）；subsolar adj. 太阳下的，尘世的（sub- 拉丁前缀，表示位置，在下方）
Helius 或 Helios 太阳神	希腊神话，希腊词根	heliocentric adj. 以太阳为中心的，日心的；heliolatry n. 太阳崇拜（-latry，希腊语后缀，崇拜的意思）；heliology n. 太阳学；helioscope n. 太阳望远镜（-scope 希腊语后缀，观察仪器）；heliotherapy n. 日光浴疗法（therap 希腊词根，观察，治疗）；heliotrope n. 向日开花的植物（-trope 后缀，旋转的）

五、东西迥异的月亮

在基础英语词汇中月亮是 moon,除了日常一些合成词,如 mooncake、honey moon、moonbeam,其他有关月亮的丰富的用语却与 moon 不再有缘,而是与拉丁词根 luna 有着千丝万缕的关系。首先我们看看月亮神的各种说法:

词汇和意义	来源	扩展
Luna 月亮女神	罗马神话,拉丁词根	Luna Park 月亮公园(位于美国纽约市布鲁克林区);lunar(-ar 形容词后缀)月亮的;circumlunar(circum- 表示位置的前缀,环绕)绕月的;plenilune(plen 满,充足)望月,满月
Selene 月亮女神	希腊神话,希腊词根	selenography 月面学;selenic 月亮的;selenology 月球学
Diana 月亮和狩猎女神	罗马神话	
Artemis 月亮和狩猎女神	希腊神话	是宙斯(Zeus)和勒托(Leto)之女,太阳神(Apollo)的孪生姐姐。Temple of Artemis 就是以她的名字命名的神庙。根据神话传说中的描绘,Artemis 头戴城邦王冠,手持金弓,背上背着金箭,身旁还有赤牡鹿、猎狗等动物做伴
Cynthia 月亮女神	可以是罗马神话的 Diana,也可以是希腊神话的 Artemis	它是希腊 Delos 岛上一座山的名字 Kunthia,传说是 Apollo(太阳神)与 Artemis 的出生地

文化贴士:

世界上只有一个月亮,但是在中西方文化中,月亮的寓意却大相径庭。在中国,人们经常把月亮与美好的事物联系在一起,有浪漫色彩的"花前月下""月老",表达团圆温馨的"花好月圆"。但是在西方,月亮在地球上引起的潮汐作用让人们对月亮的力量有了敬畏之心。有这样的传说:被满月的光照到,人就会发疯,因此,lunacy 指神经错乱,lunatic 指精神错乱的。

六、我们头顶的星星

我们在地球上,仰望天空,白天见到的是太阳,夜晚见到的是月亮和星星。基本词汇中星星是 star,希腊词根 aster 和拉丁词根 stella 在众多天文、天相的词语中使用广泛,见下表:

词根	来源	扩展
aster/astro	希腊词根、拉丁词根	asterisk *n.* 星标;asteroid *n.* & *adj.* 小行星,星状的;astronomy *n.* 天文学;astrology *n.* 星宿学;astronaut *n.* 宇航员;disaster *n.* 灾难(dis 错位,古代迷信认为星位不正是灾难的前兆)
stella	拉丁词根	interstellar *adj.* 星际的;stelliform *adj.* 星型的;stellular *adj.* 像星星放射状的;constellation *n.* 星座(con- 前缀,在一起,-tion 名词后缀)

七、光与影

宇宙间太阳、月亮和星星给世界带来光亮,同时也有阴影,光与影构成各种图像。普通英语中"光亮"通常用 light 表示,"阴影"可以用 shadow(一个影子)或者 shade(一片影子,阴影)或者 silhouette(剪影)表示;希腊词根 photo、拉丁词根 lumin, luc 表示光,拉丁词根 umbr 表示阴影。同时光帮助我们看到颜色(color),希腊词根 chrome 的含义也是颜色,下面是这些词根的构词:

词根和意义	来源	扩展
photo 光	希腊词根	photoelectric *adj.* 光电的;photodetector *n.* 光探测器;photograph *n.* 照片(graph 写,即利用光而记录下的东西);photographer *n.* 摄影师;photographic *adj.* 摄影的;photography *n.* 摄影学;photochemistry *n.* 光化学;photoconduction *n.* 光电导性;photochrome *n.* 彩色照片(chrome 希腊词根,色彩);photochromic *adj.* 光导致色变的,彩色照片的;photocopy *n.* 复印(件);photogenic *adj.* 发光的,由光导致;photosynthesis *n.* 光合作用,光能合成

续表

词根和意义	来源	扩展
lumin, luc 光	拉丁词根	illuminate *v.*（il=in，进 光）照 亮；luminance *n.* 亮度；luminous *adj.* 发亮的；luminary *adj.* 发光体；luminescent *adj.* 发光的；luminescence *n.* 发光；relumine *v.* 重新点燃起，重新照亮；lucent *adj.* 发亮的,透光的；lucid *adj.* 透明的,清楚的；lucidity *n.* 光明,明白；luculent *adj.* 光亮的,透明的；elucidate *v.* 阐明,解释；pellucid *adj.* 透明的,易懂的；illustrate *v.* 说明,阐释；luster *n.* 光泽,光彩；translucent *adj.* 半透明的；noctilucent *adj.* 夜间发光的（noct 词根,夜晚）
umbr 阴影	拉丁词根	umbrella *n.* 伞；umbrage *n.* 树荫,不悦；怨恨；umbrageous *adj.* 多荫的,易怒的；umbral *adj.* 有阴影的；adumbrate *v.* 勾勒出轮廓,预示（ad- 朝向）；penumbra *n.* 半影（日食、月食或太阳黑子时产生的）,灰色地带
cand 光亮	拉丁词根	candle *n.* 蜡烛；candidate *n.* 候选人（古罗马时期竞选公职的人要穿白色袍子,象征洁白无瑕）；candid *adj.* 直率的；candor *n.* 直言不讳；candescence *n.* 发光；incandescent *adj.* 白炽的（in- 加强）
chrom 颜色	希腊文	chromatic *adj.* 色彩斑斓的；chromosome *n.* 染色体；monochromatic *adj.* 单色的；panchromatic *adj.* 全色的；polychromic *adj.* 多色的

八、环抱地球的空气

表示空气的希腊词根是 aero,它的发音与英语基本词汇 air 有相似之处；另外还有希腊词根 atmos,表示"大气"或者"蒸汽",它们的构词如下：

词根和意义	来源	扩展
aero 大气	希腊词根	aerial *adj.* 空气的,航空的；aerify *v.* 使成气体（-fy,后缀,……化）；aerodynamics *n.* 空气动力学（dynamics 动力学）；aerology *n.* 大气学,气象学（-logy,后缀,……学）；aerometer *n.* 气体测量器（meter 测量器）；aerobilogy *n.* 大气生物学（biology 生物学）；aeromedicine *n.* 航空医学；aeromechanics *n.* 航空力学；aerogenerator *n.* 风力发电机（generator 发电机）；aeroengine *n.* 航空；aerophobe *n.* 航空恐惧者（phobe 恐惧,害怕）；aerospace *adj.* 航空航天的

续表

词根和意义	来源	扩展
atmo 大气，蒸汽	希腊词根	atmometer n. 汽化计，蒸发计；atmosphere n. 大气（层），气体；atmospheric adj. 大气的；atmospherium n. 云象仪

九、维持一切生命的水

说到水，大家共知的词语是 water，然而下面两个词根与水的各种用法有着割不断的联系。

词根	来源	扩展
aqua, aque, aqui 水	拉丁词根	aqueous（-ous 形容词后缀）adj. 似水的；aquatic adj. 水生的，水上的；aquarium（-ium 后缀，表示地点）n. 水族馆；aquaculture（cult 拉丁词根，含义是耕种）n. 水产养殖
hydra, hydro 水	希腊词根	dehydrate（de- 前缀，除去）v. 脱水；dehydrated vegetable 脱水蔬菜；rehydrate v. 复水；hydrant（-ant 作用者）n. 消防栓；hydrodynamics 流体力学；hydroelectric 水力发电的

海洋是 sea 或 ocean，下面两个词根与海洋有关。

词根	来源	扩展
mare 海洋	拉丁词根	marine n. 海洋；mariner n. 海员，水手；marine architect 船舶设计师；mariculture n. 水产物的养殖；marine-scape n. 海上风光；maritime adj. 海上的，海事的，海运的；submarine n. 潜水艇；antisubmarine n. 反潜水艇；supersubmarine n. 超级潜水艇；transmarine adj. 海外的，越海的
Oceanus 大洋神（在 Poseidon 以前）	希腊神话	ocean 海洋；ocean liner 远洋班轮；oceanarium 大型海洋水族馆；oceanaut 潜航员；oceanology 海洋学

水或者其他液体流动有这样的词根 flu 和 fus，水蒸气在基础词汇中用 steam，它的拉丁词根是 vapor，这些所构成的词见下表。

词根	来源	扩展
flu 流动	拉丁词根	affluent *adj.* 丰富的,大量的; affluence *n.* 富裕; 污水排放; flutter *v.* 拍翅而飞,飘动; flute *n.* 笛子; flux *n.* 流(量)
fus 流动	拉丁词根	confuse *v.* 使混淆,使迷惑; confusion *n.* 迷惑, 混淆; affusion *n.* 注水,灌水法; diffuse *v.* 散开,扩散; diffusion *n.* 扩散,弥漫; infuse *v.* 注入,灌输; infuser *n.* 注入器; infusion *n.* 灌输; perfuse *v.* 灌注,使充满; profuse *adj.* 浪费的,过多的; profusion *n.* 浪费,奢侈,丰富; refuse *v.* 拒绝; refusal *n.* 拒绝; transfuse *v.* 灌输,输血; transfusion *n.* 移注,输血
vapor 蒸汽	拉丁词根	vapor *n.* 蒸汽 evaporate *v.* 蒸发; evaporable *adj.* 使蒸发的; evaporation *n.* 蒸发; evaporative *adj.* 蒸发的; vaporium *n.* 蒸汽浴室; vaporize *v.* 使气化; vaporous *adj.* 蒸汽的

wash 指的是"用水冲洗",拉丁词根 lav(lau、lug、lut、luv)也有同样的意思,构词如下。

词根	来源和意义	扩展
lav(lau, lug, lut, luv)洗	拉丁词根	lavatory *n.* 盥洗室,卫生间; launder *v.* 洗涤,浆洗; laundry *n.* 洗衣店; laundress *n.* 洗衣妇; lavish *v.* 乱花钱,浪费; deluge *v.* 使泛滥,淹; dilute *v.* 冲淡; ablution *n.* 沐浴,净化; launderette=laundromat *n.* 自动洗衣店

文化贴士:

希腊神话中的海神是 Poseidon,罗马神话中的海神是 Neptune,也是天文学中的海王星。

十、取暖做饭用的火

火(fire)是人类进化过程中起着重要作用的能量,有三个词根 flam/flagr,ign 和 pyro 与火有关,还有一个词根 crema 与"用火烧"有联系,有关词汇见下表。

词根	来源	扩展
flam/flagr 火焰,燃烧	拉丁词根	aflame *adj.* 着火的,激动的；inflame *v.* 着火,兴奋,使发光；inflammable *adj.* 易燃的,易怒的；flagrant *adj.* 燃烧的
ign 火	拉丁词根	ignite *v.* 点火,打火；ignition key（机动车）启动的车钥匙；preignition *n.*（内燃机汽缸的）提前打火；ignitable *adj.* 可燃的；igneous *adj.* 火的,似火的
pyro 火	希腊词根	pyre *n.*（火葬用的）柴堆；pyrogenic *adj.*（尤指体内）发热的,发热引起的；pyromania *n.* 纵火狂；pyromanic *adj.* 纵火狂的；pyrometer *n.* 高温计；pyrolatry *n.* 拜火,火的崇拜；pyrexia *n.* 发烧；antipyretic *n.* 退烧药（anti- 前缀,抵抗）
crema 用火焚烧	拉丁词根	cremate *v.* 焚烧,火化（尸体）；cremation *n.* 火葬；cremator *n.* 焚尸人,垃圾焚化炉；crematorium=crematory *n.* 火葬场；crematory *adj.* 火葬的

十一、木

木头（wood）作为一种物质,在人们日常生活中可以是家具（furniture）的主要材料,在煤炭（coal）和石油（gasoline）大量使用之前是主要的燃料（fuel）,用于建筑的木材还有一个更确切的名词 timber,所有的木头都源于树木（tree）。下面这些词根都与树木和木材有关,来看看它们的构词能力。

词根	来源和意义	扩展
arbor 树	拉丁语	Arbor Day（美、加、澳、新等国的）植树节；arboraceous *adj.* 树状的,似树的；arboreal *adj.* 生活在树上的,栖于树木的,树木的；arboreous *adj.* 树木繁盛的；arboretum *n.* 树木园,植物园；arboriculture *n.* 树木栽培；arborist *n.* 树木栽培家；arborize *v.* 使成树状
lign 木头	拉丁词根	ligneous *adj.* 木质的,似木的；ligniform *adj.* 木状的；lignify *v.* 使木质化；lignipердous *adj.* 危害木材的（perdous 危害的,破坏的）；lignivorous *adj.*（昆虫幼虫等）食木的（vor 吃）；lignum *n.* 木材

续表

词根	来源和意义	扩展
xylo 木,木质	希腊词根	xylary *adj.* 木的,木质部的; xylem *n.* (植物的)木质部; xylitol *n.* 木糖醇; xylogen *n.* 木纤维,木素; xyloglyphy *n.* 木雕; xylograph *n.* 木刻,木版画; xylographic *adj.* 木刻的; xyloid *adj.* 木的,似木的; xylology *n.* 木材学,树木结构学; xylophagan *n.* 食木虫(phagan 吃,食); xylophagous *adj.* 食木的,蚀木的; xylophilous *adj.* 喜木的,适木的(phil 喜欢); xylophone *n.* 木琴
foli 叶子	拉丁词根	foliage *n.* 树叶; foliate *v.* 长出叶子; folic *adj.* 叶(酸)的; defoliate *v.* 除去叶子,落叶; exfoliate *v.* 去(皮肤的)角质

十二、金属

金属 metal 源于拉丁词根 metalli,金属又有很多种类,奥运会的奖牌常用的三种金属是金(gold)、银(silver)、铜(bronze),表示"金"的拉丁词根是 aurum,化学元素周期表中"金"的符号是 au;表示"银"的希腊词根是 chryso;化学周期表中银的符号是 ag,拉丁语中银的词根是 argentum;制作铜牌用的是青铜 bronze,制作乐器用的是黄铜 brass,铜的总称 copper 来自拉丁词根 cupro,化学周期表中铜的符号是 cu。以下是含有这些词根的词例。

词根	来源和意义	扩展
metalli	拉丁词根,金属	metallic *adj.* 金属的; metalliferous *adj.* 含铁的; metallike *adj.* 有金属特性的; metallography *n.* 金相学
aurum	拉丁词根,金	aurum *n.* 金; auriferous *adj.* 含金的,产金的(fer 带,载); aureole *n.* 光环
chryso	希腊词根,金	chrysoberyl *n.* 金绿宝石; chrysophyte *n.* 金藻
argentum	拉丁语,银	argentine *adj.* 银的,含银的; argent *adj.* 银色的
cupro	拉丁词根,铜	cuprum *n.* 铜; cuprous *adj.* 亚铜的,一价铜的; cupric *adj.* 铜的,二价铜的; cuproferrous *adj.* 含铜的,产铜的

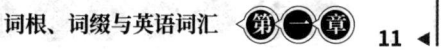

十三、吹来吹去的风

核心英语词汇中表示风的词有几个,如 wind(一般意义上的风), gust(*n*. 风,阵风), breeze(*n*. 微风,和风), hurricane(*n*. 飓风,带来灾难的风), cyclone(龙卷风,旋风,来自希腊语"轮子"), tornado(*n*. 龙卷风,来自拉丁语,旋转的意思), typhoon(*n*. 台风)。表示风的拉丁词根是 vent,下面是含有该词根的词汇。

词语	含义	扩展
vent	*n*. 通风口	ventage *n*. 空气孔;venthole *n*. 出气口,出烟孔
ventilate	*v*. 使通风	ventilation *n*. 通风;ventilator *n*. 通风机,电扇

十四、植物

植物包含花草树木,在核心基本词汇中我们很熟悉 flower、plant、tree,下面的词根可以帮助我们了解更多有关词汇。

词根	来源	扩展
botani 植物	希腊词根	botanical garden *n*. 植物园;botany *n*. 植物学;botanist *n*. 植物学家;botanize *v*. 调查研究植物生长情况
phyt 植物,生长	希腊词根	phytocide *n*. 除草剂;phytoid *adj*. 植物状的;phytol *n*. 叶绿醇;phytolith *n*. 植物化石(lith 石头);phytology *n*. 植物学;phytonutrient *n*. 植物营养素;phytopathology *n*. 植物病理学(patho 病);epiphyte *n*. 附生植物(epi 在……之上);hydrophyte *n*. 水生植物;neophyte *n*. 新生植物
flor, fleur 花	拉丁词根	Flora *n*.(罗马神话)花神; flora *n*. 某个地方所有的植物; floral *adj*. 如花的; floriculture *n*. 花卉栽培; floriate *v*. 用花卉图案装饰; fleuret *n*. 小花,小花饰品; fleury *adj*. 饰有鸢尾或者百合花型的
anth, antho 花	希腊词根	anthemion *n*. 花束状装饰(用于绘画浮雕等); anthesis *n*. 开花期; anthocyanidin *n*. 花色素(生物化学术语); anthophagous *adj*.(指昆虫)食花的(phago 希腊词根,吃); anthophilous *adj*.(动物)喜欢的(phil 喜爱); chrysanthemum *n*. 菊花(chrys 希腊词根,黄金); synanthous *adj*. 花和叶同时出现的; polyanthus *n*. 多花水仙

续表

词根	来源	扩展
herb 草（grass）或者绿色植物	拉丁词根	herbal *adj.* 草本植物的,草药的； herbage *n.* 牧草； herbalism *n.* 草药学,草本植物学； herbal medicine 草药； herbicide *n.* 灭草剂(其中 cid 的含义是切割,杀)； herbiflerous *n.* 长草的； herbivore *n.* 食草动物(-vore 拉丁语后缀,表示"食")； herbless *adj.* 无草的； herbology *n.* 药草学
arbor 树	拉丁词根	Arbor Day（美、加、澳、新等国的）植树节； arboraceous *adj.* 树状的,似树的； arboreal *adj.* 生活在树上的,栖于树木的,树木的； arboreous *adj.* 树木繁盛的； arboretum *n.* 树木园,植物园； arboriculture *n.* 树木栽培； arborist *n.* 树木栽培家； arborize *v.* 使成树状

十五、动物

动物（animal）是在自然界生物（organism）中处于食物链高端的物种。在罗马神话中 Faunus 是畜牧农林神，fauna 是动物群的意思；faunist 指动物区系研究者。

词根	来源	扩展
anim 动物，生命,心神	拉丁词根	animal *n.* 动物； animalcule *n.* 微生物(-cule 小)； animalize *v.* 使动物化； animality *n.* 动物性,兽性； animate *v.* 使有生命,使有生机； animation *n.* 生机,活跃； animator *n.* 赋予生气者,鼓舞的人； animative *adj.* 有生气的； inanimate *adj.* 无生气的,不活泼的； inanimation *n.* 无生机,无生命； reanimate *v.* 重新振作,再生； unanimous *adj.* 一致的(uni- 一个,单一)； unanimity *n.* 全体一致； magnanimous *adj.* 宽宏大量的(magn- 大)
bio 生命	希腊词根	biotic *adj.* 生命的,生物的； abiotic *adj.* 非生物的； antibiotic *n.* 抗生素； biology *n.* 生物学； biological *adj.* 生物学的； biologist *n.* 生物学家； microbiology *n.* 微生物学； biochemistry *n.* 生物化学； biochemical *adj.* 生物化学的； bionic *adj.* 仿生学的； bionics *n.* 仿生学； biosphere *n.* 生物圈； biography *n.* 传记； biographer *n.* 传记作； biographical *adj.* 传记的； autobiography *n.* 自传； autographical *adj.* 自传的
Faunus 畜牧农林神	罗马神话	fauna *n.* 动物群； faunist *n.* 动物区系研究者

十六、有限也无限的时间 time

具体又抽象,普通又神秘。与时间有联系的词根包括:拉丁语和希腊语都有的词根 chron(时间),拉丁词根 tempor(时间)、di(白天),拉丁词根 noc(夜晚)。它们的构词如下所述。

词根和意义	来源	扩展
chron 时间	拉丁词根、希腊词根	chronic *adj.* 长期的,(疾病)慢性的; chronicity *n.* 长期性; chronometer *n.* 精确计时记,天文钟; chronicle *n.* 编年史; chronicler *n.* 年代史编辑者; chronology *n.* 年代学,年表; synchronal *adj.* 同步的,同时发生的; synchronism *n.* 同步; synchronize *v.* 使同步; synchronoscope *n.* 同步指示仪
tempor 时间	拉丁词根	atemporal *adj.* 非时间的,永久的(a- 前缀,表示否定); temporary *adj.* 暂时的; contemporary *adj.* 当代的; contemporaneous *adj.* (正式用语)同时代的; temporal *adj.* 受时间限制的,现实的,世俗的; temporize *v.* 对付,拖延; extempore *adj.* 即席的(ex- 前缀,表示超出,用来修饰表演,指规定时间以外的表演) extemporize *v.* 即兴表演,即席演说; extemporization *n.* 即兴作品; extemporaneous *adj.* (正式用语)即席的,即兴的
di 白天	拉丁词根	diary *n.* 日记; diarist *n.* 记日记者; diarize *v.* 记日记; diarial *adj.* 日记体的; dial *n.* 日晷,老式电话机拨号盘(与日晷形状相似); meridian *n.* 日中,子午线,正午的(meri- 中间); antemeridian *adj.* 午前,上午(ante- 之前); postmeridian *adj.* 日中以后,午后(post- 之后)
noct 夜晚	拉丁词根	noctambulate *v.* 梦游; noctambulant *adj.* 梦游的; noctambulism *n.* 梦游症; noctambulist *n.* 梦游症患者; noctilucent *adj.* 夜间发光的; nocturne *n.* 夜曲,梦幻曲; nocturnal *adj.* 夜间发生的; pernoctation *n.* 彻夜不眠,通宵祈祷(per- 贯穿); equinox *n.* 昼夜平分(equi- 平均)
ann,enn 年	拉丁词根	anniversary *n.* 周年纪念; annual *adj.* 一年一度的; annuity *n.* 年金; annuitant *n.* 领受年金者; biannual *adj.* 一年两次的; biennial *adj.* 两年一度的; perennial *adj.* 长年不断的,长久的

十七、形状

每一件可看见的物体都有形状,形状由线、边、面组成,gon 和 angle 的意义是"角",later 的含义是"边",而 hedron 则表示的是"体",下面是它们的构词示范。

词根和意义	来源	扩展
gon 角	希腊词根	goniometer *n.* 量角器;isogon *n.* 等角多边形(iso- 前缀,等,同);orthogon *n.* 矩形,长方形(ortho- 正,直);pentagon *n.* 五角形,(开头字母大写)五角大楼(美国国防部所在地);trigonal *adj.* 三角形的;protagonist *n.* 主人公,主角;antagonist *n.* 对手,敌手
angle 角落,角	古英语	triangle *n.* 三角形;triangular *adj.* 三角的;rect-angle *n.* 矩形;rectangular *adj.* 矩形的;multiangular= multangular *adj.* 多角的
later 边 (=side)	拉丁词根	unilateral *adj.* 单边的;bilateral *adj.* 双边的;multilateral *adj.* 多边的
hedron 表示面,体	来自希腊语	decahedron *n.* 十面体;enneahedron *n.* 九面体;heptahedron *n.* 七面体;hexahedron *n.* 六面体;octahedron *n.* 八面体;pentahedron *n.* 五面体;tetrahedron *n.* 四面体;trihedron *n.* 三面体
mini, minu 小的	拉丁语	minimum *n.* 最小值;minimal *adj.* 最小的;minimize *v.* 使最小化;miniature *n.* 小型物,雏形;minikin *n.* 小东西;minute *adj.* 微小的;minus *prep.* 减;minor *adj.* 次要的,年幼的;minority *n.* 少数,少数民族;mince *n.* 肉馅

十八、方向

在生活和工作中只要有任何动作,就会涉及方向,表示方向本身的名词是 direction,后缀 -ward、-wise 也表示方向。词根 vert 表示"转向"。左和右也是常用的方向词,普通英语是 right 和 left,拉丁语中表示左右的前缀是 dextro- 和 levo-,下面是这些词缀的构词示范。

词缀和意义	来源	扩展
-ward 后缀，……方向	古英语	toward *prep.* 朝向；backward *pron.* 向后；forward *pron.* 向前；downward *pron.* 向下；upward *pron.* 向上
-wise 后缀，……向	古英语	slantwise *adv.* 斜向地；clockwise *adv.* 顺时针方向地；counterclockwise *adv.* 逆时针方向地；lengthwise *adv.* 纵向地；sidewise *adv.* 向旁边，一侧地
vert 转动，转向	拉丁词根	introvert *adj.* 内向的；extrovert *adj.* 外向的；ambivert *adj.* 不外向也不内向的（ambi- 两）
dextro- 前缀，向右	拉丁语	dexter *adj.* 右边的；dexterity *n.* 身手灵巧（通常右手是工作常用的，因此也表示熟练，敏捷）；dexterous *adj.* 灵巧的，敏捷的；dextricardia *n.* 右心位；dextrorotation *n.* 正旋，顺时针方向旋转
levo-, laevo- 前缀，向左	拉丁语	laevorotatory *adj.* 左旋的,逆时针方向旋转的；laevorotation *n.* 左旋；laevulose *n.* 果糖
-droit 右侧	法语	adroit *adj.* 灵巧的,机敏的；adroitness *n.* 灵巧
gauche- 左侧	法语	gauche *adj.* 缺乏社会经验的；gaucherie *n.* 笨拙,不老练

第二节　人体各部分及相关动作

一、人

人类（human beings）是这个世界的主宰，两个词根 anthrop 和 demo 与人有着密切的关系，它们的构词见下表。

词根	来源	扩展
anthrop 人	希腊词根	anthropology *n.* 人类学；anthropologist *n.* 人类学家；anthropological *adj.* 人类学的；anthropoid *adj.* 类人的,类猿的(-oid 形容词后缀,像……的)；anthroposociology *n.* 人类社会学；anthropotomy *n.* 人体解剖学(tomy,切,割)；anthropometry *n.* 人体测量学；anthropometrist *adj.* 人体测量学家(metre 测量)；anthropometric *adj.* 人体测量学的；anthroponym *n.* 姓氏(nym,名字)；anthropophagite *n.* 食人肉的人(phag,词根,吃)；anthropophagous *adj.* 吃人的；philanthropy *n.* 博爱(phil,喜欢,热爱)；philanthropist *n.* 博爱主义者,慈善家；philanthropic *adj.* 博爱的,慈善的；misanthropy *n.* 厌世,讨厌人类(mis,不,否)；misanthropist *n.* 厌世者,厌恶人类者；misanthropic *adj.* 厌世的
demo 原始意义是村镇,区域,词义逐渐转变,指人	希腊词根	democrat *n.* 民主主义者；democratism *n.* 民主主义；democratize *v.* 使民主化；democratic *adj.* 民主的；demagogue *n.* 煽动者,蛊惑者(尤指政治方面)(agog,引导,煽动；demagogism *n.* 煽动；demagogic *adj.* 煽动的,蛊惑的；demography *n.* 人口统计学；demographic *adj.* 人口统计的；demographer *n.* 人口统计学者；endemic *adj.* 某地人特有的,(疾病等)地方的(en- =in- 在……)；epidemic *adj.* 流行的,传染的(epi- 在……之间)；epidemiology *n.* 流行病学；epidemiological *adj.* 流行病学的；pandemic *adj.* & *n.* (疾病)大流行的,大规模流行病(pan- 前缀,全)

二、身体

人的身体在英语里最常用的词是 body，这一含义的拉丁词根是 corp，希腊词根是 som，含有这两个词根的英语词汇见下表。

词汇	含义解析	扩展
corps	n.（从事特定工作的）团队，特种部队	corpse n. 尸体
corporal	adj. 身体的，肉体的（-al 形容词后缀） n. 圣餐布	bicorporal adj. 有两个身体的；tricorporal adj. 有三个身体的；corporality n. 肉体性，物质性
corporate	adj. 全体的，集体的，大公司的（-ate, 形容词后缀）	corporation n. 公司，法人团体；corporatism n. 社团主义；incorporate v. 组成公司，组成一体（-ate 动词后缀）；incorporation n. 组成公司
corpus	n. 语料库，全集	
corpulent	adj. 肥胖的，臃肿的（-ul, 后缀，表示满的，-ent 形容词后缀）	corpulence n. 肥胖
corporeal	adj. 肉体的（非精神的）（-al 形容词后缀）	corporeality n. 物质性，肉体存在
somatic	adj. 身体的，肉体的（常与医学有关）	somatic cell 体细胞；somatic death 整体死亡；somatology n. 躯体学；somatopsychic adj. 身心的

希腊词根 necro 表示的是死去的人体，即 dead body，由这个词根组成的英语词有：

词汇	含义解析	扩展
necrology	n. 死亡名单	necrological adj. 讣告的
necromancy	n. 招魂术，妖术	necromancer n. 巫师；坏死
necrophil	n. 嗜尸成癖者	necrophilia n. 恋尸癖
necrophobia	n. 死亡恐怖（-phobia 恐惧）	necrophobic adj. 对死亡恐怖的
necropolis	n.（古代）墓地	necropolitan adj. 墓地的
necrotomy	n. 尸体解剖（-tomy 切，割）	

三、皮肤

通常我们用皮肤的颜色（skin color）区分人种，与人的健康有关的肤色是 complexion（词根 complex, 指人身体的综合特征，即人的综合健康状况通常从面色可以看得出来），这些是我们很熟悉的与皮肤有关的常用词汇，但是生物、医学上谈及皮肤的时候经常用 derm 这个拉丁词根，它所构成的常用词如下：

词汇	含义解析	扩展
dermal	*adj.* 皮肤的	dermis *n.* 真皮；dermatology *n.* 皮肤病学；dematological *adj.* 皮肤的；dermatoid *adj.* 皮状的，皮样的（-oid 后缀，像……的）；dermatitis *n.* 皮炎（-itis 疾病）
epidermis	*n.* 表皮（epi 外）	epidermoid *adj.* 表皮样的；epidermolysis *n.* 表皮松解
hypoderm	*n.* 皮下组织	hypodermic *adj.* 皮下注射的
pachyderm	*n.* 厚皮动物（如象、犀牛、河马等），脸皮厚的人（pachy, 厚）	pachydermic *adj.* 厚皮的；pachydermatous *adj.* 厚皮动物的，脸皮厚的
taxidermy	*n.*（动物标本）剥制术	taxidermist *n.*（动物标本）剥制师
xeroderma	*n.* 干皮病（xero, 干）	

四、骨

骨头（bone）是我们身体的支架，全身的骨头组成的是骨架（skeleton），源于希腊语的前缀 osteo- 也表示骨头，该词根的构词如下：

词汇	词性和意义	扩展
osteoarthritis	*n.* 骨关节炎（-tis 炎）	osteoarthritic *adj.* 骨关节炎的
osteocyte	*n.* 骨细胞（cyte 细胞）	osteocytic *adj.* 骨细胞的
osteogenesis	*n.* 骨生成（gene 基因，产生）	osteogenic *adj.* 生骨的，骨原的
osteology	*n.* 骨科学	osteologist *n.* 骨骼学家
osteophyte	*n.* 骨刺（phyte 增生物）	osteophytic *adj.* 骨刺的
osteoporosis	*n.* 骨质疏松症	osteoporotic *adj.* 骨质疏松的
osteopath	*n.* 整骨医生	osteopathist *n.* 整骨医生

五、头脑

头（head）是我们身体很重要的一部分，我们全部的思想都依靠大

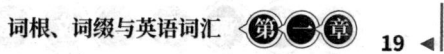

脑(brain)来完成,除了一些合成词,如 headache(头疼), brain drain(人才流失), brain gain(人才引入),大部分与大脑本身密切相关的都会与两个词根有关,cerebr 构成的英语词多数与大脑有关,而词根 ment 所构成的词汇与大脑的能力相关,它们的构词见下表:

词根和意义	来源	扩展
cerebr 脑	拉丁词根	cerebellum *n.* 小脑(ellum, 小); cerebellar syndrome 小脑综合征(表现为肌肉紧张、协调缺失和言语受损等); cerebral *adj.* 大脑的; cerebral concussion 脑震荡; cerebral thrombosis 脑栓塞; cerebral cortex 大脑皮层; cerebral death 脑死亡; cerebral hemisphere 大脑半球; cerebrate *v.* (戏谑语)动脑子,思考; cerebration *n.* 思考,大脑作用; cerebritis *n.* 脑炎
cap 头,首脑	拉丁词根	captain *n.* 船长,机长,队长; capital *n.* 首都,大写的; capsize *v.* 使船等倾覆; decapitate *v.* 免职,解雇(de- 去掉); capitulate *v.* 投降(tulate 向下) recapitulate *v.* 重述要点
ment 智慧,精神	拉丁词根	ament *n.* 弱者(a- 无,没有); amentia *n.* 智障者; mental *adj.* 头脑的,智慧的; mentality *n.* 心态; mention *n.* 提及; comment *n.&v.* 评论; dement *v.* 使发狂; dementia *n.* 痴呆,精神错乱; vehement *adj.* 强烈的(vehe 来自拉丁语,带走的意思)

头脑最基本的能力是认知世界,有两个词根与认知有关:cogn 和 sci,下面表格展示了这两个词根的构词。

词根和意义	来源	扩展
cogn 认识,知道	拉丁词根	cognition *n.* 认知,认识; cognitive *adj.* 认知的,认识的; cognize *v.* 认识,知道; cognizable *adj.* 可识别的,可认知的; incognizable *adj.* 不可认识的,不可知的; cognizant *adj.* 认知的,知晓的; incognizant *adj.* 没认识到的; recognize *v.* 识别,认出; recognition *n.* 认识,识别; recognizable *adj.* 可认识的,可认出的; irrecognizable/ unrecognizable *adj.* 不能认识的,不能认出的; precognition *n.* 预知,预见
gnos、gnit、gniz 知道,了解	拉丁、希腊词根	agnostic *adj.* 不可知论的,持有不知道态度的(a- 表示否定的前缀); diagnose *v.* 诊断(dia- 前缀,表示通过); diagnosis *n.* 诊断法

续表

词根和意义	来源	扩展
sci 知道，了解	拉丁词根	conscious *adj.* 有意识的，有知觉的；consciousness *n.* 意识，知觉；unconscious *adj.* 无意识的，没有意识到的；unconsciousness *n.* 无意识，不知道；subconscious *adj.* 下意识的，潜意识的；science *n.* 科学；pseudoscience *n.* 伪科学，假科学；scientific *adj.* 科学的；scientist *n.* 科学家；scient *adj.* 有知识的；omniscient *adj.* 无所不知的，全知的；nescient *adj.* 不知的，无知识的；prescient *adj.* 预知的；prescience *n.* 先知，预知；geoscience *n.* 地球科学

六、口腔

通常我们会用嘴（mouth）泛指这一器官，详细探究我们知道它有更精准的一些部位的词语，如嘴唇（lip）、舌头（tongue）、牙齿（tooth）、咽喉（throat），下面是与口腔有密切关系的词根及它们的构词。

词根和意义	来源	扩展
os, oris 嘴	拉丁词根	oral *adj.* 口头的，口腔的，口服的；oralism *n.* （通过唇读和说话教耳聋者的）口语教学法；orality *n.* 口述；oral surgeon *n.* 口腔外科医生；oracle *n.* 神谕，圣言；oracular *adj.* 神谕的，睿智的；oracy *n.* 口语能力；orismology *n.* 术语学
gloss, glott 舌	希腊词根	glossa *n.* （解剖学的）舌；glossal *adj.* 舌的；gloss *n.* 注释；glossary *n.* 词汇表；glossator *n.* 注释者；glossographer *n.* 注释者，评注者；glossolalia *n.* （宗教诵经中的）舌音，（圣灵赐予门徒的）口才；glossology *n.* 言语学；hypoglossal *adj.* 舌下的（hypo- 前缀，在下方）；glossitis *n.* 舌炎（-itis 后缀，发炎）；glottal *adj.* 声门的，喉音的；glottal stop *n.* 喉塞音；glottochronology *n.* 语言年代学，词源统计分析法；polyglot *n.* 使用多种语言者

续表

词根和意义	来源	扩展
gorg, gurg	拉丁词根, 咽喉	gorge n. 咽喉, v. 拼命吃喝, 塞饱; gorgeous adj. (食物等)极香的, 极好的; disgorge v. 呕吐出; engorge v. 狼吞虎咽; ingurgitate v. 大吃大喝; regurgitate v. 反刍, 使(胃内食物)回涌
dent 牙齿	拉丁词根	dental adj. 牙齿的, 牙科的; dental floss 洁牙线; dental mechanic 牙科技师; dentalize v. 使齿音化; dentist n. 牙科医生; orthodontist n. 正牙医生

口腔作为发音器官与"说"这个动词有着密切的关系,下面的词根都是与"说"有关的动作。

词根和意义	来源	扩展
dic, dict 说	拉丁词根	dictate v. 口授, 命令; dictation n. 听写; dictator n. 听写者, 发号施令的人, 独裁者; dictatorial adj. 独裁的, 专横的; diction n. 措辞; benediction n. 祝福(bene- 好); benedictory adj. 祝福的; malediction n. 诅咒, 诽谤(male- 坏, 恶意); contradict v. 反驳, 抵触; contradiction n. 矛盾, 否认; contradictory adj. 对立的, 相互矛盾的; predict v. 预言; indicate v. 表明; indicator n. 指示器; indication n. 指示, 表示; prediction n. 预言; predictable adj. 可预言的
phone 声音	希腊文	telephone n. 电话(tele- 长距离); microphone n. 麦克风, 话筒(micro- 把小的放大); phoneme n. 音素, 音位; phonemic adj. 音素的, 音位的; phonematic adj. 音位学的; phonemics n. 音位学; phonetics n. 语音学; phonetist n. 语音学家; phonetic/phonetical adj. 语音的, 语音学的; phonetic alphabet n. 音标; phonetician n. 语音学家; Phonofilm n. (商标名)有声电影
claim 大叫	拉丁文	claim v. 声称; acclaim v. 欢呼, 称赞; declaim v. 朗诵, 抨击; exclaim v. 惊叫, 感叹; proclaim v. 宣告, 声明; reclaim v. 收回, 开垦

七、鼻

鼻子(nose)是我们的嗅觉器官,借助它我们可以嗅到各种味道,与鼻子以及鼻子有关的词根有 nas、nos、rhino。另外，sn 开头的很多词语也与鼻子以及与鼻子相关的动作有很多联系。

词根和意义	来源	扩展
nas、nos 鼻	拉丁词根	nasal *adj.* 鼻音的,鼻子的；nasalize *v.* 使鼻音化,*n.* 鼻音化；nostril *n.* 鼻孔
rhin 鼻	希腊词根	rhinitis *n.* 鼻炎；rhinoceros *n.* 犀牛(ceros 牛角)；rhinology *n.* 鼻科医学；rhino-scope *n.* 鼻镜
sn 鼻子	中古英语,古挪威语	snoot *n.* (俚语)(动物的)口鼻部,鼻子；snout *n.* (动物的)口鼻部,*v.* 用口鼻拱；snot *n.* (粗俗语)鼻涕；snore *v.* 打鼾,*n.* 鼾声,打呼噜声；snort *v.* 喷鼻息,鼓鼻子,哼着鼻子说；sneeze *v.* 打喷嚏；sneer *v.* 嗤笑,嘲笑(类似于汉语中的嗤之以鼻)；sniff *v.* 嗅,闻,擤鼻子；sniffle *v.* 息鼻子,抽着鼻子闻；snoop *v.* 打探(源于动物用鼻子探索气味,寻找东西)

八、眼

我们看世界离不开我们的双眼(eyes)，拉丁词根 oculo 表示眼睛，而 opt 是希腊词根,表示"眼睛"，进而与"看,视觉"有关,包含这两个词根的词见下表。

词根和含义	来源	扩展
opt 眼睛,视觉	希腊词根	optic *adj.* 眼睛的,视觉的；optical *adj.* 眼的,视力的,光学的,光效应艺术的；optical/optic fiber 光学纤维；optical scanning 光扫描；optical illusion 光幻觉；optic nerve 视神经；optician *n.* 眼镜商,配镜师；optometrist *n.* 验光师(metr 测量)；optoelectronics *n.* 光电子学；myopia *n.* 近视(my 希腊词根,关闭,引申为"看不清"),目光短浅；myopic *adj.* 近视的；myope *n.* 近视者(myopia 的逆构词)；political myopia 政治上的短视；hyperopia *n.* 远视(hyper- 前缀,过度)
hyper	希腊词根	hypermetropia *n.* 远视；hyperopic *adj.* 远视的；hyperope *n.* 远视者(hyperopia 的逆构词)；hypermetropia *n.* 远视；hyperopic *adj.* 远视的；hyperope *n.* 远视者(hyperopia 的逆构词)；amblyopia *n.* 弱视；presbyopia *n.* 老花眼(presbyo- 前缀,老年的)；presbyopic *adj.* 老花眼的；presbyope *n.* 老花眼者(presbyopia 的逆构词)

续表

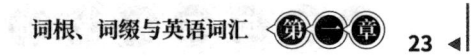

词根和含义	来源	扩展
oculo 眼睛	拉丁词根	ocular *adj.* 眼睛的；ocular muscle 眼肌；ocularist *n.* 假眼制造商；oculist *n.* 眼科医师，眼科学家；oculomotor *adj.* 眼动的；oculomotor nerve 眼动神经；oculonasal *adj.* 眼鼻的（nasal 鼻子的）；monocle *n.* 单镜片，单眼镜

与"看"有关的词根还有 vis/vid 和 spect，包含这两个词根的词见下表。

词根	来源	扩展
vis/vid 看	拉丁词根	visit *v. & n.* 参观；visitor *n.* 参观者；visible *adj.* 可看到的；invisible *adj.* 看不见的，隐形的；visibility *n.* 能见度；vision *n.* 视觉；visional *adj.* 梦幻的；advise *v.* 劝告；advice *n.* 建议；advisable *adj.* 明智的；evidence *n.* 证据（e- 前缀，出来，即看出来）；evident *adj.* 显而易见的；self-evident *adj.* 不证自明的；divide *v.* 分割，划分（di- 前缀，分开，字面的含义是分开来看）；division *n.* 划分，分配
divi	拉丁词根	dividend *n.* 被除数；divisor *n.* 除数；divisible *adj.* 可分的，可除尽的；provide *v.* 预备，提供（pro- 前缀，提前，字面意思是提前看到，进而表达为提前看到的结果做些准备）；provider *n.* 供应者；provision *n.* 供应，供应品；provident *adj.* 有远见的，远虑的；television *n.* 电视（tele- 远距离）；televise *v.* 电视播送（是 television 的逆构词）；revise *v.* 校订，修改，复习（re- 前缀，再，又）；reviser *n.* 校订者；revision *n.* 修正，修订版；supervise *v.* 监管（super- 前缀，在上方，字面意思是在上方看，即监管）；supervisor *n.* 监管者；supervision *n.* 监管
spect	拉丁词根	aspect *n.* 方面（a- 前缀，朝向……）；spectator *n.* 观众（-or 后缀，表示动作发出者）；spectacle *n.* 情景（-cle 景象）；spectacles *n.* 眼镜（必须是复数形式）；spectrum *n.* 光谱（-um 后缀，表示整个集合）；speculate *v.* 猜测，投机；speculator 投机者；speculation *n.* 投机 inspect *v.* 检查（in- 前缀，往里）；inspection *n.* 检查； expect *v.* 张望，盼望（ex- 前缀，向外）； expected *adj.* 预期的；unexpectedly *adv.* 出乎意料地，意外地； circumspect *v.* 环顾，谨慎地看（circum- 前缀，环绕）；respect *v.&n.* 尊重；respectful *adj.* 尊敬他人的（-ful 后缀，充满的）；respectable *adj.* 令人尊敬的（-able 后缀，表示可以被……）；respective *adj.* 分别的，各自的；perspective *n.* 观点，透视法（per- 前缀，贯穿，穿透）； prospect *n.* 前景，前程（pro- 前缀，向前）；suspect *v. &n.* 怀疑，犯罪嫌疑人（sus- 从下往上，人不相信的时候会下意识地抬头看，因此有怀疑的意思）； suspicion *n.* 怀疑；suspicious *adj.* 怀疑的

九、手

人类的手是与众不同的。人类的手在英语中的词汇是 hand,拉丁词根 main、manu 也表示手,它们的构词例子如下:

词汇	含义解析	扩展
manual	*adj.* 手的,手工的,体力的	manufacture *v.* 制造(最早的生产制造都是徒手完成的,没有现在的各种机器);manufacturer *n.* 制造商,制造厂;manufacturing *adj.* 生产的,制造业的;manuscript *n.* 手稿;manipulate *v.* 操控;manipulation *n.* 操纵,操作;manipulative *adj.* 操纵的,控制的;manipulator *n.* 善于左右局势的人;manner *n.* 态度,举止
maintain	*v.* 维持(main 手,tain 握)	maintainer *n.* (电脑软件)维护人员;maintenance *n.* 维护;maintainable *adj.* 可维持的;maintainability *n.* 可维护性

还有一个与手有密切关系的拉丁语动词词根 scribe (写),它所构成的词汇见下表。

词汇	词性和意义	扩展
ascribe	*v.* 把……归因于(a- 前缀,=upon 在……之上,原始意义是把结果写下来)	ascribable *adj.* 可归因于……的;ascribed *adj.* (出生时)随意取得(或给予)的;ascription *n.* (成败等)归因;ascriptive *adj.* 可归因于……的,涉及责任归属问题的
describe	*v.* 描写,描述(de- 前缀,除去,描写就是把主要的特点写出来,去掉不必要的内容)	description *n.* 描写;descriptive *adj.* 描述性的,叙述的;describable *adj.* 可以描述的
inscribe	*v.* 刻,雕,题写(in- 前缀,往里,深入)	inscribable *adj.* 可以雕刻的;inscriber *n.* 题写者;inscribed *adj.* 有铭刻的;inscription *n.* 铭刻,碑文,题词;inscriptionless *adj.* 无碑铭的,无题字的;inscriptive *adj.* 铭刻的,构成铭文的
proscribe	*v.* 禁止,排斥(pro- 前缀,向前,原始意义是把死因名单贴出来,然后其含义衍生为"放逐,剥夺权利")	proscript *n.* 被放逐的人,被排斥的人;proscription *n.* 放逐,禁止;proscriptive *adj.* 禁止的,排斥的

续表

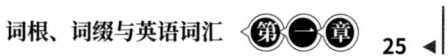

词汇	词性和意义	扩展
prescribe	v. 规定,开药方(pre- 前缀,提前,规定是在有关行为之前写出来的,药方也是去买药之前写出来的)	prescribed books 考试必读书目；prescript n. prescriptible adj. 可以规定的,可以开药方的；prescription n. 规定,药方；prescription drug 处方药；prescriptive adj. 规定的,因法定期限而取得的；prescriptivism n. 规范注意,规定主义；prescriptivist n. 规范主义者
script	n. 手迹,脚本	manuscript n. 手稿；tape-script n. 听力的文字材料；script editor n. 广播或者电视稿编辑
subscribe	v. 捐助,签名,订阅(to)	subscriber n. 捐赠者,署名同意者,订阅者；subscript n. 下标,脚注；subscription n. 捐赠,署名,订阅,(英国协会俱乐部等的)会费；subscription book 认捐簿,预订登记簿；subscription library 收费图书馆；subscription television 收费电视
transcribe	v. 誊写,全文写下(trans- 前缀,转移)	transcript n. 誊本,副本；transcription n. 抄写,誊写,打字本；transcriptive adj. 抄写的,誊写的,副本的

十、脚

人类的脚 foot 承受着全身的重量,带着整个躯体各处移动,拉丁词根 ped 和希腊词根 pod 都含有脚的含义,它们构成的词汇见下表：

词根	来源	扩展
ped	拉丁词根,脚	pedal adj. & n. 脚的,(自行车或机器的)脚踏板；peddle v. 沿街叫卖,宣扬；peddler n. 小商贩；biped n. 两足动物；bipedal adj. 两足动物的,用后两脚走路的；centipede n. 蜈蚣,千足虫；expedite v. 出发,派出,促进；expedition n. 探险,远征；expeditious adj. 迅速而有效的；expeditionary adj. 探险的,远征的；expeditioner n. 考察者,远征；pedestrian n. 过街行人；impede v. 阻碍；impediment n. 阻碍,缺陷；impedance n. (物理)全电阻；pedicure n. 修脚,足疗；pedicurist n. 修脚师；quadruped n. 四足动物
pod	希腊词根,脚	podiatrist n. 脚病医生；tetrapod n. 四足动物(tetra- 前缀,四)

脚承载着全身的重量，与脚有关的动词词根有 sist、ambul、vad、cur、cour、migrat。它们的构词举例如下：

词根和意义	来源	扩展
cede, ceed 行进	拉丁文	accede v. 同意，就职（ac- 向）；access n. 通道，接近；accessible adj. 易进入的，好相处的；accessory n. 配件，(复数)女士饰品；antecede v. 在……之前；antecedent n. 先例，先行词，祖先；antecedence n. 居先；concede v. 让步，允许，承认；concession n. 让步，承认；exceed v. 超过（ex- 向外，出去）；excess n. 过量；excessive adj. 过多的；precede v. 先于，在……之前；precedence n. 优先，居先；precedented adj. 有先例的；preceding adj. 前面的，在先的；proceed v. 进行；procedure n. 程序，手续；proceeding n. 进程，议程；process n. 诉讼程序，v. 加工；procession n. 队伍；recede v. 后退，衰退；recess n. 休会，休庭；recession n. 经济衰退；succeed v. 跟在后面，接替，接任；successor n. 继任者；succeeding adj. 后面的，后继的
sist 站立，停止	拉丁文	assist v. 帮助（as- 前缀，在一旁，站在旁边辅助，帮助）；consist v. 组成（con- 前缀，在一起）；insist v. 坚持（in- 坚持）；persist v. 持之以恒（per- 前缀，贯穿始终）；resist v. 抵制（re- 前缀，反对，逆，抵抗）
ambul 走	拉丁词根	ambulance n. 救护车；ambulatory adj. 流动的；circumambulate v. 绕行；perambulate v. 步行穿过；amble v. 轻松地行走；preamble v. 作序言；ambitious adj. 雄心勃勃的
vad 走	拉丁词根	evade v. 逃避；evasion n. 回避；invade v. 侵略；invasion n. 入侵；invader n. 入侵者；invasive adj. 入侵的；pervade v. 弥漫，贯穿；pervasive adj. 弥漫性的，流行的
cur 跑	拉丁词根	current adj. 当前的，n. 水流，电流；currency n. 通货，流行 curriculum n. 课程；cursor n. 光标；cursory adj. 仓促的，草率的；concur v. 赞成，共同起作用（con- 前缀，共同）；concurrence n. 同意，同时发生的事情；concurrent adj. 同时发生的，一致的；decurrent adj. (指叶子)向下生长的；discursive adj. (文章、谈话等)杂乱的，无层次的（dis- 前缀，分散，分开）；excursion n. 远足，偏离正题（ex- 前缀，向外）；excursus n. 附录，漫笔；incur v. 招致，引起；transcurrent adj. 横贯的（trans- 前缀，穿越）；occur v. 出现，被想起；occurrence n. 发生的事情；precursor n. 先驱，前身；precursory adj. 先驱的，预先的；recur v. 再度发生，循环；recurrence n. 重现；recurrent adj. 反复出现的

续表

词根和意义	来源	扩展
cour 跑	拉丁词根变体，来自法语	courier *n.* 信使；course *n.* 路线，过程，一道菜，教程；court *n.* 球场，庭院，法庭，宫廷 courtier *n.* 朝臣，奉承者；courtly *adj.* 优雅有礼的；courtesy *n.* 礼貌行为；courteous *adj.* 有礼貌的；discourteous *adj.* 无礼貌的；discourtesy *n.* 粗鲁行为；concourse *n.* 聚集，(车站的)中央大厅；discourse *n.* 谈话，论述，语域
migrat	拉丁词根，迁徙，移动	migrate *v.* 迁徙，移居；migration *n.* 迁徙；migrant *adj.* 迁移的，*n.* 移民，候鸟；migrant workers 农民工；emigrate *v.* 移居国外；emigration *n.* 移出；emigrant *n.* (移出)移民；immigrate *v.* 移入；immigration *n.* 移入；immigrant *n.* (移入)移民；remigrate *v.* 再迁移，迁回

十一、心

心脏是 heart，它是英语的基本词汇，cord（变体形式 cor，cour）是拉丁词根表示心脏，大量与心有关的词汇都离不开这个词根，构词例子见下表：

词汇	含义解析	扩展
core	核心	
cordial	热诚的，热情友好的，-al 形容词后缀	cordiality *n.* 热诚，亲切；cordially *adv.* 衷心地，诚挚地
record	*v.* 记在心里，记住，记录，re- 前缀，表示强调	recorder *n.* 录音机，记录仪；recordable *adj.* 可记录的；recordation *n.* 记录，记载；recording *n.&v.* 录制，录制的作品；recordist *n.* 录音员
concord	和谐，一致，con- 共同	concordance *n.* 和谐，协调；concordant *adj.* 和谐的，一致的
discord	*n.* 分歧，不一心，dis- 前缀，表示否定，不	discordance *n.* 不协调，不和；discordant *adj.* 不一致的，不协调的；apple of discord 金苹果之争（源于希腊神话的典故，详细内容参见第三章）

续表

词语	含义解析	扩展
accord	符合,使一致,ac- 前缀,向的意思	accordance *n.* 一致,协调;accordant *adj.* 一致的,协调的;according to 依据,根据;accordingly *adv.* 相应地,因此 accordion *n.*(奏出和谐声音的乐器)手风琴
electrocardiogram	*n.* 心电图,electro 电的	
courage	*n.* 勇气(心的力量)	courageous *adj.* 勇敢的;encourage *v.* 鼓励;encouragement *n.* 鼓励;discourage *v.* 使泄气;discouragement *n.* 泄气

事实上,全世界很多种语言中人们常常把人的感觉情感与心联系在一起。

十二、肺

呼吸离不开肺 lungs,但是在医学领域除了一些合成词如 lung cancer(*n.* 肺癌),lungpower(*n.* 声量)外,医学上很多与肺有关的词语多数使用希腊词根 pneumo(元气,气息),它的构词范例如下:

词语	含义解析	扩展
pneumonia	*n.* 肺炎	pneumonic *adj.* 肺炎的
pneumogram	*n.* 呼吸描记图(-gram 图)	
pneumogastric	*adj.* 肺与胃的,迷走神经的	
pneumonectomy	*n.* 肺切除术	
pneumoconiosis	*n.*尘肺(coniosis 希腊词根,dust 的含义)	

与肺相关的动词是呼吸 breathe,拉丁词根 spir 的含义与 breathe 等同,构成大量实用的单词,见下表:

词汇	含义解析	扩展
inspire	in- 是前缀,向里,向内的含义,吸进空气,血液中有了氧气,人就会更有力量,它的含义是激励,鼓励,激发灵感	inspiring *adj.*令人鼓舞的;inspired *adj* 感到鼓舞的;inspiration *adj.* 灵感

续表

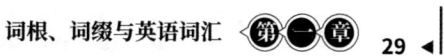

expire	ex- 是前缀,表示向外,在古代人们认为把气都呼出去了,就是断气,死亡,因此,这个词语的含义是期满,终止	expired *adj.* 过期的；expiry *n.* 期满,终止,吐气；expiration *n.* 届满,告终；expiringly *adj.* 奄奄一息地
aspire	a- 前缀,向……,渴望,企图	aspirer *n.* 渴望者；aspiring *adj.* 有抱负的；aspiration 志向,抱负
respire	re- 前缀,表示再,又,即反复喘气,就是呼吸的意思	respirator 呼吸器,防毒面具；respiration 呼吸；respiratory *adj.* 呼吸的,呼吸系统的
conspire	con- 前缀,在一起,字面意思是呼吸都在一起,很形象地呈现出几个人头凑在一起商量事的情景,它的含义是阴谋,密谋	conspirator *n.* 共谋者,阴谋家；conspiracy *n.* 阴谋,密谋
perspire	per- 前缀,穿过,贯穿始终,字面意思是全都呼吸,指的是排汗(正式用语)	perspiration *n.* 排汗；persp-iratory *adj.* 排汗的
spirit	古代人认为人的精神与气息是密切相关的,它的含义是精神	spiritual *adj.* 精神的

文化贴士：

在英语国家,当某个人打喷嚏时,周围的人会说一句话"Bless you!",这句话就是与呼吸这个词有密切关系。古代时人们没有很多的医学知识,人们把气息与生命看成是密切相关的因素,人死了就没有气息了。在英语词汇 expire 中, ex- 是个前缀,表示"出去",这个词可以表示"呼出气",也可以表示"断气,死亡",当人们打喷嚏时,气息会喷出去,人们担心这个气息都出去了,人就会死亡了,为了表达关心和对健康的祝愿,人们说"God bless you!",在口语中逐渐简化为"Bless you!"。

十三、胃

人类吃的食物在胃里消化后为人体提供营养,它是一个非常重要的脏器,英语中表示"胃"的词汇是 stomach,希腊词根 gastr、gastro 的含

义是"胃",它的构词如下:

词汇	含义解析	扩展
gastral	*adj.* 胃的,消化道的	gastralgia *n.* 胃痛,胃神经痛(-algia 名词后缀,疼痛;gastralgic *adj.* 胃痛的
gastric	*adj.* 胃的,胃部的	gastric fever 胃热,伤寒;gastric flu/gastric influenza 肠机能紊乱;gastric juice 胃液;gastric ulcer 胃溃疡;gastritis *n.* 胃炎
gastrology	*n.* 胃病学,美食学	gastrological *adj.* 胃病学的;gastronaut *n.* 美食家;gastronomy *n.* 美食学;gastroscope *n.* 胃镜;gastrotomy *n.* 胃切开术

十四、肾

肾(kidney)也是人体的一个重要器官,古代的时候,人们似乎认为肾也和脾气有关,如 people of the same kidney 指脾气相投的人。希腊词根 nephro 也表示"肾",看下列词汇:

词汇	含义解析	扩展
nephrogenic	*adj.* 肾原性的,肾发生的	
nephroid	*adj.* 肾形的,肾样的(-oid 像,样子)	
nephrology	*n.* 肾病学	
nephropathy	*n.* 肾病(pathy 疾病)	
nephrotomy	*n.* 肾切开术(tomy 后缀,切,割)	nephrotomize *v.* 对……施行肾切开术

文化贴士:

医院里人们看病的各个科室的名字,用的不是基本词汇,它们都离不开这些来自拉丁语和希腊语的词根,如 Dermatology Dept.(皮肤科),Cardiology Dept.(心脏科),Ophthalmology Dept.(眼科),Orthopedics Dept.(骨科),Pediatrics Dept.(儿科)。

第三节 社　会

一、战争

自古以来各个国家之间不断有战争,战争在英语基本词汇中是 war,与战争的意义相关的词根有:bat, bell, Mars, milit, brig,它们的构词如下:

词根和释义	来源	扩展
bat 打斗	拉丁词根	batter v. 连续猛打；battle n. 战役；battalion n. 军队,营部；battler n. 战斗者 combat v. 格斗,反对；combatant adj. 战斗的；combative adj. 好斗的； debate v. 辩论；debatable adj. 可争辩的；debater n. 争论者
bell 战争	拉丁词根	bellicose adj. 好战的(-icose 形容词后缀,……性质的)；bellicosity n. 好战性；bellicism n. 好战倾向；belligerent adj. 挑起战争的；belligerency n. 好战性；rebel v. 反叛；rebellion n. 反叛；rebellious adj. 反叛的,叛乱的
brig 兵 战	来源于法语	brigade n. 旅(-ade 名词后缀,表示单位)；brigadier n. 旅长；brigand n. 土匪；brigandism n. 土匪行为；brigandish adj. 土匪般的；brigandage n. 强盗行为；brigantine n. 双桅帆船(原意是海盗船)
Mars 战神	来源于罗马神话	Marshal n. 元帅
Milit 士兵	拉丁词根	Military adj. 军事的；militant adj. 好战的；militaria n. 军用物品；militarism n. 军国主义；militarist n. 军国主义者；militarize v. 使军事化；militia n. 民兵组织

二、宗教

宗教在英语国家一直占主导地位,宗教信仰产生的冲突也是社会主要矛盾,下面一些宗教用词与英语词根有着密切关系。

词根	词汇	扩展
theo 希腊词根,神	theology n. 神学	theological adj. 神学的; theologian n. 神学家
	theism n. 有神论	theist n. 有神论者; theistic adj. 有神论的; monotheism n. 一神论; monotheist n. 一神论者; polytheism n. 多神主义,多神论; polytheist n. 多神论者
	atheism n. 无神论（a- 前缀,无）	atheist n. 无神论者 atheistic adj. 无神论的
	antitheism n. 反有神论（anti- 前缀,反对）	antithist n. 反有神论者
	theocracy n. 神权政治	theocratic adj. 神权政治的
	bishop n. 主教	archbishop n. 大主教（arch- 前缀,大）
	cardinal n. 红衣主教	
	pilgrim（源于拉丁语,原意是"穿过田野",演化为到国外漫游者,浪人,然后演化为朝圣者）	pilgrimage n.&v. 朝圣,漫游; pilgrimize v. 去朝圣
deus 拉丁词根,上帝	deity n. 神	deism n. 自然神论（认为上帝创造世界后即不再干涉世界,任由世界按照自然规律运动）; deist n. 自然神论者,理神论者
	divine adj. 神的,上帝的	diviner n. 先知,占卜者; divinity n. 神性,神学; diviner n. 预言家,占卜者; divine right 君权神授说
pagus 拉丁词根,村庄	pagan n. 异教徒	pagandom n. 异教徒世界; paganish adj. 异教徒的; paganism n. 信奉异教
crux 拉丁词根,十字	Crusade n. 十字军	crusader n. 十字军战士
	crucify v. 把手脚钉在十字架上处死	crucifix n. 十字架; crucifixion n. 钉死于十字架; crucial adj. 十字形的,

三、关系

（一）亲属

婚姻（marriage）是人类建立家庭的前提和基础,拉丁词根 gamy 表示婚姻,它是帮助构成很多学术研究中所使用的正式用语。亲属关系中最基本的就是家庭中各个成员的关系,英语词汇中父亲是 father,口语中用 dad、daddy,但是表示父亲的拉丁词根是 pater、patri;英语词汇中母亲是 mother,口语中常用 mum、mom,或者 mummy,但是表示母亲的拉丁词根是 matre、matr、matrix、metr 或者 metrix;英语词汇中兄弟是 brother,口语可以用 bro、buddy、folks、guys 等,表示兄弟的拉丁词根是 frater、fria;英语词汇中表示姐妹的单词是 sister,表示姐妹的拉丁词根是 soro;英语中兄弟姐妹可以说 brother and sister,表示兄弟姐妹关系的拉丁词根是 sib。以上所涉及的拉丁词根的英语构词在下表中可以有个大概了解。

词根和意义	来源	扩展
gamy 婚姻	希腊语和拉丁语	bigamy *n.* 重婚,重婚罪;bigamist *n.* 重婚者;bigamous *adj.* 重婚的,犯重婚罪的;monogamy *n.* 一夫一妻制;monogamist *n.* 遵守一夫一妻制,一夫一妻论者;monogamous *adj.* 一夫一妻的;polygamy *n.* 一夫多妻制,一妻多夫制,多配偶制;polygamist *n.* 一夫多妻者 misogamy *n.* 厌婚症 endogamy *n.* 内婚制
pater, patri 父亲,祖国	拉丁词根	paternal *adj.* 父亲的,像父亲的;paternity *n.* 父亲的身份或者地位;patrician *n.*(正式用语)贵族;patriarch *n.* 家长,族长;patriot *n.* 爱国者;patron *n.* 顾客,资助者;expatriate *adj.* 移居国外的;repatriate *v.* 遣返;repatriated *adj.*;repatriate *v.* 遣送回国
meter, matr, metr, metrix	拉丁词根,母亲,已婚妇女	maternal *adj.* 母亲的;maternity *n.* 母性,母道;matriarch *n.* 女族长;matriarchy *n.* 女权制;matrilinear *adj.* 母系的,母方的;matrix *n.* 母体,子宫;matriline *n.* 母系;matron *n.* 女舍监,老太太,女校医
fili	拉丁词根,儿子	filial *adj.* 子女的,孝顺的;filiarchy *n.* 子代统治,小皇帝现象(小孩子在家庭消费决策中起决定性的作用);filiation *n.* 子女和父母的关系;filicide *n.* 杀子(或女)者
frater, fria	拉丁词根,兄弟	fraternal *adj.* 兄弟的,兄弟般的;association *n.* 兄弟会,共济会;fraternity *n.* 兄弟情谊,同业,同行;fraternize *v.* 亲如兄弟;friar *n.*(天主教)托钵修会修士;friary *n.* 男修道院

续表

词根和意义	来源	扩展
soror	拉丁词根，姐妹	sororial=sororal adj. 姐妹的,姐妹般的；sororicide n. 杀亲姐妹的行为；sororate n. 娶姨制（一些原始部落中丈夫因妻子亡故或者不育而娶妻子的姐或妹同时为妻的行为）；sorority n. 妇女联谊会；sororize v. 结为姐妹；Sorosis 美国 1869 年成立的一妇女俱乐部
grand	拉丁语前缀，表示亲戚关系中隔一代的	grandfather n. 祖父,外祖父；grandmother n. 祖母,外祖母；grandparents n. 祖父母,外祖父母；grandson n. 孙子,外孙；granddaughter n. 孙女,外孙女；grandchildren n. 孙儿们
sib	拉丁词根，亲属，同胞	sibling n. 兄弟或者姐妹；sibling rivalry（兄弟姐妹间因为妒忌造成的）同胞竞争,手足相争；sibship n. 兄弟姐妹,(人类学用语)血亲关系,同族关系；sibling species 相似种,兄弟种,姊妹种
kin	古英语，家庭	kin n. 亲属；kindred n. 宗族,亲属,血缘关系；kinship n. 亲属关系；kinsman n. 男性亲属,男性家属；kinswoman n. 女性亲属,女性家属
sanguin	拉丁词根，血	consanguineous adj. 同宗的,血亲的

（二）社会关系

人存在于社会,与其周围的各种人打交道,体现他们之间关系、情感的词汇有相当一部分与词根有关,下面的表格中是有关词语以及构词的分析。

1. 职场

词汇	解析	扩展
colleague	n. 同事（col- 前缀,共同,league 拉丁词根,选择,捆绑）	
supervisor	n. 监督者（super- 前缀,上方,vis 拉丁词根,看）	supervise v. 监督；supervision n. 监督
superior	n. 上级；adj. 上级的	反义词是 inferior n. 下级
subordinate	n. 下属（sub- 前缀,下方,ordi 拉丁词根,安排,次序）	subordination n. 下级地位,下属

续表

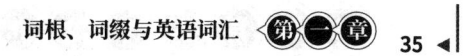

词汇	解析	扩展
cooperation	n. 合作（co- 前缀,共同；oper 拉丁词根,工作）	cooperative adj. 合作的
rival	n. 对手（rival 拉丁词根,河流,引申指同一条河流上彼此竞争的人）	rivalize v. 竞争；rivalrous adj. 爱竞争的,对立的；rivalry n. 竞争,对抗
successor	n. 继任者（suc=sub 下,后,cess 拉丁词根,走）	
applicant	n. 申请人（appli 拉丁词根,依附,附着）	application n. 申请；a letter of application 求职信
vacancy	n. 空缺位置（vac 拉丁词根,空）	vacant adj.（职位）空缺的,空白的

2. 爱恨情仇

词汇	解析	扩展
amor	n. 爱,性爱（amor 拉丁词根,爱）	amorous adj. 性爱的,求爱的；amorist n. 谈情说爱的人,言情小说家；amoretto n. 小爱神
averse	adj. 嫌恶的,反对的（a- 前缀,离开；vers 拉丁词根,转动）	aversion n. 厌恶,反感；aversive adj. 厌恶的；aversion therapy 厌恶疗法（一种治疗方法,通过让患者对某种恶习产生厌恶感,从而戒除）
deplore	v. 哀叹,痛惜（deplorare 拉丁词根,痛苦,哭泣）	deplorable adj. 可悲的,悲惨的；
detest	v. 厌恶,讨厌（de- 前缀,不；testa 拉丁词根,容忍看到）	detestable adj. 令人讨厌的；detestation n. 厌恶,讨厌
exasperate	v. 使气恼（asper 拉丁词根,粗糙,恶劣）	exasperated adj. 被激怒的；exasperater n. 惹人恼火的人；exasperating adj. 使人愤怒的；exasperation n. 恼怒,愤怒；asperity n.（语调、态度）粗暴；asperse v. 诽谤,重伤
exult	v. 狂喜（exultare 拉丁词根,因高兴而跳跃）	exultance n. 狂喜,欢腾；exultant adj. 狂喜的,欢腾的；exultation n. 狂喜,欢腾

续表

词汇	解析	扩展
fury	n. 狂怒,暴怒(furia 拉丁词根,狂怒)	Furies n. 复仇三女神;furious adj. 狂怒的,暴怒的;infuriate v. 使大怒,激怒;infuriating adj. 令人大怒的
glee	n. 欢乐,高兴(gleo 古英语,音乐,娱乐)	gleeful adj. 欢快的,高兴的,欣喜的
gratify	v. 使满意,使快乐(gratus 拉丁词根,感激)	gratification n. 喜悦,满意;gratifying adj. 令人满意的
irritate	v. 激怒,使过敏(irritare 拉丁词根,使恼火)	irritated adj. 被激怒的;irritating adj. 恼人的,使人烦恼的;irritation n. 激怒,恼怒;irritative adj. 使人不快的;irritable adj. 易怒的,急躁的
jubilant	adj. 喜气洋洋的(jubilum 拉丁词根,狂喊)	jubilate n. 欢乐歌,欢呼;jubilation n. 欢腾,庆祝活动;jubilee n. 欢庆,狂欢
lament	v. 哀悼,悲叹(lamentum 拉丁词根,哭,叫喊)	lamentable adj. 可悲的,令人惋惜的;lementation n. 悲伤,哀悼;lamented adj. 被悼念的;lamenting adj. 悲伤的,恸哭的
misanthropic	adj. 厌恶人类的(mis- 前缀,厌恶,anthropo 人类)	misogamy n. 厌婚症(gamy 婚姻);misogyny n. 厌恶女人,厌女症
abominate	v. 厌恶,憎恶(ob- 前缀,离开;omen 拉丁词根,运气,兆头)	abominable adj. 可恶的,讨厌的;abomination n. 厌恶,憎恶,令人厌恶的东西
pathos	n. 怜悯,同情(patho,痛苦,疾病)	pathetic adj. 怜悯的,悲哀的,可怜的
sentiment	n. 情感,情绪(sentir 拉丁词根,感觉)	sentimental adj. 多情的,感情用事的;sentimentalism n. 多愁善感,溺于感情;sentimentalist n. 多愁善感的人;sentimentalize v. 为……而感伤
terror	n. 恐怖,惊恐(terrere 拉丁词根,吓唬)	terrorism n. 恐怖主义;terrorist n. 恐怖分子;terrify v. 使害怕,使恐惧;terrifid adj. 害怕的,恐惧的;terrifying adj. 令人害怕的

练习

一、找出下列词汇中的词根,指出它的含义,并给出三个包含这个词根的词例。

1. residence
2. conjunction
3. eradicate
4. benedictory
5. emit

二、找出表达下列意义的词根,并给出三个包含这个词根的词例

1. 太阳
2. 土地
3. 水
4. 人类
5. 看
6. 说
7. 走
8. 写
9. 投射
10. 转动

三、探索更多词根和它们的意义,找出10个本讲以外的词根,每个词根给出三个词例。

四、词根在你的英语学习中起到什么作用？举例说明。

第二章

现代英语中的古希腊罗马神话

对于现代英语词汇的希腊罗马神话渊源的追溯涉及三个部分，首先，回顾希腊神话中三代神王更迭的历史，然后，介绍第三代宙斯为首的奥林匹斯神族的统治；最后追溯宙斯奥林匹斯神族影响下的人间历史，主要是希腊联盟与特洛伊之间的战争。

第一节　古希腊神话中三代神王更迭的历史

人类古代历史的发展主要体现为王朝的更迭，如在中国是从尧舜禹汤到宋元明清，古希腊罗马神话关于世界发展的想象借鉴了人类历史的这一基本规律，表现为希腊众神经历的三代王朝的更迭，即从第一代神王乌拉诺斯到第二代克洛诺斯最终到第三代神王宙斯的统治与传承。第一代王朝是以乌拉诺斯为首的初始神祇。

一、第一代神族

（一）希腊神话中的混沌之神卡俄斯（Chaos）

关于世界本初的状况各种文化都有自己的想象，但是总体上具有一定的相似性：在生命出现之前，世界是一片原始的混沌状态。在希腊神话中，世界万物形成之前，宇宙是模糊一团的景象，这一团模糊就是混沌之神卡俄斯（Chaos）。卡俄斯是希腊神话中最早的原始神之一，代表世界正是由卡俄斯的无边无际、一无所有的空间开始。英语中的 chaos（混沌，混乱）一词来自这一时期。

词语	含义
chaos	*n.* 混沌、混乱
chaotic	*adj.* 混乱的、无秩序的

（二）第一代神后：希腊神话中的大地女神盖亚（Gaea 或 Gaia）

在很多国家的古老神话中，世界最先出现的都是作为始祖神祇的大地母亲之神，古希腊神话对创世的想象也源于地母神，这一点也符合人类社会由母系社会开始，最终过渡到父系社会的历史发展脉络。

在古希腊神话中，掌管大地的女神是盖亚（Gaea 或 Gaia）。盖亚是古希腊神话中最早出现的神，开天辟地时，由卡俄斯（Chaos）所生，是所有神灵中最德高望重的显赫之神，世间万物都由盖亚所孕育。从盖亚的名字产生了表示"地球"的词根 geo- 和"基因"的词根 gene-，也由此生成许多与地球、大地有关的英语词汇。

词语	含义
geography	*n.* 地理学
geology	*n.* 地质学
geometry	*n.* 几何学
genesis	*n.* 起源，创始
primogenitor	*n.* 始祖，祖先

罗马神话基本延续了古希腊神话的体系，只是罗马神话中的大地女神更名为忒勒斯（Tellus）或大地母亲（Terra Mother），由此产生了拉丁文词根 terra-，意思就是"陆地、干的地"，是与"海洋"相对的土地，等于英语单词 land（陆地）。

词语	含义
territory	*n.* 领土、领地
Mediterranean	*n.* 地中海
terrain	*n.* 地形、地势

(三)第一代神王:天神乌拉诺斯(Uranus)

盖亚是世界的开始,她孕育了未来的神祇世界,大部分神祇都是她的后代。第一个后代就是天空之神:天神乌拉诺斯(Uranus)。乌拉诺斯在古希腊语中的含义是"天",乌拉诺斯掌管天空。但是比较我们日常所理解的天空,古希腊神话的乌拉诺斯的天空应该等同于现代的宇宙,这一点从他的古希腊词根衍生了宇宙 universe 一词可以证实。当众多神祇开始出现,诸神的内部也就出现了各自的明确分工和阶层划分,作为众神的领袖,神王开始了统治和王权的更迭。按照古希腊神话故事,神王经历了三代王权的更迭和进化,到了奥林匹斯神族的第三代,神王宙斯的王权基本稳定,他也发展了庞大的神王家族,诸神分工明确,各司其职。

词语	含义
uranology	n. 天体学,天文学
uranolite	n. 陨石
uranometry	n. 天体测量学
uranium	n. 铀元素

(四)深渊之神:塔耳塔洛斯(Tartarus)

深渊之神是塔耳塔洛斯(Tartarus),开天辟地时,由卡俄斯(Chaos)所生。塔耳塔洛斯出生在大地盖亚之后,是一个无形的深渊,位于世界的最底端,即"地狱"。很多人常常把塔耳塔洛斯和冥界混为一谈。实际上,冥界是凡人死后鬼魂要去的地方,由冥王哈德斯(Hades)掌管;而塔耳塔洛斯则是关押妖魔怪物和一些神祇的地方,一些生前大恶人也被囚禁在这里,如西绪福斯、伊克西翁等。复仇女神平时在这里居住,责罚着犯下永恒罪孽的人或神。宙斯就把违背他意愿的神关押在塔耳塔洛斯。在第三代神族分割世界的时候,深渊归属于哈迪斯(Hades),这样,在神话中的哈迪斯就成为地狱的代名词(事实上他是冥王)。在英语中,单词 Tartarus(塔耳塔洛斯)常常被用来比喻极度可怕的地方,相当于"地狱",并由此衍生形容词 tartarean,意思是"地狱的,阴间的,地狱一样的"。

还有一个很常见的单词 tortoise(乌龟)也源自 Tartarus,因为古人见乌龟长相丑陋怪异,认为是来自地狱的生物,所以将其称为 tortoise,本意就是"来自地狱的"。

词语	含义
tartarean	*adj.* 地狱的,冥界的,阴间的
Tartar	*n.* 鞑靼人,凶悍的人
tortoise	*n.* 乌龟

(五)巨神:泰坦(Titan)

天神乌拉诺斯与地母盖亚结合,生下六男六女共 12 位高大强壮的巨人子女,称为泰坦(Titan),这些泰坦神及其后代被称为泰坦(the Titans)神族。他们个个都是巨人,力大无比。泰坦神中最年轻也是最重要的一个是克洛诺斯(Cronus)。正如古代帝王对于被子女推翻统治的担忧与防范一样,乌拉诺斯担心强大的泰坦巨神子女威胁自己的统治,因此把所有孩子都束缚在盖亚体内。子女的苦难刺激了母亲,在愤怒的盖亚号召下,克洛诺斯挺身而出,用母亲交与的镰刀惩处了父亲,乌拉诺斯仓皇逃离,克洛诺斯完成了一代与二代神王的更新。克洛诺斯娶自己的姐姐瑞亚为妻,双双统治天庭,成为第二代天神和天后。

词语	含义
Titan	*n.* 巨人,泰坦
titanic	*adj.* 巨大的,庞大的;*n.* 泰坦尼克号

二、第二代神族

(一)第二代神王神后:泰坦神王克洛诺斯(Cronus)和神后瑞亚

克洛诺斯(Cronus)奉母命赶走天神乌拉诺斯(Uranus),完成一代神王与二代神王的更新。获得神王之位的克洛诺斯(Cronus)与父亲一样,不遗余力地保卫着自己的统治地位,克洛诺斯甚至更加残酷,他在自己的子女降生后就把他们吞进肚子,以便掌控他们。正因克洛诺斯无情地控制和吞噬一切,让人联想到无情流逝的时间,Cronus 成为掌管时间的原始天神。作为创世初期的天神,克洛诺斯的名字 Cronus 被解读为表示时间的词根 chron-。

词语	含义
chronic	*adj.* 慢性的，长期的，习惯性的
chronology	*n.* 年代学，年表
synchronic	*adj.* 同时发生的，同步的
diachronic	*adj.* 历时的

（二）先知先觉者普罗米修斯（Prometheus）

克洛诺斯的兄弟姐妹，第二代泰坦神族，都是力大无穷的巨人。泰坦神族中著名的泰坦神祇有普罗米修斯、埃庇米修斯和阿特拉斯。在宙斯与克洛诺斯率领的争夺神权的泰坦之战中，有一位先知先觉的泰坦巨神选择支持第三代奥林匹斯神，因而得到宙斯赏识而留在奥林匹斯山，这就是普罗米修斯（Prometheus）。普罗米修斯名字的含义是"先知先觉者"，pre- 作为前缀表示"先"，他不仅智慧超群，同时具有先见、预言的能力。普罗米修斯与人类关系最为密切，正是他，按照神的形象与智慧女神雅典娜等诸神共同创造了人类。普罗米修斯受命宙斯创造世间生物的时候，普罗米修斯的弟弟埃庇米修斯（Epimetheus）负责分配宙斯赐予众生的能力，但他本来就是后见之明，因而没能全面考虑，在创造动物时已经将能力全部分配完，在到了人类的时候，强大的能力已经分配光了。普罗米修斯担忧人类，于是赋予人类智慧，并违背宙斯意志，为人类盗取了奥林匹斯山的圣火。普罗米修斯由此弥补了埃庇米修斯的过错。但是他自己也因而受到宙斯的惩罚，被宙斯用铁链锁于高加索山的悬崖上，每天被一只鹰啄食肝脏，而第二天肝脏又再次长好。他忍受常年的痛苦，但肝脏具有神奇的生命力，生生不息，因此，Promethean fire 指产生生命体技能和活动力的生命力，而普罗米修斯的血液所滴之处，青草也拥有了神力，用这些草制成的药膏可以让人刀枪不入，成为 Promethean unguent，让人刀枪不入的药膏。

词语	含义
Prometheus	*n.* 普罗米修斯
Promethean fire	*n.* （产生生命体技能和活动力的）生命力
Promethean unguent	*n.* （让人刀枪不入）药膏
prologue	*n.* 前言
prophecy	*n.* 预言

（三）后知后觉者埃庇米修斯（Epimetheus）

在泰坦诸神中，埃庇米修斯（Epimetheus）是普罗米修斯的弟弟，epi- 表示"后"，他的名字的含义就是"后知后觉者"，被视为愚昧的象征。宙斯惩罚了普罗米修斯，也没有忘记惩处埃庇米修斯，他赐予了埃庇米修斯一位美女做妻子。尽管普罗米修斯早早警告埃庇米修斯绝不能接受宙斯送的任何礼物，可是事到临头，埃庇米修斯根本不记得普罗米修斯的警告，他接受了宙斯的赐物，那就是著名的潘多拉，是宙斯命众神创造的第一个女人。众神赋予这个女人诱人的魅力，并为其取名为潘多拉（Pandora）。希腊语 pan 表示"所有"，dora 的意思是"礼物"，含有 all-gifted（具有一切天赋）之意。"潘多拉"即为"拥有一切天赋的女人"，pan- 和 do- 后来都变成了英语词根，衍生了大量英语单词。潘多拉的嫁妆是一个内装各种灾难和祸患的密封盒子。婚后，潘多拉出于好奇私自打开盒子，于是，灾难和祸患一下子从盒子里飞出，飞向整个世界，却把希望留在了盒底。这正是宙斯的惩罚。从此人类屡遭祸患，多灾多难。据此英语常借用 Pandora's box 一语喻指"灾祸之源"，用 open Pandora's box 表示"引起种种祸患"。

词语	含义
pandemic	*adj.* 全国流行的，普遍的 *n.* 流行性疾病
panorama	*n.* 全景，概观
pansophic	*adj.* 全知的，有广泛知识的
donor	*n.* 捐赠者
donate	*n.&v.* 捐献，捐赠
pardon	*n.&vt.* 原谅
Pandora	"潘多拉"即为"拥有一切天赋的女人"
Pandora's box	潘多拉的盒子，灾祸的根源
open Pandora's box	表示"引起种种祸患"
epilogue	*n.* 后记

（四）擎天神阿特拉斯（Atlas）（地图集）

大部分泰坦神参与了反抗宙斯的战争，受到奥林匹斯神族的惩罚。

著名泰坦神、擎天之神阿特拉斯(Atlas),被宙斯惩罚,在世界的西边用头和手顶住天,从此阿特拉斯成为背负苍天的擎天神。阿特拉斯的名字 Atlas 在希腊语中的原义正是"擎者,承受者"。阿特拉斯所擎的圆球本是苍天,后人常常误解并慢慢演绎为地球。特别是地理学家麦卡脱把阿特拉斯擎天图作为一本地图册的卷首插图后,单词 atlas 也具有了地图集的含义。同时,正是由于阿特拉斯在世界的西方,以阿特拉斯命名了欧洲西部的广阔大海 Atlantic Ocean,被译为大西洋;毗邻大西洋的非洲山脉名为阿特拉斯山脉。

词语	含义
atlas	*n.* 地图集
Atlantic	*adj.* 大西洋的 *n.* 大西洋
Atlantis	*n.* 亚特兰蒂斯,传说中神秘消失于大西洋的古老大陆大西洲

三、第三代神族

宙斯推翻克洛诺斯为首的第二代泰坦神族的统治,成为第三代神王。后来,希腊神话中宙斯为首的第三代神族占据了希腊北部的圣山奥林匹斯山,因此第三代神族也被称为第三代奥林匹斯神族。

(一)第三代神王神后:宙斯(Zeus)和赫拉(Hera)

第二代神王克洛诺斯成功推翻父亲,但是同样的厄运笼罩着他:他的三子三女同样威胁着自己的统治。为了避免重蹈覆辙,前五个孩子一出生,克洛诺斯把他们一口吞下肚子。母爱促使神后瑞亚和祖母盖亚共同设计反抗,最小的孩子宙斯降生后就被母亲用襁褓包裹着石头,伪装成的婴儿替换下来,秘密地在克里特岛养大。最终宙斯救出父亲腹中的其他的哥哥姐姐,联合反叛,经过泰坦之战,推翻第二代神王,脱颖而出,成为第三代神王,完成了最初三代神的王权更迭。

克洛诺斯的三子三女分别是三兄弟宙斯(Zeus)、波塞冬(Poseidon)和哈迪斯(Hades),三姐妹赫斯提亚、德墨忒尔、赫拉(Hera),这六兄妹成为第三代神系的中坚力量。其中三兄弟在确立了奥林匹斯神族统治后,决定采用抽签的方式来决定每个人的管辖范围。宙斯(Zeus)抽中了天界,成为掌管天空之神,众神之王。

(二)神王宙斯的圣物:鹰(the eagle)

从第三代神开始,希腊诸神具有了明显的个性特征和丰富的个人经历,因而也提高了可识别度。服饰、相貌、伴随的圣物等成为识别诸神的标志,而这些相关词汇也具有了特殊的文化内涵。例如,神后赫拉身边总是伴随着孔雀,雅典娜是猫头鹰,神王宙斯出现,他的身边一定盘踞着一只鹰(the eagle)。鹰作为神王宙斯的圣鸟,可以作为判断神王的标志,因为鹰是宙斯不离左右的圣物,也成为自由、力量、勇猛和胜利、王权、神圣等含义的象征。也正是由于希腊神话,鹰代表神王权力的含义在西方文化中具有广泛的影响,比如,美国的国鸟选择了美洲大陆的鹰——白头雕(the bold eagle);继承了希腊文化的罗马为凸显罗马帝国跨越两个大陆的庞大疆域,采用了双头鹰(the double-headed eagle)作为帝国标志,这个双头鹰被拜占庭帝国、德国和俄罗斯等国家陆续采用作国徽。

(三)宙斯力量的源泉:丰饶之角(cornucopia)

成功躲过克洛诺斯降生的宙斯,秘密地在地中海中的克里特岛长大。相传幼年宙斯的食物是来自母山羊阿玛尔忒亚(Amalthea)的乳汁。神奇的乳汁赋予宙斯强大的力量,不料宙斯的神力迅速增长却一时不能自控,玩耍时折断了阿玛尔忒亚的一只角。为了表达歉意并致敬,宙斯施展法力,赋予这只羊角神秘的能力:羊角能够源源不断产生出它的拥有者所希望的任何东西,从此这只羊角就被称为"丰饶之角"(cornucopia),即拉丁文"horn of plenty"。这正是古今中外人人向往的聚宝盆,它满足了世人对于物质的渴望。

现时的丰饶之角仍然在欧洲流行,并且,随着欧洲向美洲的移民"丰饶之角"被赋予了新的含义,已成为美国感恩节最显著的象征之一,人们通常会用羊角型篮子装满鲜花和果物,庆祝丰收,祈祷财富和运气。

词语	含义
Amalthea's horn	丰饶之角,富足
cornucopia	*n.* 丰饶之角;哺乳宙斯的羊角;装满花果及谷穗表丰饶的羊角状物;丰饶的象征

（四）宙斯盾：埃癸斯（Aegis）

埃癸斯（Aegis）是神王宙斯的武器，也称为"宙斯盾"或"美杜莎之盾"。埃癸斯虽然是宙斯的武器，但是强大如宙斯，鲜有挑战者，也很少使用埃癸斯。埃癸斯经常会陪伴它的另一位主人，女神雅典娜。智慧女神雅典娜获得宙斯的绝对信任和宠爱，特别是作为女战神，雅典娜常常会用到埃癸斯。正是雅典娜将埃癸斯借给半神英雄珀尔修斯，助他战胜了目光可以石化众生的美杜莎，并将美杜莎的头颅装饰了埃癸斯，埃癸斯更加法力无边，因此，埃癸斯的名字是英语中"保护（Aegis、Egis）"的来源。

词语	含义
Aegis （Egis）	*n.* 保护；庇护；资助；宙斯盾 *n.* 保护；庇护；资助；赞助；[希神]羊皮盾
under the aegis of sb. under one's aegis	受人庇护

（五）美杜莎（Medusa）

美杜莎（Medusa）是希腊神话中的一个女妖，她的头发都是蛇，她的眼睛能石化众生，目光所及，能将任何有生命的事物变成石头。据说她原是一位美丽的少女，雅典娜神庙的祭司。传说她惹怒了雅典娜，根据不同的版本，一说因为美杜莎和智慧女神雅典娜比美，一说因为海神波塞冬爱上了美杜莎，在雅典娜神庙追求美杜莎。被触怒的雅典娜愤怒之下将美杜莎的头发变成毒蛇，变成面目丑陋的怪物，让她无法与活人接触，因为她的目光会瞬间石化众生。后来雅典娜助力希腊英雄珀耳修斯取下美杜莎的首级，把她嵌在神盾埃癸斯的中央。从此，埃癸斯也被称为美杜莎之盾，埃癸斯更加法力无边。

词语	含义
Medusa	*n.* 蛇发女妖美杜莎；极度丑陋的女子

（六）祭祀宙斯的盛典：奥林匹克运动会（Olympic）

宙斯作为第三代神王，在人间享有殊荣，获得了各种方式的供奉，三代神族的圣山是希腊半岛的东北部巍峨的奥林匹斯山（Olympus）。相传众神时常在山巅宴饮欢歌，并在这里召开内阁会议，讨论世间大事，比如特洛伊战争等等。Olympus因此获得了拓展意义：天；天堂；天国。并派生出形容词：Olympian，意思是of the Olympus，还表示举止高傲的，有威严的和重大的，巨大的。

奥林匹斯中对现在人类仍然有着跨越国界的影响力的是奥林匹克运动会。相传虔诚的古希腊人为了取悦诸神，在农耕、航海、战争等重要活动开始的时候都会举办名目繁多的祭神仪式，其中，奥林匹克运动会最隆重，是奉献给万神之尊宙斯的。伴随着对体育锻炼的重视、对美好人体的向往和战争对力量的需求，促使奥运会成为古希腊影响最大的第一盛会，也形成了每4年举办一次的传统，要知道古希腊有大大小小200多个城邦国家，各城邦协同行动需要统一的规则，其中奥林匹克运动会是具有最高号召力的活动，甚至战争都会为此暂时中止，这就是著名的"奥林匹克神圣休战"，并对现代奥运会产生了深远的影响。现代国际奥委会也继承传统，遵循奥林匹克神圣休战的原则。

词语	含义
Olympus	n. 天；天堂；天国
Olympian	adj. 举止高傲的，有威严的；重大的，巨大的
Olympic Truce	奥林匹克神圣休战

（七）第三代神后：希腊神话赫拉（Hera）

神后赫拉（Hera），司掌婚姻与生育，是一位促进家庭建立及兴旺的女神。作为天后，她象征着权力、尊荣、华贵。古希腊语中赫拉意为"贵妇人""女主人""高贵的女性"。她本身拥有极为美丽的容貌，著名的别称有："金座女神赫拉（golden-seated goddess Hera）""脚穿金鞋的赫拉（gold-shod Hera）""白臂女神赫拉（white-armed goddess Hera）"以及"牛眼睛的天国王后（ox-eyed Queen of Heaven）"，形容赫拉脚穿金鞋坐在黄金宝座上，异常美丽，拥有一双炯炯有神和洞察一切事物的大眼睛，臂膀洁白如百合，神情威严而安详。

作为家庭保护神和妻子，虽然宙斯的风流韵事常常令赫拉嫉妒与愤怒，她也因此做出许多迫害他人的行为，但是赫拉本身是完全忠于自己的爱情与家庭的，即使面对诸如伊克西翁等人的诱惑也绝不动摇。希腊神话中凡人国王伊克西翁获得宙斯的荣宠留居天堂，不料他一见到光彩照人的赫拉便开始神魂颠倒，居然请求赫拉与之私奔。忠于家庭的赫拉将此事明确告知了宙斯。怒不可遏的宙斯把伊克西翁打下了地狱：深渊塔耳塔洛斯（Tartarus），将他绑在一个不停旋转的火轮上。急速旋转的火轮永远折磨、撕扯着他的躯体，成为永恒的惩罚。希腊罗马神话中惩罚通常不是一时的巨大痛苦，经常表现为永恒持续，周而复始地单调重复。比如，普罗米修斯日复一日被老鹰啄食又生长的肝脏；伊克西翁永不止歇地旋转的火轮。另外，著名的还有因为欺骗神而获罪的西西弗斯（Sisyphus），被惩罚终日推石头上山，到达山顶后石头必然滚落，结果是又一轮的重复推石上山。西西弗斯的生命就在这样一件无效又无望的劳作当中慢慢消耗殆尽。诸神认为再也没有比进行这种无效无望的劳动更为严厉的惩罚了。

吕狄亚的一位国王坦塔罗斯（Tantalus）是宙斯之子，获得诸神庇佑和爱护，可以出入奥林匹斯山，与神同食，日渐骄傲，失去敬畏之心，开始轻慢辱神，甚至烹子为食，考验神性，最终，被宙斯打入塔尔塔洛斯的坦塔罗斯站在水中央，抬头可见各色水果。如此状态的坦塔罗斯被食物包围，悲催的是他却无法食用到自己口中，低头饮水水位降低；抬头食果，果即上移，而且头上还悬着随时都可能落下将他砸死的巨石。Tantalus 就是这样永远又饥又渴，忍受着可望而不可即的、难以言喻的痛苦。英语动词 tantalize 便是据 Tantalus 产生的，比喻让人看到目标而又不让人实现目标的折磨。

词语	含义
Ixion's wheel	伊克西翁之轮；永恒的惩罚、无尽的折磨、万劫不复；地府旋轮
Sisyphean	*adj.* 永远做不完的，徒劳的
tantalize	*vi.* 逗惹，吊胃口，令人可望而不可即 *vt.* 使着急

（八）神后赫拉喷出的乳汁：银河（galaxy）

在希腊神话中，神后赫拉的乳汁可以使人力大无穷，长生不老，类似中国神话中使得嫦娥能够升天的药丸，对于向往不死之躯的人类而言，是一种神奇的力量。希腊神话中的大力神赫拉克勒斯的名字包含赫拉的名字，源于与赫拉乳汁的关系。传说，宙斯设计让自己与凡人所生的儿子赫拉克勒斯吮吸了赫拉的乳汁，因而具有了神力，也从此脱离了凡胎得到了不死之身，这个孩子因此命名为赫拉克勒斯（Hercules）。但是，由于赫拉气愤抗拒，乳汁飞溅到天上，形成了银河。所以在希腊语中银河就被称为 galaxy,是希腊语乳汁的含义。在英语中,人们还用 milky way(乳汁之路)来表示银河,这也是由于希腊神话中银河与赫拉的渊源。

词语	含义
galaxy	n. 银河,银河系,群英
milky way	n. 银河,(乳汁之路)

(九)赫拉的圣物:孔雀(peacock)

赫拉的圣物是孔雀(peacock)。孔雀,号称百鸟之王,最突出的特征是尾巴上长满了椭圆形的美丽花纹,传说上面装饰的是百眼巨人阿尔戈斯(Argus)的一百只眼睛。原来,赫拉虽然贵为婚姻与生育女神,但她本身却是一位经常遭到丈夫背叛的妻子。丈夫的背叛也招来赫拉无尽的嫉妒和仇恨,于是,赫拉成为不遗余力报复小三的善妒妻子。一次,赫拉发现了宙斯的凡间情人伊娥,宙斯匆忙将伊娥变为一头母牛来躲避赫拉。赫拉于是囚禁了小母牛,并派百眼巨人阿尔戈斯看守。阿尔戈斯有百只眼睛,可以时刻警惕周围情况。宙斯派自己最机灵的儿子,神使赫尔墨斯前去解救伊娥。赫尔墨斯施展音乐的魅力,用笛声魅惑阿尔戈斯闭上了所有眼睛,然后趁机砍下了他的头,救出了伊娥。后来赫尔墨斯将阿尔戈斯的百眼敬献赫拉,装饰了赫拉最宠爱的圣鸟——孔雀的尾羽上。阿尔戈斯的词根就拥有了"警惕"的含义。

词语	含义
argus	n. 警惕的人,百眼巨人
argus-eyed	adj. 警惕的,目光敏锐的
the bird of Juno	孔雀

(十)罗马神话中的神后朱诺(Juno)

罗马神话中的神后、婚姻女神名字是朱诺(Juno)。在罗马婚嫁的绝好时机是六月,此时正值初夏之际,树木葳蕤、百花盛开,于是罗马人便以家庭之神——神后朱诺之名为此月冠名,称为 Juno's month。罗马帝国的开疆拓土使得罗马时常面临危险,朱诺曾多次警告,帮助他们渡过难关,因此罗马人奉她为警告女神,称她为"Juno Moneta",moneta 就意为"警戒者"。后来罗马人把造币厂建在朱诺的神庙,希望女神能守护他们的财富。英语中的钱(money)和造币厂(mint)都是源自"moneta"这个单词。

词语	含义
June	n. 六月,琼
Juno's month	六月
June bride	最美新娘
Juno Moneta	警戒者、警告者
money	n. 钱,货币,财富
monetary	adj. 货币的,财政的

第二节 奥林匹斯神族和宙斯的人间爱人及子女

　　第三代神族能够突破前代神族的诅咒,牢牢掌握神族的职权,很大程度上源于奥林匹斯神族以宙斯为核心,以血缘为纽带,形成了复杂且庞大的神族体系,即在第三代众多天神手中,核心成员首先是宙斯的兄弟姐妹,然后就是来自宙斯与神界和人间的诸多妻子所生、具有多样才能、掌管诸多事物的宙斯子女,其中十二位占据奥林匹斯山的金座椅,形成第三代的主神。这些有牢固的血缘纽带、具有卓越不凡的超能力、个性鲜明的神族血亲,分工明确,管理有序,助力宙斯一统天下,江山永固,形成奥林匹斯神族体系。有关第三代神族的故事与词汇数量众多,内容丰富,影响深远,这里主要介绍奥林匹斯神族和宙斯的人间爱人及子女。

一、奥林匹斯神族

(一)海神:波塞冬(Poseidon)

　　宙斯(Zeus)、波塞冬(Poseidon)和哈迪斯(Hades),三兄弟在确立了奥林匹斯神族统治后,决定采用抽签的方式来决定每个人的管辖范围。宙斯(Zeus)抽中了天界,成为天神;波塞冬(Poseidon)抽中了海洋,成为海神;而哈迪斯(Hades)则抽中了冥界,成了冥王。海神波塞冬地位仅次于宙斯,威力巨大,具有呼风唤雨的本事,能够造出海啸和地震。所以从他的名字中产生了表示"能力"的词根 pos-。

词语	含义
Poseidon	n. 波塞冬,海神
possible	adj. 可能的 n. 可能性

(二)雅典城的由来:波塞冬败给雅典娜

古希腊没有统一的中央集权制国家,数百个城邦林立,战乱纷争不断,为了在冲突中立于不败之地,各个城邦纷纷宣称自己受到天神的庇佑,并以建造神庙和供奉的方式寻求保护诸神的庇护,各城邦大多供奉自己的保护神,这些城邦保护神多为奥林匹斯神族十二天神中的成员,如雅典国家的保护神为雅典娜,斯巴达为阿波罗与阿尔特弥斯兄妹,底比斯为阿波罗等。雅典城就是因保护神雅典娜而命名。传说雅典城刚刚建好,智慧女神雅典娜希望成为这座美丽城池的保护神,海神波塞冬也要求新城能归属于自己名下,他们互不相让,于是双方起了冲突。神王宙斯裁定,决定权属于城市人民,两位神祇各自送于该城市一份礼物,人民选择哪一份礼物,该城就属于谁。相传波塞冬用三叉戟敲击地面,一匹战马飞奔而出;而雅典娜用长矛一击岩石,一棵枝叶繁茂、硕果累累的橄榄树应声而出。橄榄树是和平和丰收的象征,为人们所喜爱:大家渴望和平,拒绝战争,于是,雅典娜被人民拥戴为守护神,雅典城应运而生,人们将之誉为"酷爱和平之城",橄榄枝也就成了和平的象征。olive branch 意为"橄榄枝"。短语"hold out the olive branch"表示"伸出橄榄枝,愿意讲和"。

《旧约·创世纪》中有一段故事。上帝降洪水灭世,只留诺亚一家,他们靠方舟才得以安然无恙地漂泊在万顷波涛之上。洪水稍退后,诺亚放出一只鸽子,试探有没有到达陆地。由于遍地是水,鸽子无处落脚,便又飞了回来。七天之后,他又将鸽子放了出去。这回直到日落黄昏鸽子才飞回方舟,嘴里还衔着一段翠绿的橄榄枝。诺亚由此判断洪水已经消退。一枝橄榄带来了吉祥平安的讯息,从此鸽子(dove)也常作和平的象征。

雅典人建造了帕提侬神庙来供奉雅典娜。其实,橄榄树对于雅典人不仅是和平的象征,更是古希腊人们心中的"生命之树"。地中海沿岸的古希腊地区，山岭纵横交错，平原稀少，不利于农业的发展，而橄榄树生命力极为顽强，成为生命与健康的象征，橄榄油更是日常生活中的必需品，因此地中海文明素有"橄榄树文明"之称。

词语	含义
olive	n. 橄榄树，橄榄
olive branch	n. 橄榄枝，和平
hold out the olive branch	"伸出橄榄枝，愿意讲和"
dove	n. 鸽子；和平的象征

（三）冥王：哈迪斯（Hades）

宙斯三兄弟划分世界，哈迪斯（Hades）抽中了冥界，成了冥王，掌管着地下世界。按照古希腊人的理解，哈迪斯是西方的财神爷，因为地下埋藏着多种多样的珍贵矿物质宝藏，所以他们相信冥王控制财富，是名副其实的财神爷。所以，从哈迪斯的罗马名字普鲁托 Pluto 中衍生了英语词根 pluto-，表示财富，可以想象的是，罗马帝国的辽阔疆域、无尽财富也促成了这个代表财富的词根和相关词汇广泛流传。与冥王有关，在现代英语中有很多相关词汇的是死神，在希腊神话中，掌管死亡的是死神萨那托斯（Thanatos），罗马神话中死神是摩尔斯（Mors）。死神喜欢披着黑斗篷，手持长柄镰刀，用来砍倒将死之人，他们夜晚行走于人群居住之地。由 Thanatos 产生的词根是 thanat-/thanato-，表示"死亡"。单词 euthanasia（安乐死）、thanatology（死亡学）等就源于此。Mors 产生了 mort-，也表示死亡。神与人最明显的区别是神：immortal，"神仙，不朽人物"。

词语	含义
as hot as Hades	酷热
the hounds of hell	邪恶
plutocrat	n. 财阀，富豪
plutocracy	n. 财阀政治，金权统治，财阀统治集团
plutolatry	n. 拜金主义，财富崇拜
as rich as Pluto	像财神一样富裕
euthanasia	n. 安乐死，安乐死术
thanatosis	n. 装死，假死状态

续表

thanatology	n. 死亡学
thanatoid	adj. 像死的,死一般的;致死的,致命的
thanatophobia	n. 死亡恐怖;极端怕死
mortal	adj. 凡人的,致死的,总有一死的 n. 人类,凡人
immortal	adj. 不朽的,长生不死的,神仙的 n. 神仙,不朽人物
mortality	n. 死亡数,死亡率,必死性

（四）冥后：珀耳塞福涅（Persephone）

希腊神话中冥界的王后是珀耳塞福涅（Persephone），美丽、纯洁、善良，是农业女神德墨忒耳与宙斯的女儿，也是十二星座中处女座的代表。冥王爱上美丽的珀耳塞福涅，乘其不备将其劫持到冥界，强娶为冥后。丢失了女儿的德墨忒尔四处寻找，极度悲伤，因此忘记履行自己作为农业女神的职责，人世间由此万物枯萎，停止生长。悲剧终于引起宙斯关注，他要求哈迪斯将珀耳塞福涅还给德墨忒尔。可是哈迪斯诱惑不知情的珀耳塞福涅吃下冥界特有的植物——石榴的三颗种子。根据冥界的规则，吃下石榴籽迫使珀耳塞福涅每年有三个月的时间必须居住在冥界，从此，世间有了植物不能生长的季节——冬季，从此世间有了四季轮回。

词语	含义
Persephone	n. 珀耳塞福涅,冥后

（五）冥河摆渡人：卡戎（Charon）

在古希腊神话中，进入冥界的入口是冥河（Styx），是死者的魂魄聚集进入冥界的入口，也是灵魂重生的地方，渡过鬼门关（Cross the Styx）的门。冥界的入口由刻尔柏洛斯（Cerberus）看守，刻尔柏洛斯是一只长有三个头的恶犬，没有灵魂可以逃过它的眼睛出入冥界。传说，女巫曾经用糕饼贿赂刻尔柏洛斯，因此，throw a sop to Cerberus 就是贿赂的含义。通过刻尔柏洛斯，会遇到卡戎（Charon），冥河中的摆渡人，负责把亡魂渡到冥河的另一面去。冥界的行程是需要购买船票的，因此地中海地区的风俗是：死者的亲人会用钱币盖在亡者眼睛上，用以敬献卡戎；在亡者手中放入糕饼，贿赂刻尔柏洛斯。当然，这趟行程正常是单程票,所有灵魂有去无回。

也有特殊情况,在冥王允许下,卡戎曾经摆渡过俄尔普斯、奥德修斯又离开了冥界。知名品牌百度的命名来源是诗句"众里寻他千百度",同时,作为网络媒介的百度的确也承担着"摆渡人"的功能。另外,在希腊神话中,冥府有河流叫忘川(Lethe),饮用忘川水会忘记过去,相当于孟婆汤。而且,冥河水具有神奇的力量,曾经洗浴过半人半神的英雄阿喀琉斯,使其刀枪不入,具有神力。冥界的深处还存在一个深渊之神塔尔塔洛斯,统治地狱(abyss),通常是被惩罚的人、神所居之地。

词语	含义
Styx	n. 冥河
Stygian	adj. 冥河的,阴间的,幽暗的
to cross the Styx	渡过鬼门关,死亡
Charon	n. 冥河渡神:卡戎
give(throw)a sop to Cerberus	收买看守;贿赂,行贿 抛出一个息事宁人的甜头
lethe	n. 忘川;忘却,遗忘
lethargic	adj. 昏昏欲睡的
abyss	n. 地狱
abysmal	adj. 深的,地狱的

(六)希腊罗马神话的死亡意识

希腊罗马神话的死亡意识对于理解现代的西方思维仍然有一定的意义:古希腊人民推崇个体主义的文化价值观念,认为个人荣誉胜于一切,甚至重于生命,他们的行为动机乃至生命意义与个人的荣誉、爱情、财产、地位等分不开;他们的"英雄行为"目标是彰显个人的勇敢、技艺、和智慧,是为了得到权力、利益、爱情和荣誉。在他们看来,与其默默无闻而长寿,不如在光荣的冒险中获得巨大而短促的欢乐,对于死后漫长的时光来说,英雄的一生才有意义,无论长短。我们以大家耳熟能详的阿喀琉斯和赫拉克勒斯的生命选择为例。

1. 阿喀琉斯的选择

希腊英雄阿喀琉斯一出生,神谕就揭示他的两种命运:一种平如常人,幸福长寿;一种战死沙场,无上光荣,但命定早死。英勇的阿喀琉斯生来就是无所畏惧,当然不会苟且偷生,他自然选择后者,无畏血雨腥风、刀光剑影,立下了赫赫战功,被希腊人民尊称为"古希腊最伟大的英雄"。在他身上也淋漓尽致地体现了英雄的本色——荣誉高于一切,甚至视荣誉为第一生命。

2. 赫拉克勒斯的选择:Hercules' choice

相传赫拉为了惩罚宙斯在凡间的半人半神儿子赫拉克勒斯,命令他完成12项对于凡人而言极具挑战性的任务,在英语里用"Hercules' task"比喻非常艰难的任务。以"make Hercules an efforts"来形容巨大的努力,最终修成正果。"Hercules' choice"在英语词汇中指代永垂不朽。因为赫拉克勒斯如同阿喀琉斯一样,曾经被赋予选择人生的权利:一种选择是欢愉之神(Pleasure),可以带给他健康但平凡的生命历程;另一种选择是美德之神(Virtue),提供高贵神圣但是艰难短暂的人生道路。二者之间,赫拉克勒斯选择了美德,美德之神保证他短暂但是英雄的一生。

词语	含义
Herculean labors	需要付出巨大努力地工作
Hercules' task	艰难的任务
Hercules' choice	永垂不朽;宁可吃苦,不愿享乐
make Hercules an efforts	付出努力,巨大的努力

两位英雄殊途同归:都放弃了在病榻上安详老迈地死去,选择了瞬间绽放就凋零的人生,因为他们可以在漫长而无尽的死后时光回忆生之灿烂。

(七)智慧女神:雅典娜(Athena)

希腊神话中,雅典娜(Athena)是神王宙斯与墨提斯的女儿。据说,墨提斯协助宙斯推翻的二代神王乌拉诺斯统治后,乌拉诺斯诅咒宙斯会有同样的遭遇:被墨提斯所生的儿子推翻。宙斯惧怕相似的命运,就把墨提斯吞入腹中。(甚至,宙斯为此后来多次询问具有预言能力的普罗米修斯自己的未来。)但是,此后宙斯头部剧痛难忍,于是他要求火神赫菲斯托斯劈开他的头,于是雅典娜完备地从父亲的头颅中跳了出来。不同寻常的降生方式,又是第一代智慧女神墨提斯的女儿,来自宙斯头脑的雅典娜成为智慧的象征。雅典娜还是女战神,但她与战神艾瑞斯不同,雅典娜头脑清晰,她代表了战争的谋略、智慧与正义。

词语	含义
Athena	n. 雅典娜
Athens	n. 雅典

(八)蜘蛛(类)动物(arachnid)

智慧女神雅典娜为人类发明了纺织技术,自己更是个中高手。相传雅典娜对于人类极为爱护,许多技艺由她带给人类,纺织是其中一项。人间有位名叫阿拉克涅(Arachne)女子,掌握了编织才能,针织和刺绣技艺高超,远近闻名。渐渐得意忘形的阿拉克涅夸下海口,说自己完全可以挑战雅典娜了。于是雅典娜同凡人阿拉克涅举行了刺绣比赛,结果可想而知:雅典娜大获全胜。神祇的权威是不容人类挑战的,于是阿拉克涅被雅典娜变成蜘蛛,永无休止地织网。

词语	含义
arachne	n. 蜘蛛
arachnid	n. 蜘蛛纲动物
archnoid	adj. 蛛形纲动物的
arachnicide	n. 杀蜘蛛剂

(九)太阳神、光明神、艺术之神:阿波罗(Apollo)

阿波罗(Apollo)是希腊神话中奥林匹斯神族十二主神之一,是宙斯与勒托所生龙凤胎中的男神,另一位女神是月亮神。阿波罗掌管光明、青春、音乐等,Apollo的意思是"光明"或"光辉灿烂",NASA借用阿波罗光明的含义命名了航天飞机"阿波罗十三"。阿波罗外形俊朗,在崇尚人体力量美的古希腊罗马神族都是美好的,但是,容貌俊朗的众神中,阿波罗仍然以美男子著称,人们将他视为男性美的典范。因此,在英语中,Apollo成了"美男子"的代名词。

词语	含义
Apollo	n. 阿波罗,美男子
like an Apollo	风度翩翩,形容男子相貌堂堂

关于阿波罗的神话传说很多,其中比较著名的有:

阿波罗中了小爱神的爱情之箭,疯狂爱慕神女达芙妮,结果达芙妮变成了月桂树;

他在希腊的德尔斐杀死恶龙,人们在德尔斐修建了闻名于世的德尔斐神庙;

赫尔墨斯发明竖琴赠给阿波罗,使其成为音乐之神。

阿波罗的桂冠(Laurel):逃避阿波罗爱情的达芙妮(Daphne)

在奥林匹斯神族中,阿波罗以擅长射箭闻名,他的武器是宙斯赐予双生姐弟的金银弓箭,正是用它战胜了皮同。耀武扬威的阿波罗见到小爱神丘比特在摆弄弓箭,他忍不住嘲笑了丘比特,丘比特决意报复,他向阿波罗射出点燃爱情之火的金箭,却把拒绝爱情的铅箭射向阿波罗心仪的女仙,美丽的达芙妮。于是,阿波罗疯狂地爱上了达芙妮,拼命追求她。达芙妮则四处躲避这位神界美少年,坚决抗拒他的爱情。眼看阿波罗就要追上,达芙妮要求她的父亲河神,将其变成一株月桂树。阿波罗伤心欲绝,就折下了月桂树枝编成桂冠戴在自己头上,作为对爱人的纪念,这就是"桂冠"(laurel)的来源。因为阿波罗同时是诗歌、音乐和体育之神,后来希腊人将"桂冠"作为对那些领域内取得骄人成绩的人的奖励。

词语	含义
Daphne	n.月桂树,达芙妮(女名)
as shy as Daphne	(少女)羞羞答答
laurel	n.桂冠,殊荣
win/gain laurels	获得荣誉;赢得声望
look to one's laurels	试图在某些方面保持领先地位;爱惜名声;保持记录
rest on one's laurels	坐享清福;光吃老本;故步自封
the Poet Laureate	桂冠诗人;成功诗人

(十)德尔斐神谕:(Oracle)

古希腊人有求神谕(Oracle)的习俗。著名的"甲骨文"公司的英文名字是"Oracle",即"神谕",其中文译名呼应了中国的神谕:占卜的甲骨文。古希腊许多神庙都提供神谕,但是最灵验的神谕来自德尔斐岛的阿波罗神庙——德尔斐神谕。每遇到重要的事件,希腊人会想方设法到德尔斐岛请求神的旨意。德尔斐岛是阿波罗最重要的神庙所在地,流传诸多阿波罗的故事。在这里,他斩杀了巨蛇皮同,有著名的阿波罗女祭司皮提亚,有阿波罗的箴言(proverb):认识你自己(Know yourself),德尔斐更是宇宙的中心。传说宙斯为了确定宇宙的中心,将那块代替自己被父亲克洛诺斯吞入腹中的石头抛出,宣称石头落地之地就是宇宙的中心。这块石头降落在阿波罗的神庙,这里成为世界的中心,是天堂与人间的通道,这块圣石——翁法罗斯石(Omphalos),"地球的肚脐"之意,被称为大地中心,德尔斐的神谕也成为最灵验的占卜。

词语	含义
oracle	n. 神谕,预言;甲骨文
Delphi	n. 德尔斐;德尔斐神谕
Delphic utterance	n. 似是而非的答案
Know yourself	认识你自己
Omphalos	n. 肚脐;翁法罗斯石;圆锥形神石;世界的中心;中心;中枢

(十一)阿波罗的乐器:里拉琴(lyre)

"里拉琴"(lyre)是古希腊的七弦竖琴,是阿波罗的随身圣物。在希腊神话传说中,里拉琴是神使赫尔墨斯将琴弦缠绕在乌龟壳上制成的,他将里拉琴赠送给太阳神阿波罗,传说琴声悠扬,只要阿波罗一开始弹奏,万物都会沉静下来聆听,为音乐之神阿波罗所钟爱。在古希腊,吟游诗人,比如古希腊神话的缔造者盲诗人荷马,常用里拉琴伴奏吟唱抒情诗,所以由里拉琴的名字 lyre 产生了抒情诗(lyric)、抒情诗人(lyricist)等单词。现代英国的国徽上面仍然有里拉琴的影子。

词语	含义
lyre	n. 里拉琴,古希腊的七弦竖琴
lyric	n. 抒情诗,歌词;adj. 抒情的,吟唱的
lyricist	n. 抒情诗人

(十二)阿波罗的圣物:天鹅(Swan)

在古希腊罗马神话传说中,阿波罗的圣物之一是天鹅,通常代表高贵、纯洁、和平、善良。传说天鹅平日高雅宁静,并不唱歌,它一生中唯一的歌唱就是最后的绝唱:天鹅临终前,引颈长鸣,高歌一曲,曲终而命竭。绝唱是一生凝结,最后的杰作,因此,现代英语中用 Swan Song 比喻艺术家临终前的杰作,这也让人联想到王尔德的《夜莺》和小说《荆棘鸟》中一生一世一双人的凄美爱情。相传,艺术之神阿波罗会变化为天鹅,所有诗人死了之后灵魂也附于天鹅之体,因此莎士比亚一度被人称为 the Swan of Avon(埃文河畔的天鹅),荷马被称为 the Swan of Meander(米安德河畔的天鹅)。

词语	含义
Swan Song	最后杰作;绝笔,绝唱
Black swan	凤毛麟角;稀有、罕见的人或物

(十三)灶神赫斯提亚(Hestia)/维斯泰(Vesta)

希腊神话中一位重要的处女神是灶神赫斯提亚(Hestia),罗马神话中灶神是维斯泰(Vesta)。灶神赫斯提亚是宙斯的长姐,奥林匹斯山上最年长、最神圣的女神。赫斯提亚终生童贞,执掌灶火,是家庭的象征,也是圣火女神,还是磨坊工和面包师傅的保护神。赫斯提亚的传说不多,但是在奥林匹斯神族和西方家庭中她都很受尊重,灶神庙中的圣火永不熄灭,家庭中也为灶神保留祭位壁炉以示敬重。现代西方家庭仍然保留着并不实用的壁炉,全家人围坐壁炉安享时光是典型的家庭美满的写照,这也是在经典作品如《简·爱》中常见的情景。罗马灶神 Vestal 又是修女、尼姑和处女的意思,它还是形容词,处女的;贞洁的。莎士比亚在《仲夏夜之梦》中就称"童贞女王"伊丽莎白一世为"a fair Vestal enthroned by the west"。霍桑的小说《红字》中女主人公名为 Hester,也源自赫斯提亚。

词语	含义
Hestia	*n.* 处女、尼姑和修女
Vestal	*adj.* 贞洁的;童贞的;处女的 *n.* 贞女;处女

(十四)谷物女神:德墨忒尔(Demeter)

德墨忒尔(Demeter),罗马神话名为克瑞斯(Ceres),农业女神,谷物女神,宙斯的姐姐,掌管着植物的生长,可以使土地肥沃、五谷丰登,她教会人们耕种,赋予大地生机。在西方的神庙中,克瑞斯的神庙最多,可以看出她受欢迎的程度。德墨忒尔与宙斯所生的女孩,被抢为冥后。于是德墨忒尔无心农耕,以致大地万物凋零。宙斯裁定后冥后一年中三分之二时间陪伴母亲。女农神心情因此经常改变,就形成了四季。

单词 cereal 的意思是指作为主食的谷物类植物和谷类食品,通常用作复数。

词语	含义
cereal	n. 加工而成的谷类食物;谷类植物;谷物
ceremony	n. 典礼,仪式;礼节,礼仪
the gift of ceres	谷物

(十五)月亮女神、狩猎女神:阿尔忒弥斯(Artemis)

罗马月亮女神、狩猎女神:狄安娜(Diana)

希腊神话中月亮女神、狩猎女神是阿尔忒弥斯(Artemis)。阿尔忒弥斯是希腊神话中著名的三位处女神之一,是女性纯洁的化身,还是女独身主义者,她掌狩猎、保护分娩孕妇,是少女和贞洁的保护神。月神与太阳神阿波罗是孪生姐弟。经历几代更替,月神阿尔忒弥斯名字很多,比如 Artemis、Diana、Luna。月亮女神美丽高洁冷傲,重贞洁,Diana,通常代表漂亮、健美的青年女子;Diana's Worshippers,夜半踏着月色归家的人,即"夜半狂欢者"。但月亮女神也是泾渭分明,有怨必报的,比如她狩猎过后通常会沐浴,习语 Diana dip 则指裸泳。月神沐浴更衣时曾被一名猎人撞见,这个冒失鬼被她变成鹿,让他自己的猎狗吃掉了。月神还有名字叫 Luna,其形容词 lunar 指"月亮的,阴历的"。曾经人们无法理解精神疾病,猜测发疯是受月亮惩罚,所以 lunacy、action for Luna 指"精神异常,疯狂的行为和蠢行"。而 lunatic、related to Luna,意思则是"疯狂的,神经错乱的,愚蠢的",也是名词,"狂人、怪人"。

词语	含义
to be a Diana	孑然一身,独身主义,不婚主义
Diana	n. 黛安娜(罗马神话中之处女性守护神);女骑士;健美的青年女子
Diana's Worshippers	n. 夜半狂欢者
Diana dip	裸泳
lunar	adj. 月亮的,阴历的
lunacy	n. 精神异常,疯狂的行为
lunatic	adj. 疯狂的,神经错乱的,愚蠢的 n. 狂人、怪人

（十六）爱与美的女神：阿佛洛狄忒（Aphrodite）

罗马爱与美的女神又称：维纳斯（Venus）。希腊神话中爱与美的女神是阿佛洛狄忒（Aphrodite）对应于罗马神话中的维纳斯。她是爱情和女性美的象征，是众神、众人仰慕的对象。希腊和罗马神话中流传着大量她的风流韵事。神界和人间都有阿佛洛狄忒的爱人，而人们的爱情故事也往往会寻求她的助力。阿佛洛狄忒的名字 Aphrodite，甚至她的罗马名字维纳斯（Venus）所产生的词汇也大多与爱欲相关。

同时，美神维纳斯的迷人外貌让人不由自主地言听计从，正所谓"由爱生畏"，妻管严大多如此，所以，venerate 一词被解读为"尊敬"，而 veneration、the act before Venus，就是敬重。

词语	含义
Aphrodite	n. 阿佛洛狄忒
aphrodisia	n. 性欲
aphrodisiac	n. 春药
Venus	n. 金星，维纳斯
venerate	v. 尊敬
the act before Venus	敬重

（十七）火神、工匠神和锻冶之神：赫菲斯托斯（Hephaestus）

罗马又称：伏尔甘（Vulcan）。火神兼工匠神赫菲斯托斯，拉丁语称伏尔甘（Vulcan），是神王与神后的嫡长子，并被宙斯赐婚，成为最美女神阿佛洛狄忒的丈夫。赫菲斯托斯的地位凸显了工匠技艺在古希腊罗马的社会生活中占据较高地位。但是，与其他在奥林匹斯山歌舞升平、终日宴饮的诸神不同，赫菲斯托斯亲身从事体力劳作，虽然拥有孔武有力的劳动者之躯，但并非古代希腊社会所崇尚的人体美，总之，赫菲斯托斯并不太受尊重。首先，赫菲斯托斯出生后，母亲赫拉嫌弃他面貌丑陋直接将他扔下凡间，摔成瘸子。长大后赫菲斯托斯练就高超的冶炼铸造手艺，惩罚了赫拉，才重新被神族接纳，回归奥林匹斯山。在奥林匹斯山，他也难得端坐代表神权的金椅，他消磨时光的地方是山顶的洞口，山顶终日烟火缭绕、响声如雷，传说那就是工匠神在冶炼。所以，伏尔甘的名字产生了火山的含义；Vulcan 也指瘸子或铁匠。火神与美神一对夫妻虽然外表看来是"郎才女貌",但是,美神阿佛洛狄忒经常出轨,后来赫菲斯托斯终于寻机把寻欢的美神与战神捉住,用网罩住示众。习语 sit/sleep/stand on a volcano,表示处境危险。

词语	含义
Vulcan	n. 瘸子;铁匠;火神
volcano	n. 火山
volcanic	adj. 火山的,猛烈的,容易突然发作的 n. 火山岩
vulcanize	v. 硫化,硬化
sit/sleep/stand on a volcano	处境危险

(十八)战神:阿瑞斯(Ares),罗马战神:马尔斯(Mars)

希腊神话的正式战神是阿瑞斯(Ares),是神王宙斯和神后赫拉的儿子,美神阿佛洛狄忒的情人,负责掌管战争。阿瑞斯相貌英俊,孔武有力,性格残暴好斗,勇猛顽强。相比较女战神雅典娜,阿瑞斯是喋血战神,他简单热衷于战争,并不关注战争的正义性,甚至是战争结局,因此阿瑞斯更多地代表了战争血腥和残酷的特征。在希腊神话中的战神阿瑞斯在神界和人间都不太受欢迎,他的神庙也寥寥无几。到了罗马神话时期阿瑞斯有了新的拉丁名字马尔斯(Mars),罗马人崇尚武力,伴随着罗马大军的铁蹄和帝国扩张,马尔斯名扬四海,人们用罗马年历的第一个月份向他致敬,即March,这是现代英语中的三月。单词march还表示"进军",因为古罗马人认为三月份是开始进军打仗的好季节。另外,of or like Mars 意思是战争的,军事的,也是勇武好战的。而且,太阳系第四行星火星颜色鲜红,令人想起鲜血与战争,因此获名火星Mars。

词语	含义
Mars	n. 战神,火星
Martian	n. 火星人
March	n. 三月 v. 进军
martial	adj. 军事的,战争的,尚武的
of or like Mars	战争的,军事的,勇武好战的
martyr	n. 烈士,殉道者
martyrdom	n. 殉难;牺牲

（十九）爱神圣物：玫瑰（rose）

英国诗人罗伯特彭斯的名诗 *My Love is Like a Red, Red Rose* 所歌颂的玫瑰是英美两国共同的国花，也是爱与美的女神阿佛洛狄忒的圣物，关于红色玫瑰的来历有浪漫的故事背景——阿佛洛狄忒与美少年阿多尼斯（Adonis）的爱情故事。传说阿多尼斯貌赛潘安，爱神阿佛洛狄忒狂热地爱上了他，引起了正牌情人战神的嫉恨。于是战神设计陷害阿多尼斯，在他狩猎时利用一头野猪杀死了阿多尼斯。阿佛洛狄忒伤心欲绝，冲到阿多尼斯身边试图挽救，匆忙中踩到白色玫瑰的尖刺，爱神的鲜血染红了白色的花朵，从此，玫瑰有了红色，爱情的红玫瑰试图告诉人类：即使爱神自己也难以抵御爱的魅力，也无法逃避爱情总是需要付出代价的宿命。

爱神阿佛洛狄忒的浪漫风流韵事也让她的儿子丘比特尴尬，为了维护母亲的声誉，丘比特给沉默之神哈伯克拉底（Harpocrates）送了一束玫瑰花，请他保守秘密。由于这个神话传说，古罗马人把玫瑰花当作沉默或严守秘密的象征，under the rose 于是有了"暗中，秘密地，私下地"的意义。

（二十）普赛克：灵魂、精神（Psyche）

阿佛洛狄忒作为美神，总是自负美貌的。传说人间曾惊现美人：一位貌美绝伦的公主，普赛克（Psyche），倾倒众生。这引起了爱与美之神阿佛罗狄忒的嫉妒（Aphrodite，即罗马神话中的维纳斯 Venus）。她指使儿子小爱神厄洛斯（Eros，也就是丘比特）惩罚普赛克爱上一个极其丑陋的人，但小爱神自己却对普赛克一见钟情，不能自已。把爱情的箭射向了自己。阿佛罗狄忒知道此事后，使普赛克备受折磨，但历经千难万险，普赛克最终还是和小爱神结为连理。普赛克从此在西方成了人的灵魂的化身。在英语中，psyche 指灵魂、精神。此外，还有 psychoanalyst（精神分析学），psychology（心理学），psychodrama（心理剧）等词汇。

词语	含义
psycho	*n.* 精神分析
psychoanalyst	*n.* 精神分析学
psychology	*n.* 心理学
psychodrama	*n.* 心理剧

（二十一）神使、商业神：赫尔墨斯（Hermes）

罗马：墨丘利（Mercury）

赫尔墨斯（Hermes），罗马神话中又叫墨丘利（Mercury），是宙斯之子，特别受到宙斯的钟爱，也是身兼数职的一位神祇：首先，赫尔墨斯是希腊神话中为众神传递信息的使者神，他还是商业神、交通旅游神、体育运动的神，是小偷们所崇拜的保护神，他还是风神，且司畜牧、工艺、演讲与口才，是典型的神话版多面手，百事通，Jack of all trades。作为信使，经常为宙斯在神界和人间传递信息、解决难题，所以，赫尔墨斯配备了现代交通工具：头戴插有双翅的帽子，脚蹬飞翼飞行鞋，手持双头蛇杖，行走如飞，Mercury 又是向导、信使、导游的别名。墨丘利行动敏捷，水银和水星都用他的英文名字命名：因其本领如水银泻地一样无孔不入，所以 Mercury 又指水银；也因为希腊罗马时期人们想象中水星上全是水银，因此水星也获得了他的名字。Mercury 还是小偷的祖师爷。据说出生当天就偷了哥哥阿波罗的牛群。对于词汇影响最大的，是作为商业神的墨丘利，词根 merch- 代表了商业的墨丘利，商人 merchant：man of Mercury；而大家一起来做买卖，doing business together，即 commerce，商业就形成了。

词语	含义
Hermes	n. 神偷,信使赫尔墨斯,使者神
Mercury	n. 水星,水银,墨丘利
merchant	n. 商人,adj. 商人的
commerce	n. 商业、贸易

二、宙斯的爱情历史

宙斯的爱情历史比较丰富，一方面，宙斯缔结了牢固的一夫一妻的婚姻关系，另一方面，宙斯也发展了诸多爱情关系，这些或来自神界或来自人间的宙斯爱人，无论是在赫拉之前有婚姻之约的妻子，还是来自人间的非婚情人，共同为宙斯的第三代神族缔结了庞大的关系网，培养了众多的管理者和接班人。可以理解的希腊罗马神话产生于人类社会的童年期，当时维系稳固的关系的纽带往往是血缘，小到宗族关系大到种族关系,莫不如此,人类对于神话的想象一定程度上模仿了这一血缘关系。下面介绍几位对于现代英语词汇仍然有着重要作用的姻亲代表。

(一)宙斯的爱人:聪慧女神墨提斯(Metis)

在古希腊神话中宙斯的第一任妻子是聪慧女神墨提斯(Metis),即第一代智慧女神,也是奥林匹斯神族的智慧女神雅典娜的母亲。相传宙斯长大后,想要推翻自己父亲的统治,在"一切生物中最聪明的"墨提斯(神谱)指点下,给克洛诺斯吃下一种自制吐药,将所吞的孩子、宙斯的兄弟姐妹吐了出来,大家团结一心,战胜了克洛诺斯。然后宙斯与墨提斯缔结良缘。墨提斯孕育了新生命,但是,很快宙斯获得了预言:墨提斯第一胎是女儿,这个孩子将拥有可以匹敌其父亲的智力和力量;而墨提斯的下一个男孩将实现克洛诺斯的诅咒:夺走他父亲的王位。宙斯对这条神谕十分在意,他设计将墨提斯吞入腹中。就这样,宙斯夺权的策划者、智慧胜过众神的墨提斯留在宙斯的腹中,成为宙斯谋略的来源。拥有力量与智慧的宙斯从此所向披靡,其中反映了宙斯力量与女性的关系,也预示了人类从此走向了文明。

(二)希腊神话中的正义和秩序女神:忒弥斯(Themis)

罗马神话中的正义女神:朱斯提提亚(Justitia)

在古希腊神话里,宙斯的第二任妻子是正义和秩序女神忒弥斯(Themis),正义女神在古罗马神话中的名字是"朱斯提提亚"(Justitia),对于英语词汇影响更大的是传播度较高的朱斯提提亚。英美法院前通常有一位身披古希腊长袍,左手提秤,右手举剑的女神塑像,雕像象征"用利剑维护正义之秤的平衡",这就是朱斯提提亚。引人注目的是,女神像的眼睛往往是闭着的,或者是用布蒙上的,蒙眼象征着司法的原则是理智,要避免任何有关人情和情绪的感官影响,做到公正无私。中国文化中象征司法正义的是上古传说中的一种神兽:"獬豸",它的形象也着重刻画了眼睛,不同的是獬豸是双眼炯炯有神,怒目圆睁,意寓能辨是非曲直,能识善恶忠奸。虽然二者的眼睛一睁一闭,但是异曲同工地表明:正义是司法的第一原则。正义女神朱斯提提亚形成的拉丁词根 jus-、jur-(法律、正义)是诸多与法律相关的词汇的来源。另外,忒弥斯所持天秤成为天秤座(Libra)的标志,由此衍生出词根 liber-,代表"权衡;自由,释放"。自由女神传递了美国文化奉为圭臬的自由意识,而雕像本身与正义女神也有诸多相似之处。

词语	含义
justice	*n.* 正义,司法,法律制裁,法官,审判员
jury	*n.* 陪审团
injure	*n.* 伤害,损害(缺乏公正造成的伤害)
Libra	天秤座;*n.* 磅
librate	*v.* 摆动;平均
liberty	*n.* 自由

(三)命运三女神:(the Fates)

The Fates 是希腊神话中的命运三女神的总称,她们是神王宙斯(Zeus)和正义女神忒弥斯(Themis)的女儿。传说,掌管万物命运的是命运三女神,她们共同掌管代表命运的丝线,一位纺线,一位整理丝线,一位负责剪断命运的丝线。值得注意的是三位命运女神操纵的不仅是所有人,还决定着所有神祇的命运:命运不为个体掌握,即便宙斯也要唯命是从。宙斯对于自己的命运也无从知晓,因此他一直询问具有语言能力的普罗米修斯,也对于他的拒绝泄露其命运的预言而耿耿于怀。The web of life 也被用来指"生命线",喻指"命运""错综复杂的人生"。

词语	含义
The Fates	命运三女神
fate	*n.* 命运
The web of life	生命线,命运,错综复杂的人生

(四)希腊神话中的记忆女神:莫涅莫绪涅(Mnemosyne)

依据赫西俄德《神谱》,记忆女神莫涅莫绪涅(Mnemosyne)是十二泰坦神之一,她是宙斯的第三位妻子,和宙斯一起生下九位缪斯女神。在许多神话和传说中,莫涅莫绪涅是司记忆、语言、文字的女神,她作为缪斯的母亲,最初是口头叙事诗人的庇护者。她通常被描绘成一个支着下巴沉思的女子;有时她在画笔下表现为一个接近成年的女性,发饰多珍珠和宝石,用右手的两个前指持着耳垂。莫涅莫绪涅的名字中包含词根 mneme-,意思是"记忆"。

词语	含义
memory	*n.* 记忆,记忆力
remember	*v.* 记得,记起
memorial	*adj.* 纪念的,记忆的,追悼的 *n.* 纪念碑,纪念馆,纪念物

(五)艺术女神(the Muses)

艺术女神(the Muses),缪斯女神是宙斯与记忆女神的女儿,一般认为缪斯女神共九位,各自掌管从绘画到音乐等诸多不同的艺术领域。这些女神最能激发艺术家创作灵感,是历代艺术家尤其是诗人所崇拜的偶像。阿波罗是缪斯的领袖。在奥林匹斯山上,凡是有缪斯出没地方,众神都能天天唱歌跳舞,极其快乐。muse 指知识的源泉(fountain of knowledge),灵感的源泉(springs of inspiration)。出于对缪斯女神们的敬仰,古希腊人把艺术作品以及自然科学方面的收藏放置在缪斯神庙里面。

公元前280年,古埃及王托勒密一世在亚历山大城建造的西方第一座收藏文物的博物馆,据说就是以缪斯命名的,这是一座世界上最著名的古代博物馆,一直存在了将近七百年,后来焚于战火。

词语	含义
muse	*n.* 缪斯,沉思 *v.* 沉思,凝视
museum	*n.* 博物馆
music	*n.* 音乐,乐曲
amusement	*n.* 娱乐,消遣,乐趣

宙斯在人间有许多凡人爱人,在古希腊神话中,神祇与凡人的最大区别是神祇拥有不朽的生命,而凡人的生命是有限的,宙斯的凡间子女也是终会死去的。但是高贵的血统赋予他们超凡脱俗的能力,给予他们脱颖而出的机遇,所以,他们大多会完成不可能的艰巨任务,造福于民,从而威震八方,英明远扬,成为半神英雄,割据一方,最终大多成为人间的王。因此,宙斯散落在凡间的子女被赫拉解读为婚姻的破坏者,被凡人解读为拥有神王血脉的英雄,可是,这何尝不是人间的诸多王国的统治者为自己在寻找的高贵出身呢。

第三节　特洛伊战争

在希腊罗马神话中，人与神同形同性，高度相似，而凡人的生活也有诸神的积极参与，著名的特洛伊战争虽然表面是城邦的历史，人间的战争，但是，在古希腊罗马神话体系中，特洛伊战争正是神界争斗的结果，因为它本起源于不和女神与诸神的冲突，而诸位神祇也参与了特洛伊全部战争历程。

一、帕里斯的审判（the judgement of Paris）

虽然是人间历史，特洛伊战争的起源是神界的冲突。女性对于美丽的向往和竞争由来已久，无论是早在希腊神话中，还是在现代的灰姑娘故事中，都有关于"谁是最美的女人"的疑问。不和女神厄里斯（Eris）就是借用这个提问挑起了特洛伊战争。厄里斯是专司不和的女神，与她有关的最著名故事是"不和的金苹果"（Apple of discord）。传说神界最隆重的女神忒提斯的婚礼没有邀请厄里斯，极度不满的厄里斯就在婚礼上扔下一个金苹果，上面写着："送给最美女神"（To the fairest）。天后赫拉、爱与美女神阿佛洛狄忒和智慧女神雅典娜三人都认为自己才是最美丽的女神，争执不下，于是三位女神请一位牧羊人评判。为了获得金苹果，三位女神向牧羊人做出许诺：如果获得金苹果，赫拉保证将让牧羊人获得最高权势，雅典娜答应让他拥有无上智慧，阿佛洛狄忒承诺将让牧羊人得到天下最漂亮的女人。"不爱江山爱美人"，牧羊人将金苹果判给了爱与美的女神阿佛洛狄忒。阿佛洛狄忒兑现了承诺，让牧羊人掳走了斯巴达王后。这个牧羊人正是特洛伊的王子帕里斯，这就是著名的帕里斯的审判（the judgement of Paris），他激起了希腊人的愤怒，于是希腊各国组成联军出兵讨伐特洛伊。而且，正是由于三位女神的冲突导致了这场战争，阿佛洛狄忒支持特洛伊，赫拉和雅典娜支持希腊联军，奥林匹斯诸神也纷纷站队，这就是历时十年之久的特洛伊战争。

词语	含义
Apple of discord	不和的金苹果；灾祸的起因；祸根；争端
the judgement of Paris（Paris' Judgement）	帕里斯的审判 不爱江山爱美人
Eris	不和女神厄里斯
eristic	*adj.* 争论的；辩论的；诡辩的 *n.* 争论者；辩论家；诡辩家

二、坚不可摧的城池（the city of Troy）

特洛伊战争的主战场是特洛伊城，这是一座号称坚不可摧的城池（the city of Troy）。根据希腊神话记载，宙斯的父权统治建立之初，赫拉作为女性的代表曾经奋起反抗，一同参与的还有阿波罗和波塞冬。但是，宙斯取得了胜利，并且惩罚了赫拉，从此婚姻内部确定了男强女弱的局势。而阿波罗和波塞冬，被罚服役九年，替特洛伊国王建造城墙。试想，凡人社会中由神族亲自打造的城池怎么会轻易被攻破呢！所以，整个希腊联军，集结地中海地区的精锐部队，也是用了整整十年，并且，在诸神的助力之下，依靠奥德修斯的聪明才智，才最终攻陷特洛伊城。

词语	含义
the city of Troy	坚不可摧的城池
work like a Trojan	像特洛伊人那样工作

三、海伦：红颜祸水（Helen of Troy）

帕里斯不爱江山爱美人，他的裁决为他赢得了人间最美的女人：斯巴达王后海伦。海伦是宙斯的女儿，美丽绝伦，相传众多希腊诸国的国王或王子都曾倾慕其美貌，提请过婚约，为避免引起战乱，奥德修斯提议，希腊诸国结成联盟，约定结盟诸国尊重并一致维护海伦的婚姻选择，如果有人不尊重海伦的婚姻，盟国将一致施以援手。海伦被帕里斯带走，希腊盟军十年征战，特洛伊城灰飞烟灭。"倾国一笑为红颜"，这让人不禁想起了美女褒姒、妲己，感慨中外历史何其相似，汉语中的"倾"字即代表了海伦的"倾国绝色"，也如海伦一样，是祸起萧墙，"倾国覆邦"的红颜祸水。

海伦是斯巴达(Sparta)的王后,斯巴达是希腊伯罗奔尼撒半岛南部、古希腊主要城市,以其勇士而著称。特洛伊战争时期,所有市民全年过着简朴而且艰苦的生活,因此 Spartan 具有了"简朴的,艰苦的,刚强的,勇敢的;好战的;严峻的"含义。

倾城倾国的海伦还是学院一词的出处。据说,海伦曾经被劫持,人们受到一位名叫阿卡德摩斯(Akademos)的农夫指引,寻回了海伦。作为对农夫的答谢,诸神许诺永久守护阿卡德摩斯的橄榄树林,年年丰收。这片橄榄树林也因此得名 Akademeia,意思是"阿卡德摩斯的果园"。后来,大哲学家柏拉图就在这座园林里授课,于是这座园林具有了新的词汇含义:举行学术讨论的学习场所,学园、学院(academy)就根据阿卡德摩斯的名字命名。17 世纪以后也指"学会"或"研究院",如 the Chinese Academy of Sciences(中国科学院)。

词语	含义
Helen of Troy	特洛伊的海伦,美女海伦;红颜祸水;倾国尤物
as fair as Helen	如海伦般艳丽无比
as beautiful as Helen	貌比西施
Spartan	*adj.* 简朴的,艰苦的,刚强的,勇敢的;好战的;严峻的
academy	*n.* 学会;研究院;专门学校;专科院校;私立中学;中学
academic	*adj.* 学术的,学院的,理论的 *n.* 学者,大学教师,大学生
the Chinese Academy of Sciences	中国科学院

四、致命的弱点:阿喀琉斯的脚踵(Achilles' Heel)

特洛伊战争希腊联军胜利的关键在于战无不胜的英雄阿喀琉斯。阿喀琉斯的母亲忒提斯是著名的神祇,宙斯曾经爱上她,但是神谕显示她的儿子将超越父亲,一直担心自己统治被推翻的宙斯立刻放弃了忒提斯,并将她嫁给人间的国王。父亲是凡人,阿喀琉斯无法永生,母亲忒提斯手握他的脚后跟,将他沉入冥河(Styx)圣水里沐浴,忒提斯从而全身拥有了刀枪不入的能力,在特洛伊战争中,阿喀琉斯所向披靡,战无不胜。但是,忒提斯忽略了阿喀琉斯的脚踵,这成为阿喀琉斯唯一的弱点,也正是这一点,导致了阿喀琉斯的死亡:特洛伊的保护神太阳神阿波罗(Apollo)把阿喀琉斯的弱点告诉了帕里斯,帕里斯的箭直指阿喀琉斯的脚踵:"致命的弱点",阿喀琉斯不治而亡。

词语	含义
Achilles' Heel	阿喀琉斯的脚踵;唯一弱点;致命弱点 金无足赤,人无完人
Achilles tendon	跟腱
Achilles jerk	跟腱反射

五、赫克托耳

特洛伊战争中特洛伊一方的英雄是大王子赫克托耳(Hector)。作为特洛伊第一勇士,赫克托耳被称为"特洛伊的城墙",特洛伊能够坚持十年,正是由于赫克托耳的英勇和领导。众多希腊人物中,赫克托耳是少有的热爱家庭且具有侠骨柔情的英雄。但是,赫克托耳也难逃命运的安排,死于同阿喀琉斯的决斗。特洛伊战争中,赫克托耳的名字令敌人闻风丧胆,所以小写的赫克托耳名字hector一词,表示"令人恐惧的人"。后来,赫克托耳的名字被混迹街头的年轻人借用,自称"hector",hector的含义渐渐被污名化,用来表示"恃强凌弱者",成为一个贬义词。

词语	含义
hector	v. 威吓,虚张声势,欺凌 n. 威吓者,虚张声势的人,恃强凌弱者

六、奥德修斯(Odysseus)

奥德修斯(Odysseus),古希腊神话中特洛伊战争中的英雄,对应罗马神话中的尤利西斯(Ulysses)。奥德修斯是希腊西部伊萨卡岛国王,神话史诗《奥德赛》(*Odyssey*)的男主,以智慧著称,以木马计攻克了苦战十年的特洛伊。战争结束后,他在海上漂流十年,历经艰难险阻,历时十年才返回故乡,与妻儿团聚。Odyssey指这一次长途冒险之旅。奥德修斯涉及了许多事件和人物。例如,奥德修斯的挚友,门托(Mentor),莫逆之交,人生导师。奥德修斯在出征特洛伊前,将家国托付给门托。门托不负所望,养育其子,庇护其妻,保卫伊萨卡,mentor也具有了导师的含义。另一则事件是特洛伊战后归家战士遇到了海神普罗透斯（Proteus），Proteus 时而变成狰狞的怪兽，时而变成一团烈火，显示了变幻不定的特点。还有一位比较有代表性的是塞壬。在希腊神话中，塞壬（Siren）是古希腊神话中居住于海岛上的精灵，通过诱惑性的歌声吸引水手将船只划向她们所在岛屿处的万丈海渊。当奥德修斯将要经过塞壬所在海岛时，得到女神的忠告，预先采取了防备措施。他命令手下把自己牢牢地绑在桅杆上，让手下用蜡把各人的耳朵堵上。经过塞壬所在海岛时，果然从远处传来了迷人的歌声。歌声如此令人神往，真的蛊惑了奥德修斯，但他的手下因为事先得到指示，对此不闻不顾，驾驶船只一直向前，直到远远地离开了海岛才给他松绑。奥德修斯就是这样利用自己的智慧，安全地欣赏了塞壬们的天籁之音。后来，人们为了防止船只触礁，就在暗礁附近用汽笛发出警报，警示海员们塞壬的故事。所以人们就把这种警报声叫作 siren。声音的确是女性魅力的一个特征，在美国著名作家菲茨杰拉德的名著《了不起的盖茨比》中曾经描写女主人公压低声音施展女性魅力的特点。而《海的女儿》中海上女巫向小人鱼索取的也是她最美的声音。总之，十年之旅，历经万千磨难，无法一一列举，但精彩不断。

词语	含义
Wise as Odysseus（Ulysses）	智如诸葛
Restless as Ulysses	萍踪不定
Odyssey	n. 长途冒险旅行
A Space Odyssey	一连串的冒险
Mentor	n. 导师
Proteus	变幻不定的海神普罗透斯
Protean	adj. 变化多端的，多才多艺的
a protean actor	多面手演员
Siren	n. 汽笛，警笛，歌声迷人的女歌手，女妖塞壬 adj. 迷人的 vt. 引诱 vi. 响着警笛行驶
sirenian	n. 海牛目哺乳动物 adj. 海牛目哺乳动物的

七、卡珊德拉情结（Cassandra complex）

卡珊德拉是希腊神话中特洛伊守护神阿波罗的女祭司，特洛伊的公主。阿波罗宠爱卡珊德拉，赋予她预言的能力。但卡珊德拉拒绝了阿波罗的爱情，盛怒之下的阿波罗向她施以诅咒：卡珊德拉的预言百发百中，但悲惨的是没有人会信以为真，正如卡珊德拉清醒地预言了帕里斯给特洛伊带来的灾难，也明了特洛伊木马的害处，但是，这样的预言能力却成为她无尽痛苦的根源，因为没有人相信她的预言。这一故事被心理学解读为卡珊德拉情结（Cassandra complex）：指那些对即将发生的灾难深信不疑却无能为力的人，他们被预见灾难的能力和对现实的无能为力所折磨。卡珊德拉情结可以是看成一种精神疾病，指那些对暂时无法确定或者尚且毫无根据的会发生的"灾难"深信不疑、担心恐惧并且深陷其中、不能自拔的人。另外一个心理学著名的情节俄狄浦斯（Oedipus）情结也来自希腊神话，俄狄浦斯情结（Oedipus complex）：恋母和弑父都是俄狄浦斯，他不认识自己的父母，在一场比赛中失手杀死了父亲，又娶了自己的母亲，知道真相后他承受不了心中痛苦，刺瞎了双眼，流放了自己。心理学用俄狄浦斯情结来比喻有恋母情结的人，有跟父亲作对以竞争母亲的倾向，同时又因为道德伦理的压力，而有自我毁灭以解除痛苦的倾向。

词语	含义
Cassandra complex	卡珊德拉情结
Cassandra	凶事预言家；不为人所信的预言家
Cassandra warnings	最初不被相信的有效警告或顾虑
Oedipus complex	恋母情结

八、木马计；暗藏的危险；奸细（The Trojan Horse）

特洛伊木马（The Trojan Horse）在现代社会是个国际性用语，伴随着计算机领域的"木马病毒"植根于世界各主要语言中。这个典故来自特洛伊战争。特洛伊战争持续十年仍胜负未决，终于，以智慧著称的奥德修斯（Odysseus）想出了一个计策：用木头做了一匹巨马，奥德修斯率领勇士事先藏进马肚,放在特洛伊城外,而希腊军队佯装撤退。特洛伊人误认为希腊人已经败退,打开城门,将"希腊人的礼物"(Greek gift):巨大的木马,当作战利品拖进城来,举城欢宴,庆祝胜利。众所周知,藏在木马里的希腊英雄们在夜晚打开城门,与返回的希腊大军里应外合,一举摧毁了特洛伊城。因此,The Trojan Horse 原义木马计,被用来借指"用以使敌方或对手上当误以为于自己有益的破坏性的事物或人",喻指暗藏的危险、内奸、奸细,网络时代的"木马病毒"正是特洛伊木马的现代版。

词语	含义
Trojan horse	木马计；暗藏的危险；奸细；木马病毒
Greek gift	希腊人的礼物,存心害人的礼物,暗藏祸端的礼物 黄鼠狼拜年,不安好心

练习

一、请说出下面词汇背后所联系的希腊罗马神祇。

Chaotic

Geography

Mediterranean

Uranology

Titanic

Chronology

Promethean fire

Atlantic

Medusa

Olive branch

Lyre

Rose

Justice

Memory

Museum

二、请简要讲述下列诸神的故事。

巨神泰坦(Titan)

先知先觉者普罗米修斯（Prometheus）
宙斯（Zeus）
潘多拉的盒子（Pandora's box）
擎天神阿特拉斯（Atlas）
神后赫拉（Hera）
海神：波塞冬（Poseidon）
赫拉克勒斯：Hercules
智慧女神：雅典娜（Athena）
太阳神、光明神、艺术之神：阿波罗（Apollo）
德尔斐神谕：（Oracle）
灶神赫斯提亚（Hestia）
月亮女神、狩猎女神：阿尔忒弥斯（Artemis）
战神：阿瑞斯（Ares），罗马战神：马尔斯（Mars）
神使、商业神：赫尔墨斯（Hermes）

第三章

源自寓言童话的英语习语

第一节　源自《伊索寓言》的习语

传说公元前六世纪,希腊有一个名叫伊索的奴隶,讲述了很多寓言故事,在民间广为流传。后人把这些故事用文字记录下来,汇编成册,称为《伊索寓言》。《伊索寓言》中多数故事采用拟人化的手法,形式短小,比喻恰当,形象生动。古今中外,许多政治家、哲学家经常引用该寓言中的故事来阐述、论证自己的观点。《伊索寓言》还具有很高的艺术价值,被誉为"西方寓言之父",被译成多种文字,对西方乃至全世界的哲学思想和文学艺术具有深刻的影响。直到今天,英语中很多习语都来自《伊索寓言》,较常见的有:

sour grapes

此习语源自寓言 *The Fox and the Grapes*:

A famished fox crept into a vineyard where ripe, luscious grapes were draped high upon arbors in a most tempting display. In his effort to win a juicy prize, the fox jumped and sprang many times but failed in all his attempts. When he finally had to admit defeat, he retreated and muttered to himself, "Well, what does it matter anyway? The grapes are sour!"

习语 sour grapes 意为"酸葡萄",表示人们常表面贬低实则嫉妒自己无法得到的东西。例如:

He said that he didn't want the job anyway, but that's just sour grapes. Really, he would like very much to have it.

他说,反正他也不想要那份工作,其实他只是吃不到葡萄说葡萄酸罢了,其实他巴不得得到那份工作呢。

It is easy to speak badly about what you cannot have. Sour grapes.

人们很容易诋毁自己得不到的东西,吃不到葡萄说葡萄酸罢了。

cry wolf

此习语源自寓言 *The Shepherd Boy and the Wolf*:

A shepherd boy who tended his flock not far from a village used to amuse himself at times by crying out "Wolf! Wolf!" His trick succeeded twice or three times and the whole village came running to his rescue. However, the villagers were simply rewarded with laughter for their pains.

One day the wolf really did come and the boy cried out in earnest. But his neighbors thought that he was up to his old tricks and paid no attention to his cries. Consequently, the sheep were left at the mercy of the wolf.

习语 cry wolf 意为"喊狼来了",后来成为"谎报险情,发假警报"的代名词,告诫人们,说假话只能害了自己。那些爱说假话的人,即便是说了真话,也不再有人相信。例如:

The newspaper placards that had cried "wolf" so often, cried "wolf" now in vain.

报纸广告经常虚张声势大喊"狼来了",现在已经没人相信了。

The shepherd boy knew that it was no use crying wolf now, since there is no believing a liar even when he speaks the truth.

牧童知道现在喊"狼来了"也没用了,那些爱说假话的人,即使是说了真话,也不再有人相信。

dog in the manger

此习语源自寓言 *The Dog in the Manger*：

A dog made his bed in a manger and kept the horses from eating their food by snarling and growling at them.

"See what a miserable cur that dog is!" said one of the horses. "Even though he himself cannot eat the hay, he won't allow anyone else to eat it who can."

习语 dog in the manger 意为"马槽里的狗"，指那些"自己不做，也不让别人做""自己不能享用也不让他人享用"的人。这一习语的意思与汉语习语"占着茅坑不拉屎"的意思相近。例如：

Don't be such a dog in the manger! If you don't want that model plane, give it to Tony.

不要占着茅坑不拉屎，如果你不玩那架模型飞机，就送给托尼吧。

Those who begrudge others what they themselves cannot enjoy are the dogs in the manger.

那些紧握自己不能享用东西的人真的是"占着茅坑不拉屎"。

count one's chickens/cry over spilt milk

以上习语源自寓言 *The Maid and the Pail of Milk*：

A country maid was carrying a pail of milk on her head to the farmhouse when she began daydreaming and musing. "The money that I earn from this milk will enable me to increase my stock of eggs to three hundred. If I take into account that some of these eggs may be rotten and some may be destroyed by vermin. I should be able to get at least two hundred and fifty chickens from them. The chickens should be ready just about the time when the price for poultry is high so that, by the new year, I should have enough money to buy a new gown. Green—let me think—yes, green suits me best, and green it shall be. Then I will go to the fair in this dress, and all the young fellows will try to win me for a partner. But no—I will toss my head and refuse every one of them."

Excited and carried away by this thought, the milk maid could not prevent herself from acting out what she had just imagined in her head and down came the can of milk and with it all her dreams of happiness vanished in a second.

习语 count one's chickens before they hatch 意为"蛋尚未孵先数鸡",指"过早盲目乐观或打如意算盘"。

习语 cry over spilt milk 意为"为洒了的牛奶而哭泣",指枉为无可挽回的事忧伤或作于事无补的担忧。例如:

As the saying goes— it's no use crying over spilt milk.

常言道"覆水难收"。

You'd better not count your chickens before they hatch.

你最好别高兴得太早了。

She knew very well that it was no use crying over spilt milk. So she wasted no time feeling sorry for herself — she just picked herself up and carried on.

她明白为无可挽回的事而忧伤也无用,并没有浪费时间自怜,而是振作起来继续干。

kill the goose that lays the golden eggs

此习语源自寓言 *The Goose with the Golden Eggs*:

There was once a greedy farmer who owned the most wonderful goose you can ever imagine, for every day, when he came to check her nest, he found a beautiful golden egg there. Soon, he became rich, but the trouble with him was that the richer he got, the greedier he became. He started to become dissatisfied with the fact that the goose gave him but one egg a day. Indeed, there must be more inside her!

In the end, he decided that he was wasting time and he should cut her up to get all the golden eggs in one go. Of course, when he cut the goose up, he found no gold inside, and all he had then was a dead goose!

习语 kill the goose that lays the golden eggs 意为"杀死下金蛋的鹅",用来形容那种急于求成、贪得无厌却一无所获的愚蠢行为。例如:

Doing that is stupid and short-sighted. It is nothing less than killing the goose that lays the golden eggs.

那样做是愚蠢而短视的,无异于杀鸡取卵。

Those who are greedy for too much sometimes lose all. The farmer who has killed the goose that lays the golden eggs learns the lesson the hard way.

那些贪图很多的人有时会失去一切。杀鸡取卵的农夫吃了苦头才明白这个道理。

In unity there is strength.

此习语源自寓言 *The Bundle of Sticks*：

A farmer, whose sons were always quarreling with one other, had tried a long time in vain to reconcile them with words. Finally, he decided that he might have more success by setting some sort of an example. So, he called his sons to him and told them to place a bundle of sticks in front of him. Then, after tying them tightly into a bundle, he told them, one after the other, to pick up the bundle of sticks and break it. They all tried, but nothing came of their efforts. Then, the father untied the bundle and gave them the sticks to break one by one, which they did with great ease.

"So it is with you, my sons," said the farmer. "As long as you remain united, you are a match for all your enemies. But if you are divided among yourselves, you will be broken as easily as these sticks."

习语 In unity there is strength 意为"团结就是力量"。例如：

If people remain united, they will be strong. But if they are divided among themselves, they will be easily broken. In fact, in union there is strength.

团结则强，分裂则易被击败，事实上团结就是力量。

In unity there is strength. United we stand; divided we fall.

团结就是力量。团结则存，分裂则亡。

Heaven helps those who help themselves./Self-help is the best help.

put one's shoulder to the wheel

上述两个习语源自寓言 *Hercules and the Wagoner*：

A farmer was carelessly driving his wagon along a muddy road when his wheels became stuck so deep in the clay that the horses came to a standstill. Consequently, the man dropped to his knees and began to pray for Hercules to come and help him without making the least effort to move the wagon himself. However, Hercules responded by telling him to lay his shoulder to the wheel and reminded him that heaven only aided those who tried to help themselves.

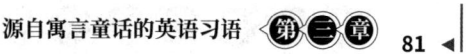

习语"Heaven helps those who help themselves./Self-help is the best help."意为"自助者天助也"。

习语 put one's shoulder to the wheel 意为"用肩膀推轮子",指"全力以赴,不遗余力"。例如:

You will never get anywhere unless you put your shoulder to the wheel.

除非你全力以赴,否则你永远无法成功。

If you don't help yourself, don't expect God to help you. Bear this in your mind please, God only helps those who help themselves.

如果你不能自助,别指望上苍能帮助你。记住,自助者天助也。

A friend in need is a friend indeed.

此习语源自寓言 *The Travelers and the Bear*:

Two friends were traveling on the same road together when they encountered a bear. Without thinking about his companion, one of the travelers, a nimble fellow, climbed up a tree in great fear and hid himself. The other realized that he stood no chance against the bear single-handed, so he hurled himself on the ground and pretended to be dead, for he had heard that bears will never touch a dead body. As he lay there, the bear came up to his head and sniffed his nose, ears and heart, but the man remained still and held his breath. Finally, the bear was convinced that he was dead and walked away. When the bear was out of sight, the man in the tree came down and asked what it was that the bear had whispered to him, for he had observed that the bear had put his mouth close to his friend's ear.

"It was no great secret," the other replied. "He merely told me to watch out for the company I keep and not to trust people who abandoned their friends in difficult times."

习语"A friend in need is a friend indeed."意为"患难之交才是真交"。

例如：

In times of trouble or misfortune, one learns who his true friends are. A friend in need is a friend indeed.

当一个人在遇到麻烦或不幸时，才知道谁是真正的朋友，患难之交是真交。

nurse/cherish a viper/snake in one's bosom

此习语源自寓言 *The Farmer and the Snake*：

Returning home one winter's day, a farmer found a snake lying under a hedge, half dead with cold. Taking pity on the creature, he placed it in his bosom and brought it home, where he laid it upon the hearth near the fire. No sooner was the snake restored by the warmth of the cottage than it began to attack the farmer's wife and children. Hearing their cries, the farmer, whose compassion had saved the snake's life, rushed into the room, grabbed an ax and smashed the serpent until it was dead.

习语 nurse/cherish a viper/snake in one's bosom 意为"把蛇放在怀里"，指"同情敌人，姑息养奸，结果反遭灾祸"。例如：

The leaders of that political party will soon be forced to admit that they have been nursing vipers in their bosom——that man's idea has lost them a lot of public support.

那个政党的领导者将不得不承认，他们一直在姑息养奸。那个家伙的主张使他们失去了大批公众的支持。

a wolf in sheep's clothing

此习语源自寓言 *The Wolf in Sheep's Clothing*：

Thinking that it would be easier to earn a living if he disguised himself, a wolf put on a sheep's skin. Soon afterward he managed to slip into a flock of sheep and graze among them so that even the shepherd was fooled by his disguise. When night came and the fold was closed, the wolf was locked in with the sheep. But the shepherd needed something for his supper, and as he went to fetch one of the sheep, he mistook the wolf for one of them and killed him on the spot.

习语 a wolf in sheep's clothing 意为"披着羊皮的狼"，多用来指"貌善心毒的人或口蜜腹剑的人"，有时也有"伪装起来更危险"的意思。

例如：

Beware of that hypocritical fellow. He is actually a wolf in sheep's clothing even though he seems friendly and harmless.

提防那个虚伪的家伙，他看上去友好无恶意，但实际上是个"披着羊皮的狼"。

In fact, a wolf in sheep's clothing is far more treacherous than a real wolf.

事实上，"披着羊皮的狼"远比真正的"狼"更加危险。

Little friends may prove great friends.

此习语源自寓言 *The Lion and the Mouse*：

A lion was sleeping in his lair when a mouse mistakenly ran over the mighty beast's nose and awakened him. The lion grabbed the frightened little creature with his paw and was just about to crush him when the mouse began pleading for mercy and declared that he had not consciously intended to offend the lion. Moreover, the mouse sought to convince the lion not to stain his honorable paws with such an insignificant prey. Smiling at his little prisoner's fright, the line generously let him go.

Now a short time after this occurrence, the lion was caught in a net laid by some hunters while roaming the woods in search of prey. Finding himself entangled in rope without the hope of escape, the lion let out a roar that resounded throughout the entire forest. Recognizing the voice of his former savior, the mouse ran to the spot, and without much ado, began nibbling the knots that had ensnared the lion. In a short time, he freed the noble beast and thus convinced him that kindness is seldom wasted and that, no matter how meager or insignificant a creature may be, he may have it in his power to return a good deed.

习语"Little friends may prove great friends."告诉人们，不要小视不起眼的朋友，"小"朋友也许会有大用处。例如：

Even the weakest can sometimes help the strong. So don't belittle "little" friends. There may be times when they turn out to be great friends.

最弱的人有时也能帮助强者,因此不要小视"不起眼"的朋友,他们有时也会帮上大忙。

At first, the noble lion was amused at the idea that a tiny mouse could possibly help him some day, but what happened afterwards proved that he was mistaken.

起初,高傲的狮子一想到小老鼠有一天也能帮上他的忙,便觉得好笑,但是后来发生的事情证明,他想错了。

lion's share

此习语源自寓言 *The Lion, the Ass, and the Fox Who Went Hunting*:

One day the lion, the ass and the fox went hunting together, and it was agreed that whatever they caught would be shared between them. After killing a large stag, they decided to have a hearty meal. The lion asked the ass to divide the spoils, and after the ass made three equal parts, he told his friends to take their pick, whereupon the lion, in great indignation, seized the ass and tore him to pieces. He then told the fox to divide the spoils, and the fox gathered everything into one huge pile except for a tiny portion that he reserved for himself.

"Ah, friend," asked the lion, "who taught you to divide things so equally?"

"I needed no other lesson," replied the fox, "than the ass's fate."

习语 lion's share 意为"狮子的份额",实际上就是"最大的份额",或是"全部份额"。例如:

He always wants the lion's share of the profit, but he never does most of the work.

他总是想要最大部分的利润,却从来不做大部分工作。

As usual, the lion's share of the budget is for defense.

如往常一样,预算中最大的份额是国防费用。

History is written by the victors.

此习语源自寓言 *The Man and the Lion*:

Once while a man and a lion were traveling together, they began arguing about who was the braver and stronger of the two. Just as their tempers started to flare, they happened to pass a statue carved in stone depicting a lion being strangled by a man.

"Look at that!" explained a man. "What more undeniable proof of our superiority can you have than this?"

"That's your version of the story," responded the lion. "If we were the sculptors, there would be twenty men under the paw of a single lion."

习语 "History is written by the victors." 意为 "历史是由胜利者书写的。"，也可指 "胜者为王，败者寇也"。

bell a cat

此习语源自寓言 *The Mice in Council*：

Once upon a time the mice were so distressed by the way a particular cat was persecuting them that they called a meeting to decide upon the best way to get rid of this perpetual annoyance. Many plans were discussed and rejected. At last, a young mouse got up and proposed that a bell should be hung around the cat's neck so that they might always know in advance when she would be coming and thus be able to escape her. This proposal was greeted with great applause and approved immediately by everyone at the meeting. Thereafter, an old mouse, who had sat in silence during the entire proceedings, got up and said that he considered the entire plan ingenious and that it would undoubtedly be quite successful. But he still had one short question to put to the other mice：Which one of them was to put the bell around the cat's neck?

习语 bell a cat 意为 "给猫系铃铛"，表示 "说起来容易但做起来很难"，也可指 "制订计划是一回事，而实施它却是另外一回事"，也可比喻 "（为众人利益或他人）冒险"。例如：

The task is really complicated. Anyway, there has to be someone to bell the cat.

这个任务真复杂，但总得有人去做呀。

All the workers agreed that they wanted a pay raise, but nobody offered to bell the cat and talked to the boss.

所有工人都认为要加薪，但无人自告奋勇去跟老板谈。

Wise men say nothing in dangerous times.

此习语源自寓言 *The Lion and His Three Councilors*：

The lion called the sheep to him to ask her if his breath smelled. She said yes, and he bit off her head for being a fool. He called the wolf and asked him as well. The wolf said no, and the lion tore him to pieces for being a flatterer. Finally, he called the fox and asked him the same question. However, the fox apologized profusely and told the lion that he had somehow caught a cold and could not smell it.

习语"Wise men say nothing in dangerous times."意为"智者在危险时寡言/慎言"。例如：

Wise men know when to mind their speech, especially in dangerous times when they say nothing.

智者知道何时应注意言语，尤其当身处险境中，他们慎言。

One good turn deserves another.

此习语源自寓言 *The Dove and the Ant*：

An ant went to a fountain to quench his thirst, but he tumbled in and began to drown. Fortunately, a dove happened to be sitting on a nearby tree and saw the ant's predicament. So, he plucked a leaf off the tree and let it drop into the water. The ant climbed on top of it and was soon washed safely ashore. Shortly afterward a bird catcher came by, spread his net, and was about to ensnare the dove when the ant bit his heel. The man let out a cry and dropped his net. Realizing that he was in danger, the dove flew safely away.

习语"One good turn deserves another."意为"好人有好报"。例如：

He is kind and generous to others, as he strongly believers that one good turn deserves another.

他待人友善慷慨，因为他坚信好人有好报。

borrowed plumes

此习语源自寓言 *The Vain Crow*：

A crow, as vain and conceited as only a crow can be, picked up the feathers that some peacocks had shed and stuck them among his own. Then he scoffed at his own companions and joined a flock of beautiful peacocks. After introducing himself with great self-confidence, the crow was immediately recognized for the intruder he was, and the peacocks stripped him of his borrowed plumes. Moreover, they battered him with their peaks and sent him about his business. The unlucky crow, sorely punished and deeply regretful, rejoined his formal companions and wanted to mix with them again as if nothing had happened. But they recalled the airs he had assumed and drove him from their flock. At the same time, one of the crows, whom he had recently snubbed gave him this short lecture: "Had you been satisfied with your own feathers, you would have escaped the punishment of your betters, and also the contempt of your equals."

习语 borrowed plumes 意为"借来的羽毛或漂亮衣服",用来比喻"并不属于本人的荣耀或声望"或"伪装"。例如:

The imposter was exposed publicly and thus stripped of his borrowed plumes.

这个骗子被当众揭穿了伪装。

She attended the ball, dressed in borrowed plumes.

她穿着从别人那儿借来的漂亮衣服参加了舞会。

He failed in the examination and was thus stripped of his borrowed plumes.

他考试没及格,这样就把他僭据别人成绩的面目暴露无遗了。

Look before you leap.

此习语源自寓言 *The Fox and the Goat*:

A fox had fallen into a well and could not find any means to escape. Eventually a thirsty goat appeared, and upon noticing the fox, he asked him whether the water was good and plentiful.

Pretending that his situation was not precarious, the fox replied, "Come down, my friend. The water is so good that I can't drink enough of it. Besides, there's such an abundant supply that it can't be exhausted."

When he heard this, the goat did not waste any time and leaped down into the well. After he quenched his thirst, the fox informed him of their predicament and suggested a scheme for their common escape.

"If you will place your forefeet upon the wall and bend your head, I will run up your back and escape. Then I will help you out."

The goat readily agreed to this proposal, and fox took advantage of his friend's back and horns and nimbly propelled himself out of the well. Following his escape, he made off as fast as he could, while the goat yelled and reproached him for breaking their bargain. But the fox turned around and coolly remarked to the poor deluded goat, "if you had half as much brains as you have beard, you would never have gone down the well before making sure there was a way up. I'm sorry that I can't stay with you any longer, but I have some business that needs my attention."

习语"Look before you leap."意为"跳前先看看",有"做事情前要三思,不要头脑冲动,不给自己留退路"之意。例如:

This delicate situation requires that we look before we leap.

形势微妙,我们需要三思而行。

He has learned it the hard way that he should look before he leaps.

吃了苦头后,他才知道三思而行有多重要。

Quality speaks louder than quantity. Quality comes before quantity.

此习语源自寓言 *The Lioness*:

Once when all the beasts were arguing among themselves as to which of the animals could produce the largest number of whelps at birth, they went to the lioness and asked her to settle the dispute.

"And how many do you have at birth?" they asked.

"One," she said defiantly, "but that one is a lion."

习语"Quality comes before quantity./ Quality speaks louder than quantity."意为"质重于量",告诫人们不要愚蠢短视地追求并不重要的数量,而忽视真正有说服力的质量。例如:

No matter how much you have, never argue with quality, for quality should come before quantity.

无论你有多少,千万别不服质量,因为数量并不重要,真正重要的是质量。

a big fish in a small pond

此习语源自寓言 *The Great and Little Fish*:

As a fisherman was drawing in his net that he had cast into the sea, he noticed that it was full of all sorts of fish. However, little fish escaped through the meshes of the net and swam back into the deep water. While the big fish remained trapped and were hauled into the boat.

习语 a big fish in a small pond 意为"小池塘中的大鱼",有"小地方的大人物",或"鹤立鸡群"之意。例如:

He has no interest in working in a large, fiercely competitive business. He would rather be a big fish in a small pond.

他对在竞争激烈的大公司工作不感兴趣,他宁做鸡头,不做凤尾。

He likes the idea of being a big fish in a small pond, so after graduation, he chooses to work in a small business in his hometown instead of working in a big company in Beijing.

他喜欢"鹤立鸡群",于是大学毕业后,他选择回到家乡的一家小公司工作,而没有去北京的大公司。

Traitors must expect treachery.

此习语源自寓言 *The Ass, the Fox and the Lion*:

After deciding to become partners, an ass and fox went out into the country to hunt. On the way they met a lion, and realizing the danger ahead, the fox went straight to the lion and whispered, "If you promise not to harm me, I will betray the ass, and you will easily have him in your power."

The lion agreed, and the fox managed to lead the ass into a trap. No sooner did the lion capture the ass than he quickly attacked the fox and kept the ass in reserve for his next meal.

习语"Traitors must expect treachery."告诫人们不要背叛,因为"叛徒必遭他人背叛"。例如:

Don't turn traitor to your friends. Traitors must expect treachery.

别背叛你的朋友们,叛徒必遭背叛。

He deserved it, as traitors must expect treachery.

他活该,叛徒必遭背叛。

Cutting small costs can cause great wounds.

此习语源自寓言 *The Widow and the Sheep*:

Once there was a widow who owned just one sheep. Wishing to make the most of his wool, she sheared him so closely that she cut his skin as well as his fleece. Suffering from such painful treatment, the sheep cried out, "Why are you torturing me like this? What will my blood add to the weight of the wool? If you want my flesh, send for the butcher, who will put me out of my misery at once. But if you want my fleece, send for a shearer, who will clip my wool without drawing my blood!"

习语"Cutting small costs can cause great wounds."意为"节省小的费用却遭受大的损失",指人们"算小账,误大事""省小钱,失大钱""小聪明,大损失"的愚蠢行为。例如:

You penny-wise pound-foolish girl! Don't you know that cutting small costs may cause great wounds.

你这个小事聪明大事糊涂的女孩!你难道不知道"小聪明,大损失"的道理吗?

Honesty is the best policy.

此习语源自寓言 *Mercury and the Woodcutter*：

While chopping down a tree on the bank of a river, a woodcutter let his ax slip by chance into the water, and it immediately sank to the bottom. This accident upset him so much that he sat down by the side of the stream and lamented his carelessness with bitter tears. Fortunately, Mercury, whose river it was, took pity on him and suddenly appeared. After he heard what had happened, he dived to the bottom of the river and brought back a golden ax. Then he asked the woodcutter whether the ax was his. When the man said no, Mercury dived a second time and brought back a silver one. Again, the man said that it was not his. Finally, after diving a third time, Mercury produced the ax that the man had lost.

"That's mine!" said the woodsman, delighted to have recovered his axe. And so pleased was Mercury with the woodcutter's honesty that he promptly gave him the other two as presents.

Later on, the woodcutter went to his companions and told them what had happened. One of his friends decided to see whether he would have the same kind of luck. So, he went to the same place as if he intended to cut wood, and he let his axe slip into the water on purpose. Then he sat down on the bank and pretended to weep. Mercury appeared as he had once before, and upon hearing that the man was crying because he had lost his ax, he dived into the river. When he returned with a golden ax, he asked the man whether it was the ax he had lost.

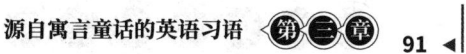

"Yes, that's definitely the one," said the man eagerly, and he was about to grab the treasure when Mercury not only refused to give this ax to him but would not even return his own. Thus, the man was soundly punished for his lying and impudence.

习语"Honesty is the best policy."意为"诚实乃上策",告诫人们"说谎必失"。例如:

Never ever tell a lie. After all, honesty is the best policy.

永远别说谎,毕竟诚实乃上策。

Industry is a treasure in itself.

此习语源自寓言 *The Farmer and His Sons*:

A farmer, who was on the verge of death, wanted to make sure that his sons would overcome their personal quarrels and maintain the farm in a successful way. So, he called them together and said, "My sons, I'm about to depart from this life, and you will find all that I have to leave you in the vineyard."

Some time later, after the man had died, the sons set to work with their spades and plows, thinking that their father had buried a treasure in the ground. They turned the soil over and over again, but found no treasure. However, the vines, strengthened and improved by this thorough tillage, yielded a finer vintage than they had ever produced before and more than repaid the young farmers for all their trouble. In the end, industry is truly a treasure in itself.

习语"Industry is a treasure in itself."意为"勤劳本身就是宝"。例如:

Hard work can often yield great riches. Industry is a treasure in itself.

努力工作常能带来巨大财富,勤劳本身就是宝。

Kindness effects more than severity./Persuasion is better than force.

以上习语源自寓言 *The Wind and the Sun*：

The wind and the sun once had an argument as to which was the stronger of the two, and agreed to settle the issue by holding a contest：whoever could make a traveler take off his coat first would be recognized as the most powerful. The wind began and blew with all his might until he stirred up a blast, cold and fierce as an Alaskan storm. The stronger he blew, however, the tighter the traveler wrapped his coat around him and clasped it with his hands. Then the sun broke out, and with all his welcome beans he dispersed the clouds and the cold. The traveler felt the sudden warmth, and as the sun shone brighter and brighter, he sat down, overcome by the heat, and threw his coat on the ground.

Thus, the sun was declared the winner, and ever since then, persuasion has been held in higher esteem than force. Indeed, sunshine of a kind and gentle manner will sooner open a poor man's heart than all the threats and force of blustering authority.

习语"Kindness effects more than severity. /Persuasion is better than force."意为"仁政胜于暴政""仁慈胜于淫威""来软的总比来硬的好"。例如：

Try being kind to him, as kindness effects more than severity.

试着对他好点，来软的总比来硬的好。

One man's meat is another man's poison.

此习语源自寓言 *The Ass and the Grasshopper*：

After hearing some grasshoppers chirping, an ass was enchanted by their music and wanted to acquire the same melodic charms. When he asked them what they ate to sing so sweetly, they told him that they dined on nothing but dew. Consequently, the ass followed the same diet, but he soon died of hunger.

习语"One man's meat is another man's poison."意为"此人之肉，是彼人之毒药"，适合别人的办法并不一定适合我们自己。例如：

Why do we blindly follow the others? One man's meat is another man's poison.

我们为什么要盲目跟风呢？适合别人的办法并不一定适合我们。

an ass in lion's skin

此习语源自寓言 *The Ass in the Lion's Skin*：

After putting on a lion's skin, an ass roamed about and amused himself by frightening all the foolish animals he encountered. Upon meeting a fox, he tried to scare him as well, but once Reynard heard his voice, he said, "I would've been frightened, too, but your braying gave you away.

习语 an ass in lion's skin 意指"披着狮子皮的驴子",指"狐假虎威之人""色厉内荏的人"或"说大话的胆小鬼"。例如：

Don't be intimidated by what he said. He is actually an ass in lion's skin.

别被他所说的吓到,他实际上是个色厉内荏的人。

blow hot and cold

此习语源自寓言 *The Man and the Satyr*：

After a man and a satyr became friends, they began talking together. Since it was a cold wintry day, the man put his fingers to his mouth and blew on them.

"Why are you doing that, my friend?" the satyr asked. "To warm my hands," said the man. "They are nearly frozen."

Later on in the day, they sat down to eat. Some hot food was placed before them, and the man raised the dish to his mouth and blew on it.

"And what's that for?" asked the satyr.

"Oh," replied the man, "my porridge is so hot that I need to cool it off."

"Well, then," said the satyr, "from this moment on, you can consider our friendship terminated. I could never trust anyone who blows hot one moment and cold the next."

习语 blow hot and cold 意指"反复无常,忽冷忽热,出尔反尔,摇摆不定,或犹豫不决"。例如：

Some people can make up their minds right away, but others blow hot and cold.

有些人能很快做出决定,而有些人则犹豫不决。

Nobody is willing to have anything to do with him, since he often blows hot and cold.

因为他常常出尔反尔，没人愿意跟他打交道。

A man is known by the company he keeps./Birds of a feather flock together.

此习语源自寓言 *The Farmer and the Stork*：

The farmer set up a net in his field to catch some cranes that had been constantly feeding upon his newly-sown corn. When he went to examine the net and to see what the cranes had taken, there was a stork among them.

"Spare me!" cried the stork. "I'm not a crane, nor have I eaten any of your corn. As you can see, I'm a poor innocent stork, the most pious and dutiful of birds. I honor and respect my mother and father. I—"

But the farmer cut him short. "All this may be true enough, but I only know that I caught you with those birds who were destroying my crops, and since you were sharing their company, you must share their fate."

习语 "A man is known by the company he keeps."意为：欲知其人，但观其友。习语 birds of a feather 既可作为中性短语，指"同类的人，志趣相投的人"，也可作为贬义短语，意为"一丘之貉，一路货色，半斤八两"。

习语 Birds of a feather flock together. 意为"物以类聚，人以群分。"例如：

People all think that she and her boyfriend are birds of a feather.

人们都认为他和她的男友是一路货色。

Birds of a feather will fly together, music and me.

我和音乐情投意合。

You can know what kind of person he is from the friends he's made, as the old saying goes, a man is known by the company he keeps.

从一个人交的朋友就能看出他是什么样的人，正如老话说的，欲知其人，但观其友。

第二节　源自民间神话的习语

在英语中,还有些习语源自其他的民间神话,较为常见的有:

open sesame

此习语源自阿拉伯民间神话《天方夜谭》中的一个故事,《阿里巴巴和四十大盗》,一个山洞里藏着无数金银财宝,但洞门紧闭,需用咒语sesame(芝麻)才能把门打开。此习语意为"芝麻开门",后来这一习语用来比喻"敲门砖;成功的关键;过难关的秘籍"。例如:

Wealth is an open sesame to a lot of social activities.

财富是许多社交活动的敲门砖。

His meeting with this famous film director was the open sesame to a successful life as an actor.

他与这位有名电影导演的相见,是他后来演员生涯成功的关键。

like a beanstalk

此习语源自英国神话 *Jack and the Beanstalk*:

Jack is a young, poor boy living with his widowed mother and a dairy cow as their only source of income. When the cow stops giving milk, Jack's mother tells him to take her to the market to be sold. On the way, Jack meets an old man who offers magic beans in exchange for the cow, and Jack makes the trade. When he arrives home without any money, his mother becomes angry, throws the beans on the ground, and sends Jack to bed without dinner. During the night, the magic beans cause a gigantic beanstalk to grow. The next morning, Jack climbs the beanstalk to a land high in the sky. He finds an enormous castle and sneaks in. Soon after, the castle's owner, a giant, returns home. When the giant falls asleep, Jack steals a bag of gold coins, a goose that lays golden eggs and a harp that plays by itself and makes his escape down the beanstalk. Jack and his mother live happily ever after with the riches that Jack acquired.

习语 like a beanstalk 意为"像豆茎一样",有"很快地;迅速地"之意。例如:

With the help of the locals, she grew like a beanstalk.

在当地人的帮助下,她飞快成长。

In the current favorable economic climate, the small business expanded like a beanstalk.

这家小公司在当下有利的经济氛围中,迅速发展。

ugly duckling

此习语源自安徒生童话 *The Ugly Duckling*,在童话中一只天鹅蛋在鸭群中破壳后,小天鹅因相貌怪异丑陋而被小鸭子们鄙弃,但历经千辛万苦重重磨难后,小天鹅最终成长为美丽的天鹅。习语 ugly duckling 指初似平庸,但凭借毅力和坚韧不拔的精神最后取得成就或获得荣耀的人。例如:

Mary was the ugly duckling in her family until she grew up.

玛丽是家里的"丑小鸭",直到长大了才好看。

Don't look down upon that ugly duckling. Who knows what will become of her in the future?

不要瞧不起那只"丑小鸭",谁又能知道她未来会成为什么样的人呢?

Cinderella/ fairy godmother

这两个习语源自童话故事《灰姑娘》,故事中灰姑娘受到继母和她的两个女儿的虐待,整日不得不做粗重的家务活儿。一天,王子举行舞会,邀请全城的女孩,以替自己选择王后。灰姑娘非常想参加舞会,但狠心的继母不让她去,在给她留了很多根本完不成的家务活儿后,带上了自己的两个"浓妆艳抹"的女儿出发去参加舞会了。正在灰姑娘难过之际,一位仙女出现了,她帮助灰姑娘实现了参加舞会的愿望。在舞会上,王子倾心于灰姑娘,最终,灰姑娘成为王后,从此过上了幸福的生活。

Cinderella 意为"灰姑娘",指"有才干或貌美,而一时未被赏识的人;有用或有价值而尚未被发现的东西;久遭蔑视忽而走运的人"。

习语 fairy godmother 是恩人或救星之意,指那些在一个人最需要帮助的时候伸出援手的人。例如:

Research, which used to be the Cinderella of industry, has become its favored child.

研究工作曾经是工业界的"灰姑娘",现在变成了"宠儿"。

Primary education has long been the Cinderella of the education service.

小学教育曾经长期被忽视。

A fairy godmother is a generous friend or benefactor who rescues you when you most need help.

救星是在你最需要帮助的时候帮助你的慷慨的朋友或恩人。

The world is full of people in need. When so many need somebody, we should try to be fairy godmothers to give a helping help.

世界充满了生活在贫困中的人,当如此多的人需要帮助时,我们应伸出援手作救星。

cat's paw/pull the chestnuts out of the fire

以上习语源自法国著名的寓言作家拉·封丹的《猴子与猫》,聪明的猴子想吃火中美味的栗子,又怕烧坏自己的爪子。于是,他引诱愚蠢的猫儿去取。猫儿上了猴子的当,不但美味的栗子一粒也未吃到,还烧坏了自己的爪子。

cat's paw 现用来比喻很容易受骗或为他人做危险事情的人,替死鬼,替罪羊。cat's paw 还可用在短语 make a cat's paw of sb. 中,意为"利用某人作工具或爪牙"。

pull sb.'s chestnuts out of the fire 常用来表示"代某人火中取栗,替某人冒险"。例如:

I have no intention of becoming a cat's paw to pull the chestnuts out of the fire.

我可不想做一个为他人火中取栗的替罪羊。

The stupid fellow never realized that he was a mere cat's paw in the hands of his enemy.

那个笨蛋根本不知道他只不过是被敌人利用的工具。

I'm afraid that he is making a cat's paw of you.

恐怕他是在利用你。

I have pulled your chestnuts out of the fire several times. I won't do it again.

我已经替你冒险了几次,我不会再干了。

a fly on the wheel

此习语出自寓言故事。一辆马车驶过大路,扬起灰尘滚滚。一只苍蝇趴在轮轴上说,"瞧!我能扬起多大的灰尘哪!"

a fly on the wheel 现比喻"自高自大的人;妄自尊大、目中无人的人"。例如:

Ignore him. He is nothing but a fly on the wheel.

别理他,他只不过是个妄自尊大的家伙。

How arrogant he is! A mere fly on the wheel.

他多傲慢呀!目中无人。

add insult to injury

此习语出自寓言故事。一个秃子想打死一只落在他头上的苍蝇,结果没打着,反而狠狠打了自己一巴掌。苍蝇见状嘲弄他说道,"你想打死我,结果打痛了自己,还受到了侮辱,真是可笑呀!"

习语 add insult to injury 字面意思是"伤害之外又加侮辱",现用来比喻"雪上加霜"或"更糟糕的情况"。例如:

We started late this morning. To add insult to injury, our car broke down on the way.

我们今早出发就晚了,更糟糕的是,我们的汽车在路上又抛锚了。

练习

用自己的话复述下列习语。

(1) History is written by the victors.

(2) Cutting small costs can cause great wounds.

(3) Kindness is more effective than severity.

(4) One man's meat is another man's poison.

(5) Look before you leap.

(6) Quality speaks louder than quantity.

(7) sour grapes

(8) the lion's share

(9) the dog in the manger

(10) Self-help is the best help.

第四章

具有文化特点的服饰英语词汇

服装是人类所特有的劳动成果,它既是物质文明的产物,也是精神文明的结晶。人类经历了由愚昧、野蛮到文明的复杂过程,而在这一过程中,服饰成为一个标志。从早期的兽皮、树叶到之后的麻布、丝绸再到化纤材料,服饰的历史是人类历史不可或缺的一部分。世界上不同民族的服装,由于其地理环境、风俗习惯、政治经济制度、价值观审美观、宗教信仰、历史发展等不同,体现在服装上也各有自己的风格特点,服装文化是人类文化的一个重要组成部分。

第一节 衣 料

Batik

蜡染印花布,蜡染布料已有1000多年历史,有证据表明非洲、亚洲和中东的部分地区都曾使用过该布料,如尼日利亚、中国、印度、马来西亚、斯里兰卡,尤其是印度尼西亚。虽然蜡染的实际起源未知,但一般认为是经由印度次大陆来到亚洲的。"蜡染"源自印尼马来语,现在通常被用作涉及织物染色过程的通用术语。该布料制作过程传统上使用抗蚀剂技术。

Blue Jean/Denim

蓝色工作服布/劳动布/牛仔布，是法语 serge de Nîmes（serge from）的缩略语。19 世纪中期这种布料进入美国的服装制造业。最初一位来自内华达州的叫 Jacob W. Davis 的裁缝做出了世界上第一条牛仔布料的裤子。因为供不应求，Davis 的小作坊已经不能满足大量的市场需求，于是他委托给 Levi Strauss & Co. 公司大量生产。20 世纪人们用这一布料制作成廉价又耐磨的劳动服，如法国的铁路工人就着此装。第二次世界大战后英国皇家空军的机械师也穿着这一布料制作的一体式工装服从事脏兮兮的维修工作。自 19 世纪后期以来，牛仔裤已经从粗犷的工作服变成了日常时尚服饰。社会、政治和流行文化都在牛仔布的演变中扮演了角色，在其近 150 年的历史中来来去去。

Calico

白布（本布），英国英语是 calico，美国英语是 plain white cotton cloth。

Cashmere

又称 Cashmere wool，汉语称为开司米（精纺毛料），是源于 Kasmir 地区的山羊的动物纤维制作出的羊绒。Kasmir 进入英语就变成了 Cashmere。讲到开司米，人们往往会联想到自 19 世纪行销欧洲的开司米围巾（Cashmere shawl）。

Chintz

多色花布，16 世纪源于印度的海得拉巴，顾名思义，它是一种素色背景上以花和其他不同颜色为主的布料，这一灵感也同样运用于餐具和墙纸上。

Corduroy

灯芯绒，又称灯草绒、条绒、趟绒，为表面有纵向绒条的织物面料。因灯芯绒绒条类似灯草芯，因而得名。"Corduroy"来自"cord"和"duroy"，是 18 世纪时生产的一种粗糙的羊毛布料。对于"duroy"的来源未明，虽然有可能是法语 du roi（of the King）的意思，但还无法确认"corde du roi"为"the cord of the King"演变而来。

Flannel

法兰绒，是一种用粗梳毛纱织成的柔软且有绒面的毛织品。该词的确切起源不明，但有材料表明它最初可能来自 16 世纪初期的威尔士，当时被称为"威尔士棉",17世纪末期法语词汇出现"flanelle",18世纪初期德语词汇出现"flanell"。

Georgette

乔其纱,又称乔其绉,一种丝织物,以强捻绉为经、绉为纬织造。它的名称源于法国服装师 Georgette de la Plante。乔其纱质地薄,有弹性和良好的透气性。

Indanthrene cloth

阴丹士林布,1901年德国一家名为 BASF 的化学公司发明的一种印染方法。该系列染料有蓝、红、绿等多种色调,其中以阴丹士林蓝(RS)最为有名。名字源于 INDIGO 的首字母和 anthracene(石油中提取出来的蒽),是一种还原染料,最大的特点是色牢度高。生产厂商把颜料名称当作品牌。其注册商标也很别致,一边丹日为晴,一边雨淋作阴,合而为一叫作"晴雨商标"。

Jacquard/Broché

提花织物,来自法语,是 brocher 的过去分词演变而来,意为"缝纫";中世纪法语意为"戳"。

Jersey

平针(单面)织物;Jersey fabric 的中文是平织布,又名汗布,俗称"T恤布"。最初只有羊毛纱线制作,但如今有羊毛、棉和合成纤维(或以上的混合纱线)的版本。自中世纪以来,生产该材料的英国属地泽西岛海峡群岛,一直是针织品的出口国,而岛上非常有弹性的单面针织羊毛面料也广为人知,Jersey 布的得名也源于此。当时平针织物用上轻质纱线制作时,就成了最常用于制作T恤的面料。它同时也是一种出色的多用途面料,可以用来制作连衣裙和女式上衣等。由于它吸湿力强,最初多用于生产内衣裤。这种唾手可得的弹性布料在世界各地的服装制造上被广泛使用,最能体现多元文化的质感。

Khaki Drill

卡其布,1848年时,英国陆军准将 Harry Burnett Lumsden 在印度殖民地时,开始用这种类型的布料制作英军的军服。1900—1949年英国士兵在沙漠和热带地区作战时便着此装,后来风靡各国军队乃至全世界的服装业。khaki 来自中古波斯语,意思是"灰尘",有打底的颜色、土色之意。在英国或欧洲地区,卡其布是指一种浅褐色中带点浅绿色的布料。其结构较华达呢质地更紧密,手感厚实,纹路明显,挺阔耐穿,但不耐磨。根据所用纱线不同,卡其布可以分为:纱卡、半线卡和线卡;根据组织结构不同,可以分为单面卡、双面卡、人字卡和缎纹卡。

Linen

亚麻布,人们为了使用亚麻布而种植亚麻的历史至少有 5000 年了。在瑞士的湖底发现了史前亚麻布的残片。在古埃及,亚麻布被用来包裹法老的尸体,人们还把亚麻布的制作过程绘制在墙壁上。古希腊和古罗马把它作为商品用来交换。据说芬兰的商人将亚麻带进了北欧,从此开始了几百年来的种植。因为它凉爽舒适的触感,几百年来在炎热的中东地区也被广为使用。尽管很多国家都可以种植亚麻,但其品质因地不同。据说比利时的亚麻质量最为上乘,其次是苏格兰和爱尔兰。亚麻布比棉质更强韧,干得更快,但弹性差,容易起皱。因其独特的管状式细胞结构排列让细菌无处藏身,还是一种便于清洗的卫生材质。

Mohair

马海毛,来自土耳其安哥拉山羊的毛被,是世界上最古老的布料之一。早在 8 世纪该布料就已经进入英国。大约在 1570 年前,"Mohair"进入英语词汇,由阿拉伯语 "mukhayyar" 演变而来,意为"他的选择"。2013 年的时候,南非为世界提供了 50% 的马海毛。由于涉及虐待动物,H&M、Zara、Lacoste 等品牌不再出售马海毛制品。

Polar Fleece

摇粒绒。20 世纪 80 年代石油危机爆发,推动了服装面料的突飞猛进,很多公司旨在用化纤代替动物纤维,让穷人不再因买不起昂贵的羊毛制品而受冻。1979 年,一家叫 Malden Mills 的公司开发出了全球首块摇粒绒。摇粒绒轻而柔软、保暖、易清洗,面料正面拉毛,摇粒蓬松密集而又不易掉毛、起球,反面拉毛稀疏匀称,绒毛短少,组织纹理清晰、蓬松弹性特好。另外摇粒绒还可以与任何面料进行复合处理,御寒的效果更好。1998 年日本优衣库引入摇粒绒制作工艺,借此成为日本最大的服装制造商,从此开始了全球扩张的历史。

Satin

缎,一种比较厚的正面平滑有光泽的丝织品。"Satin"一词起源于中国的泉州港,在元朝的时候被欧洲和阿拉伯人称为"Zayton"。阿拉伯人将从泉州进口的丝缎称为"Zaituni"。

Seersucker/Plisse Crepe

泡泡纱,一种薄的、有褶皱的全棉织物,通常有条纹或格子,用于制作春夏服装。最常见的是蓝白条纹。名字源于波斯语,意思是"牛奶和糖",源于牛奶的光滑和糖的凹凸不平。

在英国殖民时期,泡泡纱是英国和印度等气候温暖的殖民地的流行材料。它后来成为在美国南方高温和潮湿环境中偏爱的轻质面料,尤其在空调发明之前。从 1940 年开始,护士和美国医院志愿者也开始穿着由红白泡泡纱制成的糖果条纹的制服。

Suede

麂皮,是一种野生动物麂皮,现在已经很少用。现多用优质山羊皮、绵羊皮、鹿皮代替,经油鞣法制成。该词源于法语 gants de Suèd,字面意思是"瑞典的手套"。

Tartan/Plaid

格子呢,来自苏格兰盖尔语"breacan",指方格花纹的图案。这个单词往往与苏格兰男子穿的折叠短裙(kilt)联系在一起。在北美地区"tartan"又称为"plaid"。这种布料最初只有羊毛材质的,现在已经广泛应用到各种布料中。1822 年英国国王乔治四世穿了一条格子呢短裙访问了苏格兰,从此该布料成为苏格兰民族的象征。

Velvet

天鹅绒(丝绒),其纱线均匀分布并有短而密的绒毛。因为手感极好,制造成本高昂,天鹅绒一直是贵族的象征。1399 年,英格兰国王理查德二世在遗嘱中明示要以天鹅绒覆盖自己的遗体。

第二节　服　装

Aloha Shirt

夏威夷衬衫,Aloha 是夏威夷语,见面或再见时的问候语。夏威夷衬衫是短袖印花衬衫,布料很薄以适应当地炎热的天气,平角,印七彩花纹,长至腰部,男女均可穿。它并不是夏威夷原住民的传统民族服装。每逢周五,大家为庆祝辛苦的一周工作即将结束,纷纷穿着休闲服去上班,被称为"Aloha Friday"。有一种说法是 20 世纪 30 年代一个叫作 Ellery Chun 的中国商人设计并开始大批生产这种服饰的。

Ao Dai

奥黛,意为"长袄",越南传统民族服装。上身犹如旗袍,长及脚踝,贴身收腰,从腰部开衩。下面为长达腰际的阔脚裤。女性多于男性着奥黛,给人一种温文尔雅、妩媚多娇的感觉。

Bermuda Shorts/Bermudas

百慕大短裤,一款半休闲半正式的短裤,裤管下摆可折可不折,高于膝盖2.5厘米。其得名是源于驻扎百慕大的英国军队穿此短裤。因为天气炎热,英国军人着此短裤,配上正装衬衫,外加西装外套和领带。

Bikini

比基尼,1946年法国工程师Louis Réard 和服装设计师Jacques Heim几乎同时发明了这种由两块布做成的游泳衣。Louis Réard 将这一泳衣命名为Bikini,让人不由联想不久前美国在太平洋的马绍尔群岛中的一个叫比基尼岛进行了原子弹的试爆的新闻。据称这一泳衣只有30英寸布料,跟女性内衣所差无几,果真像一颗原子弹在服装界爆炸了。

Bloomers

灯笼裤,其名字来自19世纪美国女权运动领导者Amelia Jenks Bloomer。最初这种服饰是搭配着长裙穿的(叫作Bloomer Costume),一般为棉质,形状肥大,长至膝下,腰部收紧。因为它给予女性更多的行动自由,Bloomer本人常着此装示人,在当时引起争议,甚至被人讥笑。英国英语里Bloomer有个比较老的说法,意为在大庭广众之下犯的错误、出的洋相,不知是否因此而来。人们认为两条腿分开的设计不符合女性的自然曲线,女性贴身最好穿衬裙。后来随着女性逐渐进入劳动力市场和参与各项体育运动中,到了20世纪初它已经成为普通的女性服装了。

Blouse

罩衫,来自法语,原来指工人、农民、艺术家、妇女和儿童的宽松上衣,往往在腰部会收紧。现在尤其指女性上装。早期的罩衫女性的纽扣在后面,男性的在前面,据说是因为女性的衣服是由女仆来脱,而男性则需要自己动手。中世纪还有一种说法是,纽扣越多代表财富越多。

Burnoose/Burnous/Bournous/Barnous

连头巾的外衣,在非洲西北部柏柏尔语族和马格里布地区的人穿的服装,是一种粗制的羊毛披风,连着头盖,其中白色为地位显赫的人在重要场合所穿。这种白色的外衣也是法国军队阿尔及利亚籍骑兵第一团的游行服饰。

Caftan/Kaftan

有带长袖服,一种长袍,源于亚洲,几千年来,全世界不同文化的人都穿过这种服饰。它的质地可以是羊毛、羊绒、丝绸或棉,也可以搭配腰带。袖子很长,衣服长到脚踝,在热带地区,人们把它做成宽松轻盈的款式。在一些文化中,着这种服装还是忠诚的象征。

Cardigan

开襟羊毛衫,Cardigan 是威尔士地名 Ceredigion 的英化版。James Brudenell 是 Cardigan 第七代伯爵,在克里米亚战争中,英国军官身着由马甲改良而来的开襟羊毛衫,战争结束后,伯爵声名鹊起,人们爱屋及乌,就把这种服饰称为 Cardigan。传统上它由羊毛制作而成,但现在也有棉质或其他合成纤维的材质。

Chinos

卡其裤,颜色多为卡其色,是一种斜纹纯棉布做的裤子,19 世纪中期英军和法军的士兵所穿。因为卡其布最初在中国制造,西班牙语 Pantalones Chinos 意为 Chinese Pants,后来被简化为英语 Chinos。

Chi-pao/Cheongsam Dress/Chinese-style Long Gown

旗袍,Cheongsam 来自粤语"长衫","中华民国"的国家礼服,盛行于 20 世纪 30 至 40 年代。改自满族妇女服装旗服,受西方文化的影响,将女性身体的各个部位的曲线完美结合,体现了中国女性的贤淑、典雅、温柔与清丽。旗袍的外观特征一般要求全部或部分具有以下特征:右衽大襟的开襟或半开襟形式,立领盘纽、摆侧开衩,还有单片衣料、衣身连袖的平面裁剪等。

Corset/ Brassiere

紧身胸衣,Corset 一词来自古老的法语后缀词 Cors,意为"身体",又源于拉丁语 Corpus。因而 Corset 意为"小的身体"。Corset 的作用,用现在的话来说,就是塑形。出于健康考虑或者为了追求美,穿上这种胸衣可以调整腰、臀部或者胸部。它不仅限于女性,历史上男性也穿这一服饰。到了 20 世纪末期,Corset 一词泛指仿照传统胸衣样子但不具备其功能的各种胸衣。

Cossack Jacket

哥萨克夹克，基本款是翻领，长到腰部，有腰带，前面脖子处还有一块挡风，真皮，20 世纪 30 年代广告商冠之以"哥萨克夹克"，大概是借用历史上哥萨克人英勇好战的美名以行推销。而今哥萨克夹克早已演变成各种不同风格了，如羊皮领、衬衫领、后背印花，腰带也消失了。现在已经泛指各种长到腰际的夹克了。

Crinoline/Hoop Skirt

有箍衬裙，始于 1856 年的法国巴黎。是一种材料比较硬的衬裙，用以把裙子撑开。该词是拉丁语 Crinis（头发）或法语 Crin（马毛）与拉丁语 Linum（线或亚麻，用来作亚麻布的材料）的组合。在 16 和 17 世纪的时候也有鲸骨做成的衬箍叫作 Farthingale，18 世纪还有一种两侧撑起的裙箍，叫 Panniers，据说这样的设计是为了让女性更好地展示胸前的各种饰品。这种服饰因为下摆被撑开，腰部显得特别细，因而受到当时各个阶层女性的追捧。虽然很美，但因为活动不自如，也招致各种危险甚至是生命的代价。比如：在码头上被风吹到海里，打翻蜡烛而着火，抑或是卷入翻滚的马车车轮里。美国诗人亨利·华兹华斯·朗费罗（Henry Wadsworth Longfellow）的第二任妻子弗朗西斯·艾普顿·朗费罗（Frances Appleton Longfellow）就是身着此裙时被打翻的蜡烛活活烧死的。直到 20 世纪 40 年代，Christen Dior 的 *New Look* 系列服装设计才将这一服饰重新拉回人们的视野。

Crop Top

露脐上衣，首次出现于 1893 年芝加哥的一次演出。20 世纪 40 年代由于战争布料紧张，故而这一服饰得到青睐，但当时仅限于游泳衣。20 世纪 60 年代末期和 70 年代初期因为人权运动性解放才真正被大众广泛接受。20 世纪 80 年代，歌手麦当娜在她的歌曲《幸运星》MV 中着网状露脐上衣出镜。2010 年的服装复古又让这一服饰重焕生机，直到 2022 年的今天露脐上衣仍然活力不减。

Dickey/Dicky

假衬衣，这个特殊的服饰跟上面的 Black Tie 或 White Tie 有关。这个假衬衣包括领子和胸前的一片，往往塞到背心或腹带里固定，有的还有纽扣，跟腹带扣在一起固定。

Donkey Jacket

工作服的一种，发明人是一个叫 George Key 的裁缝，当时他受命制作一种抵御曼彻斯特运河严寒天气的工作服。这种服装布料厚实,长度中等,颜色一般为黑色或深蓝,为了防雨在肩膀前后有两块皮质或 PVC 材质的嵌入。之所以叫 Donkey Jacket,原因大概有两个:一是指曼彻斯特运河工人繁重的体力劳动;二是他们使用的轻便发动机(Donkey Engine)。20 世纪 70 年代英国的光头文化也大大推动了这种服饰的普及。

Dressing Gown

由 18 世纪土耳其长袍 Banyan 演变而来,而 Banyan 又受到日本和服的影响而产生的。

Eisenhower Jacket

艾森豪威尔夹克,又名 Jacket、Field、Wool 或 Olive Drab。厚实的哔叽布布料做成的齐腰夹克,西装领,(暗)拉链开襟,下摆有松紧,最下面一粒纽扣,胸前两个褶皱大口袋,下面两个斜边口袋,肩部有肩带,袖口稍肥。顾名思义,这一服饰因为艾森豪威尔(Dwight David Eisenhowe)将军在二战后期的钟爱而扬名。1969 年艾森豪威尔去世时就穿着这款他钟爱的军绿色短装。

Fatigues

作战服 / 军服。又称为 military fatigue, 或者 combat uniform、battle uniform、battledress。顾名思义,部队、警察、火警或其他公共服务部门为野战或其他军事目的的着装。英国英语往往称之为 battledress,美国英语叫作 fatigues,原来意指士兵的工作服。

Hoodie

连帽衫,这个词来自盎格鲁 - 撒克逊语 "hōd",和英语中的 "hat" 同源。这种服装可以追溯到中世纪时的欧洲的僧侣,他们在外衣或长袍上附一个大兜帽。20 世纪 30 年代美国的 Champion 公司开始生产这种服装。最初纽约北部严寒地区工作的仓库工人开始穿着此装。20 世纪 70 年代连帽衫之所以能在美国流行与当时的嘻哈文化是分不开的。风靡一时的《洛奇》电影系列也起了关键作用,也是在这个时候各大高校争相将自己学校的标识印在这种服装上。到了 20 世纪 90 年代,连帽衫又成为孤独和学术精神的象征。滑板车的年轻人和冲浪爱好者将这一服装与体育运动紧密联系在一起,尤其在加州曾经风靡一时。当时,Tommy Hilfiger、Giorgio Armani 和 Ralph Lauren 都将这一服装作为自己的主打产品行销。

2012 年,17 岁的非洲裔美国男孩 Trayvon Martin 遭枪杀。因为他当时穿着一件灰色的连帽卫衣,在商店买了一袋糖果和一瓶冰红茶,被认为行动可疑。开枪警察最终并未受法律制裁,理由是出于正当防卫。在 Trayvon Martin 被害数星期内,连帽卫衣成为抗议不公平待遇的符号,市民自发举行了百万连帽卫衣大游行。

硅谷的精英们也在为连帽衫洗清黑历史。脸书创办人扎克伯格总是穿着他的连帽卫衣演讲。连帽衫和他的亿万身价形成了鲜明的对比。

Hospital Gown/Patient Gown/Johnny

住院服,是为了方便医生治疗相关部位,给做手术的病人或长期卧床不起的病人穿的类似袍子样的衣服,无领,棉质,宽松,后面开口和系带,在加拿大和美国新英格兰地区又被叫作 Johnny,之所以这样叫据说穿这种服饰更方便病人小便。

Kilt

格子呢褶裙,苏格兰男子庆典时的传统服装,现在已经成了苏格兰民族文化的象征。长度及膝的花格呢裙,据记载它最初于 16 世纪出现时是连着上衣的,热的时候可以脱下来当被子。18 世纪时才只保留了下面的短裙。最初的格子还代表着不同的家族。穿这种短裙要配以针织长筒厚袜,上衣要搭配相同色调的背心或夹克,裙子用皮质宽腰带系上,正前面要挂一个毛皮袋(sporran)。格子裙和风笛成为苏格兰一道独特的风景。

Kimono

和服,和服的起源可以追溯到公元 3 世纪,日本的民族服饰。宽松修长、典雅艳丽的和服一般用专门的和服布料,质地包括棉、麻、化纤、纱还有高档的正绢(真丝)以及混纺等。日本人都爱穿和服出席各种盛大活动或传统节日。他们把对艺术的感觉淋漓尽致地表现在和服上。和服的穿着文化及礼法被称为装道。和服的配饰一般有头饰、印笼(放印章的容器)、根付(挂坠)、京扇子和手袋。穿和服时,下面多赤足或穿布袜,出门时穿草履或木屐。

Muumuu

夏威夷印花女长袍,颜色鲜艳,图案多为花卉,婚礼或重要庆典的服饰。宽松可以行动自如,也是怀孕妇女的服装。现在已经有了各种改良款,如吊带、抹胸、斜肩和喇叭袖,中文俗称"穆穆袍"。

Nehru Jacket/ Nehru Coat

尼赫鲁式上衣,是一种立领、长至臀部的服饰,由印度男装传统服饰长外套（Indian Achkan/ Sherwani）改良而来，由印度手工粗布（Kahdi）制作而成。顾名思义，由于印度总理贾瓦哈拉尔·尼赫鲁的喜爱而得名。

Pajamas

睡衣，美国英语 Pajamas，英国英语 Pyjamas，有时候缩略成 PJs, Jammies 或 Jam-jams。这一服饰起源于南亚，款式柔软暖和而宽松。这个词源于波斯语，意思是"腿部的衣服"。这一服饰的流行跟英国在东印度公司的贸易往来有关。

Parka

风雪大衣（皮猴），一种连帽的大衣，前面有开口，帽檐上有毛或者假毛，由北冰洋的因纽特人发明，为了在严寒的天气中狩猎或划船，最初是用海豹或鹿皮制作的，后来变成流行服饰。Parka 一词来自涅涅茨语（Nenets），意为"动物的皮肤"，1625 年进入英语词汇。

Poncho

斗篷装，西班牙语，意为"毯子""羊毛布料"。它是一大块布，中间留个孔让头部穿过，有的两侧还有开口以便胳膊伸出来，主要是起到保暖或防风雨作用。还有一种斗篷是连着头盖的。这一服饰是早在西班牙入侵南美洲之前印第安人的着装，现在已经成了南美洲各国如厄瓜多尔、哥伦比亚、智利、玻利维亚、秘鲁和阿根廷的传统服饰了。

Romper

连身短裤，短袖短裤一体的服装，与长袖长裤的一体服名称不同。（Onesie/Jumpsuit）20 世纪初出现在美国，最初是孩子的服装。大人们认为这种服装可以灵活地从一块布改成两块，而在法国这种服装主要为男孩子所穿。2010 年，这种服饰重新回到人们的视线中，为各年龄段的女性所喜爱。

Safari Jacket

狩猎夹克，最初是在非洲大草原上的狩猎装。一般为卡其色，由轻质面料做成，有四个带盖的口袋，还有腰带，腰部有供腰带穿过的环。1936 年，美国著名作家、1954 年诺贝尔文学奖获得者欧内斯特·海明威设计了一种"Bush Jacket"，后来不断有设计师推出类似款式服装。

Sanjuanero Huilense Dress

哥伦比亚的舞蹈服饰，它融合了西班牙和印第安舞蹈特征，又称班布科舞。这种服饰色彩鲜艳，女性上着露肩白色棉质衬衫，装饰有褶边、蕾丝或亮片，下穿鲜艳的绸缎制作的宽幅裙子，仍饰有褶边和蕾丝，头戴鲜花。男人相对简单,白衬衫和裤子,脖子系一条红围巾,皮革腰带,头上一顶草帽。

Sari

纱丽,是印度、孟加拉国、巴基斯坦、尼泊尔、斯里兰卡等国妇女的一种传统服装。一般长 5.5 米,宽 1.25 米,两侧有绲边,上面有刺绣。通常围在长及足踝的衬裙上,从腰部围到脚跟成筒裙状,然后将末端下摆披搭在左肩或右肩。纱丽之于印度女性,不啻汉服之于中国女性、奥黛之于越南女性、和服之于日本女性,雅致而又不落奢华,清婉而又不失庄重。

Sarong

纱笼/马来围裙,是一块筒状的布围在腰部,是东南亚、南亚、西亚和西非、北非、东非和太平洋一些岛屿居民的传统服饰。采用蜡染或扎染的方式,一般为格状花纹。现代的纱笼图案多以植物和动物为主。纱笼在不同地方有不同的名称,比如在南亚被称为 Lungi,在阿拉伯半岛被称为 Izaar。

Siren suit

防护服,英国首相丘吉尔发明,跟连体工作服相似。该服饰穿着便利又保暖,二战时为应对夜间空袭,士兵们便穿此服装。因为空袭的时候会拉响警报,故得此名。丘吉尔曾着此服装与各国要人会晤,他对该服饰的流行功不可没。

Strapless Dress

无肩带连衣裙,最初是由 20 世纪 30 年代 Mainbocher 和 40 年代末期的 Christen Dior 推广的。这种服饰几乎成了新娘的标准着装,据说正是因为没有袖子,设计师容易修正以求最合适最舒服的剪裁。

Sun Yet Sen's Uniform/Chinese Tunic Suit

中山装,关于中山装的起源有不同的说法,有的说受日本学生服的启发,也有的说是欧美和南洋服饰的结合。中山装的样式是立翻领、对襟、前襟五粒扣、四个贴袋、袖口三粒扣,后边不破缝。对该形制的认知已经形成共识:比如,衣服外的四个口袋代表"国之四维",即礼、义、廉、耻。前襟的五粒纽扣和五个口袋(一个在内侧)分别代表孙中山先生的五权宪法学说,四个口袋上的纽扣代表人民拥有的四权,"选举、创制、罢免、复决",袖口上的三粒纽扣代表"民族、民生、民权",翻领封闭式衣领(Mandarin Collar)代表严谨的治国理念,背部不开缝代表国家和平统一之大义。中山装外形美观大方,穿上给人沉稳庄重的感觉,因孙中山先生率先穿而得名,我国著名领袖毛泽东主席也经常穿中山装出席各种活动。

Tuxedo/Black Tie

小礼服,半正式的穿衣守则(dress code),其历史可以追溯到19世纪英国爱德华时代。在英国,又被叫作 dinner jacket 或 dinner suit。在美国被称为 tuxedo,这是因为纽约州有个叫 tuxedo 的小镇,该镇于1886年效仿欧洲引进了这种服饰。一般来说,男士着黑色或午夜蓝颜色的套装,或者白色的两件或三件套,内穿立领或翻领白色衬衫,袖口有链扣,戴黑色蝴蝶结,穿黑色漆皮鞋,而女士穿着晚礼服。传统上来说,要晚上6点以后才穿这种服饰。黑领结服饰没有白领结(White Tie)服饰正式,但是比商务着装正式。一般来说,西方人会穿这种服饰去参加各种晚宴,甚至舞会和婚礼。

White Tie

又称作 Full Evening Dress 或 Dress Suit,是西方晚装中最为正式的着装,其历史可以追溯到18世纪末期。一般是黑色的燕尾服、白色衣领衬衫、白色马甲、白色蝴蝶结,配上漆皮牛津鞋或船鞋,配饰包括黑色礼帽、白色手套、白色围巾、怀表、白色的口袋巾或胸花。

第三节 鞋 帽

Beret

贝雷帽,平顶圆形无沿软帽,无分性别,最初是位于法国南部西班牙北部的 Basque 地区的牧羊人所戴,17世纪在法国南部开始生产。因为便于制作和收纳后来成为军帽,并以不同颜色对军种加以区分。贝雷帽可以平戴在头上,可以侧向一边,也可以两侧下拉遮住耳朵,还可以偏后脑勺戴。这款帽子适合展现多元文化,一直为各国人民喜爱。

Chelsea

切尔西靴,出现在英国维多利亚时期,经典的切尔西靴黑色,长到脚踝,侧面靴筒有松紧带连接,偏尖头,男女均可,尤其为男士所推崇。20

世纪 60 年代披头士乐队对此鞋的流行起了推波助澜的作用。因为 20 世纪 50 和 60 年代伦敦市一个叫切尔西的时尚片区尤其盛行这种鞋子，故而得名。

Chinese Cap

瓜皮帽，形成于明初，当时更广泛的名称是"六合一统帽"，简称"六合帽"，抱有"天下一统"的政治寓意。六合者，为天、地、东、南、西、北，意寓皇帝一统天下。由六块黑缎子或绒布等连缀制成，底边镶一条一寸多宽的小檐，形状如半个西瓜皮故而得名。

Clogs/Sabots

木屐，由中国人发明，是隋唐以前，特别是汉朝时期的常见服饰。日本称之为"下駄"，是穿和服时的标准搭配。在欧洲，尤其法国、比利时、卢森堡、荷兰等国也有类似的鞋子。它分为两种，一种是一整块木头掏空制作的，一种是上面为厚重的皮，鞋底是木头的，是农民耕作的用鞋。

Court Shoes/Pumps

船形浅口高跟鞋，无系带，英国称之为 Court Shoes，美国则称为 Pumps。它起源于中世纪的法国、意大利、英国和西班牙，因为只在宫廷上所穿，因此得名。它起初是有钱人或宫廷贵族的专利，后来由于皮革技术的革新也逐渐进入平常人的生活中。

Derby/Bowler Hat

德比帽，圆顶硬毡帽，窄沿，经典颜色为黑色、灰色与褐色，最初戴此帽是为了保护骑马的人不被树枝伤害。名字来源于爱德华·斯坦利（Edward Stanley，1752—1834），他是德比的第十二代伯爵。1780 年伯爵组织了一次赛马，赛马地点选在伦敦附近的埃普索姆（Epsom）。参赛马匹均为三岁马龄，这就是有名的 Epsom Derby 赛马大会。后来 Derby 一词泛指所有三岁马龄的赛马会，同样用来指观看比赛的男士所戴的帽子。美国也效仿英国，举办了肯德基赛马大赛（Kentucky Derby）。著名无声电影明星查理·卓别林就戴着一顶标志性的德比帽。

D'orsay Shoes

奥赛鞋，脚背两侧挖空的鞋子，可以高跟也可以平跟，其特征为可以露出脚背，拉长腿部线条，因为脚趾和脚跟都有包裹，即使出席正式场合也不失优雅。它的名字其实是源于 19 世纪法国奥赛伯爵（Alfred Guillaume Gabriel, the Count of D'orsay），这是他本来为军队设计的一款鞋子,后来却为女性所追捧。

Dr. Martens

马丁靴,德国一位叫 Klaus Marten 的医生因为腿部受伤,为了帮助自己更好地康复,他在轮胎的橡胶材质里注入了空气,开发出了空气气垫鞋底,黑色皮革,有 8 个鞋带孔的系带靴子,这就是马丁靴的由来。这种靴子看起来很笨重,穿起来却很舒适,而且穿得越久越贴合腿部。后来被开发为各种颜色图案和各种孔数的高中低筒靴子。20 世纪 70 年代朋克文化摇滚音乐的盛行使得马丁靴也成为流行文化的象征之一。

Fedora

费多拉绅士帽(宽沿绅士帽),一般软毛毡做成,帽冠(crown)有凹痕(pinch),两侧也有凹痕,高度 10-16 厘米不等,帽檐大约 5-10 厘米不等。费多拉帽盛行于 1890 年到 1960 年,几十年来,各种身份的男士在离开家的时候都会戴上该帽。1882 年法国上演一部戏剧,名字就叫 *Fedora*。当时非常有名的女演员 Sarah Bernhardt(1844-1923)在剧中扮演的女主角就戴了这样一顶帽子,后来她的"粉丝"纷纷效仿。再后来被更多的男士追捧,成了男士喜爱的帽饰。这款帽子的特点是柔软,可以根据自己的喜好折成想要的风格。

Fez/Tarboosh

土耳其帽,形状像削去尖顶的圆锥体,顶端带穗,流行于北非各国,因为起源于摩洛哥的城市菲斯故而得名。红色的菲斯帽可以说是摩洛哥国家的象征。19 世纪初期之前,它也是土耳其和坦桑尼亚的军队和政府的配饰。最初,穆斯林常戴此帽,而今不同宗教不同国家的时尚人士也佩戴此帽。

Flip flop

人字拖,据说古埃及人在公元前就开始穿这种鞋子,而造成当今的流行据说源于第二次世界大战时美国大兵从日本返回国内时带回的 zōri(日语"草履")。由于方便舒适,它们很快变得流行起来,也出现了不同款式不同材质的人字拖。

Homburg

汉堡帽,硬毡帽,帽冠有凹痕,两侧没有凹痕,帽檐最边全部卷上去,是一款很正式的帽饰。据说源于德国一个叫作 Bad Homburg 的地方。英国首相温斯顿·丘吉尔就常戴一顶这样的帽子。经典电影《教父》中男主角阿尔·帕西诺就佩戴这样一顶帽子,平增几分儒雅之气。

Huaraches

交叉皮条凉鞋(革条帮平底凉鞋),名称源于孤立语言普雷佩查语(中美洲印第安语的一种),传统上这种鞋子要手工制作,鞋面由一条条的皮带编织而成,后来进入北美市场被大量生产。

Mariner's Cap

船长帽,又称为 Skipper Cap,平顶,布料柔软,帽舌较小,一般由黑色或海军蓝的羊毛制作而成。这一帽饰在 20 世纪 60 年代披头士进军美国时因约翰·列侬的佩戴而流行起来。

Moccasins

鹿皮靴,北美印第安人所穿软皮鞋,鞋底有硬有软,根据当时印第安人居住环境而定。鞋子的前端一般都有绣花、珠子或其他装饰。20 世纪下半叶这种鞋子进入大众视野,成为一款颇受欢迎的休闲运动类鞋。

Night Cap

睡帽,女性的睡帽往往用一条长布包裹头部,男性的睡帽一般较高,以尖头收紧。因为英国著名小说家查理·狄更斯的《圣诞颂歌》(1843)中主人公埃比尼泽·斯克鲁奇(Ebenezer Scrooge)穿睡衣着此帽的形象太深入人心,由此这一帽饰频繁出现在儿童卡通影片或喜剧作品中。因为睡帽可以减缓头部热量流失,保持血液畅通,有助于睡眠,因此 Night Cap 在英文里的含义延展到睡前那一杯帮助睡眠的酒。

Oxfords

牛津鞋,平底,露脚踝,鞋带孔眼处隐藏在鞋面内(Closed Lacing),经典款黑色三接头,19 世纪初由牛津大学的学生着此款鞋而得名。这是款非常正式和优雅的男鞋,通常用来搭配西装或直筒裤。后来还有了女式牛津鞋。

Penny Loafers/ Weejuns

Loafers/Slip-on Shoes,平底无鞋带低帮鞋,俗称懒人鞋或一脚蹬,也称为乐福鞋。Penny Loafers 的原名叫 Weejuns,最初是挪威人穿的,1936 年由美国 G. H. Bass 改良,在鞋背上有半月形的小开口。在 1930 年,公用电话亭打电话要花两分钱,而 Penny Loafers 的小开口设计刚好可以放下一分钱,这样一只鞋塞进去一分钱,以备紧急之需,名字由此而来。此外,还有鞋背上带流苏的 Tassel Loafers,还有带马衔扣的 Horsebit Loafers。

Porkpie Hat

猪肉派帽,帽顶短而平,帽檐上卷,19世纪中期开始流行,大多为毡制,其形状酷似猪肉派,故而得名。20世纪初期至中期,因为个别演员和音乐家的缘故,如美国无声电影演员,俗称"冷面笑匠"的巴斯特·基顿(Buster Keaton)和爵士音乐的传奇人物莱斯特·杨(Lester Young)经常戴此帽演出,使其再次流行起来。20世纪末21世纪初也由于音乐人贾斯汀·汀布莱克(Justin Timberlake)、说唱歌手肖恩·库姆斯(Sean Combs)以及演员布拉德·皮特(Brad Pitt)的佩戴而再次焕发生机。

Sombrero

墨西哥宽边帽,起源于15世纪,在墨西哥和美国西南部流行,宽边尖顶,由毡或草制作而成。Sombra在西班牙语意为"shade"(阴凉)。起初农民主要戴草帽,上层人戴毡帽。这种帽子的帽檐可以长至60厘米,后来被美国的拓荒者和农场主使用,成为西部牛仔的配饰之一。

Top Hat/Silk Hat

大礼帽,又被称为高顶帽(High Hat),阔边、平顶、高筒的男士帽子。18世纪晚期出现,通常是丝质的,有黑色和灰色。如果要有时尚感的话那一定要与双排扣男长礼服搭配。最早的大礼帽根据其面料使用的不同,可以判定一个男人的社会等级。后来大礼帽成了各个阶层时尚的装备,而在第二次世界大战之后逐渐退出流行。

Tricorne Hat

三角帽,17世纪末期流行低冠、大帽檐并插有羽毛的帽子,后来随着假发的体积增大,羽毛装饰不见了,帽子的边沿也向上卷起,最后演变成三角形的帽子。通常颜色较深,帽檐金色镶边。它是17世纪末期和18世纪最流行的男士帽饰。

Trilby

短沿绅士帽,帽檐一般2～4厘米。与Fedora帽冠一样,材质也一样,帽冠和两侧也有凹痕,但比Fedora更为休闲。英国小说家乔治·杜·莫里耶(George Du Maurier,1834—1896)于1894年创作的小说《软帽子》(*Trilby*),之后被搬上舞台,女主角佩戴该帽上演,因此后来就将它称为Trilby。

Turban

包头巾,缠绕在头上的长围巾,长度、布料、颜色各异,有的头巾长至45米。它起源于东方,是穆斯林男人的传统装饰。14世纪时进入欧洲,从18世纪以来女性也开始佩戴。起初只有皇室和宗教领袖佩戴,搭配首饰等象征着财富和权力。关于包头巾最早的考古发现是公元前2350年印度的一座皇家雕像上,因此说明它早在基督教和伊斯兰教之前便已存在。这一帽饰经历了漫长的历史时光,跨越了各种文化和宗教,长盛不衰。

Wedges/Cobbies

楔形鞋,意大利Salvatore Ferragamo于20世纪30年代设计出来的鞋底和鞋跟为一体的一种鞋子,因为当时战争对铁的需求很大,在没有原料的情况下他设计出不用铁片也能支撑鞋掌与鞋跟相接处,因为后面厚前面薄,形状如同一个楔子,就被称为楔形鞋。

Wellington Boots

惠灵顿靴,由第一代惠灵顿公爵亚瑟·韦尔斯利(Arthur Wellesley)于1817年将黑森靴(Hessian)去掉流苏和装饰改良而来。19世纪初开始盛行,起初是皮制的,后来出现橡胶制作的防水靴,通常低于膝盖,最大的优点是可以在潮湿的环境下保持干燥。

第四节 其他配饰

Baguette Handbag

法棍包,顾名思义,左右长上下窄的小包,带子不长不短,背起来刚好夹在胳膊下面,让人联想起巴黎街头夹着长棍面包的法国人。在经典美剧《欲望都市》(*Sex and the City*)第三季第17集里,女主角Carrie Bradshaw在一个小巷子里遭遇一位年轻劫匪,拿着枪对着她说"Give me your bag."在如此危险关头,Carrie还记得纠正劫匪说:"It's a baguette."正因为这一台词该款包声名鹊起,也从此成就了赞助该剧包包的Fendi公司。这款包不同于其他的包包,既可以单肩夹在腋下,又可以提在手上,还可以摇身一变成为手拿包(pouch),而且空间够大,女士个人日常用品完全容纳得下,最吸引人的是它的简洁与无以取代的优雅。

Corsage & Boutonnière

腕花/胸花和襟花，前者指女性在正式场合如舞会或婚宴等佩戴在手腕或别在衣服上的一小束花，而后者指的是男士佩戴的一束花，往往戴在西装左领上，而一般讲究的西装会在那里留个扣眼。一对情侣或父女可以佩戴相似的腕花或襟花以表明关系。

Cuff links

袖扣，起源于18世纪末期，法国叠袖袖口出现以后袖扣才开始盛行，成为绅士着装不可或缺的一部分。一切天然或人造的材料，从珍贵金属、宝石、珍珠、象牙到陶瓷树脂等都成为袖扣的原料。有一种关于袖扣起源的说法，注重军纪军容的拿破仑在一次阅兵仪式中发现士兵不时用袖扣来擦鼻涕和唾沫，于是他命令在袖扣上钉上尖铜扣，以迫使士兵改掉这一陋习。后来这一既美观又能增加袖扣的耐用逐渐被人所接受。袖扣的佩戴不适合我们日常穿的一边有扣眼一边有纽扣的衬衫，要袖扣两边都有扣眼的法式衬衫才需要袖扣把两边的袖口固定起来。这样的话袖子就变成了扁的，需要袖口比较宽松时才能用上，而且袖口要露出外面西装的袖子若干厘米（就是为了露出袖扣）。这样男士们用面积最小的装饰品来彰显自己的地位、品味和心情。袖扣虽小，可款式却千变万化，曾经有人说过，"男人的袖扣如同女人精致的耳环"，男人的袖口风情不仅体现对细节和质感的追求，还体现了绅士的礼仪品格。

Fanny Pack

腰包，Fanny在美国俚语有"屁股，臀部"的意思，在英国叫Bum Bag。腰包的历史可以追溯到被发现的冰封木乃伊"冰人奥兹"（Otzi the Iceman）腰上挂的小袋，因此早在5000年前的古代人就已经开始使用腰包了。以往的腰包多以实用性为主，如印第安人的水牛皮腰包（Buffalo pouch）、苏格兰人的毛皮袋（Sporran）以及日本人的印笼（Inrō）等。后来进入平常百姓的生活中，尤其在运动或旅行时人们经常佩戴，甚至街头小贩的身上也经常可以看到。这一平民化的腰包近年来也被奢侈品牌采用，从而进入了时尚圈。

Hobo Handbag

新月包/水饺包/乞丐包，Hobo在英语里是"流浪汉"的意思，形容19世纪末期居无定所的流浪工人，他们无家可归，把所有家当打包挂在长棍上随身携带，这一形象被漫画家普及而为人熟知。因为这一款包的形状酷似流浪汉挂在棍子上的行囊，故而得名。材质多为软质皮革，看起来松垮休闲。而今各种奢侈品牌也推出这款包包,让人更难与流浪汉扯上关系了。

Hosiery

针织品,袜类。该词源于古英语 Hosa,意为盖住腿部的衣服。Hosiery 包括长筒袜(Stockings)、连裤袜(Panty hose)、短袜(Socks)及紧身裤(Tight leggings)。Hosiery 起初是贵族为了骑马的便利而穿戴的,据说伊丽莎白女王是有记录以来第一位穿长筒袜的女性。最初只有丝质和羊毛的袜子,因为没有弹性,为了防止脱落,就必须用吊袜带(Garters)或者贴身剪裁(Fully fashioned)。20 世纪 30 年代末期美日关系紧张,日本生产的丝袜紧俏,好在 20 世纪 40 年代发明了尼龙,女人们就将眼光转向了尼龙袜,可是好景不长,第二次世界大战的爆发需要大量尼龙制作降落伞、飞机翼弦和帐篷。这回女人为了美丽做了疯狂的事情,她们在腿上涂抹颜料,制造穿着丝袜的效果。丝袜的质量由 Denier 和 Gauge 体现出来:Denier 是每 9000 米纤维重多少克就称为多少 Denier。因此 Denier 值越小线就越细;Gauge 指线圈数量,即针距,一排中每 1.5 英寸(3.8 厘米)的针数。世界顶级品牌 Wolford 的丝袜只有 5 Denier,是世界上最薄的丝袜。

Jabot Pin

领结针,别在西装的领口上只露出两端的装饰品,在 17 世纪中期,领结针用来固定围在脖子上的蕾丝或褶皱(相当于现代男士的领带),一开始只有男士佩戴,象征了身份和地位。随后演变成衬衫的装饰。20 世纪 20 和 30 年代作为普通的胸针为广大男女所喜爱。到了现代,男士把它和西装搭配起来别在西装领子上以凸显个人品位。

Minaudière

晚装包,来自法语,20 世纪 30 年代出现,一般以金属做成,最后镀上金或银,上面镶刻宝石或珍珠等,也有丝绸或锦缎等面料制作的。体积小巧,握在手上,内放少量个人用品,精致而不失美感。

Pocket handkerchief/Pocket square

西装口袋巾,通常是亚麻、羊毛、棉质和丝质,关键是不能太厚,以免放在口袋里显得臃肿。穿正装时佩戴口袋巾是表现个人风格和时尚品位的重要武器。口袋巾的一般折叠方法有:

一字形折法:也是最简易的口袋巾折法,对折成适合口袋宽度的方形,将边缘朝里塞入口袋,露出口袋水平直视 1 厘米左右为宜。

单角折法：露在外面的部分呈一个90°的正三角。

两角叠法：露在外面的部分呈两角层次，出席正式场合最百搭的一种口袋巾折叠方式。

三角叠法：露在外面的部分呈三角层次，适用于严肃的正式场合。

四角叠法：讲究对称，适合出席商业派对。

飞行喷发折法：跟折叠带翅膀的纸飞机方法很相似，偏正式和商业。

扇贝折法：露在外面的形状酷似一枚扇贝，层次分明，适合新郎。

花苞形叠法：既可搭配正式西装又可搭配休闲西装，适用于婚宴场合。

一般来讲，口袋巾的颜色要衬衫相配套，如果你选择领带或是领结，那口袋巾的颜色一般要与它们配套。

Satchel

有翻盖的书包，小背包，一般是真品制作。横向长方形，前面有两个针扣，英国几个世纪以来学生都用这种书包，俗称剑桥包。在莎士比亚的《皆大欢喜》(*As You Like It*) 中第二幕第七景第139行中就有提道：

All the world's a stage,

And all the men and women merely players；

They have their exits and their entrances,

And one man in his time plays many parts,

His acts being seven ages. At first, the infant,

Mewling and puking in the nurse's arms.

Then the whining schoolboy, with his satchel

And shining morning face, creeping like snail

Unwillingly to school.

而今这一包包已经进入时尚界，也有了各种花样，比如装了手柄的Batchel, Push-lock（推荐）的小书包，还有尺寸更小的 clutch bag 更显精致。

第五节　关于服装的地道英语口语

一、喜恶的表达

（1）I'm 5'2" and 119 lbs, athletic-ish build and I'm swimming in this thing.

我有五英尺两英寸高，体重119磅，身材不胖不瘦，几乎可以在这件衣服里面游泳了。

"swimming"意即该衣服太肥了。

（2）I can live in the pants.

这条裤子我可以穿一辈子。

"live"表达了购物者喜欢这条裤子，会一直穿它的意思。

（3）My only pet peeve is the stripes.

唯一让我不喜欢的地方是它的条纹。

"pet peeve"指的是特别让某个人不喜欢的地方。

（4）The picture does not do its justice.

图片并不能还原其真实性。

"do its justice"的意思是真品比图片还要好。

（5）Another deal breaker is you can't leave anything open in the purse.

还有一个问题就是放到包里的东西必须要收拾整齐。

"deal breaker"意思是该商品的某个缺陷让你不想购买它了。

（6）I picked up a new iron in the sale—it was a steal.

促销的时候我挑了一把新的熨斗——简直太便宜了。

"steal"的意思是价格比原价低很多，简直太划算了。

（7）This product is a win in my book.

买到这个产品是令我得意的事。

"win"跟上句的 steal 有一样的感觉。

（8）I must have gotten a dud. This is the worst spinner I've ever had.

我敢肯定自己买到了一台毫无用处的东西。这是我从来没见过的最糟糕的行李箱。

"dud"意思是无法使用或毫无价值,令人不满意。

(9) These chinos were nice and flattering.

这件短裤漂亮,我很满意。

"flattering"意为令人满意的。

二、舒适度的表达

(1) It's a snug jacket.

这件夹克太紧了。

"snug"意指太紧了,不舒服。

(2) This dress is lightweight and gorgeous! It's not very forgiving in the stomach area. So size up if you don't like it tight there.

这条裙子轻快而且很漂亮!肚子的地方不是很宽松,所以你要是不喜欢那儿太紧要买大一号的。

注意"forgiving"跟"事业线"没有关联,它的意思是容易或方便穿,这句话就是有点紧。于是买家建议"size up",去购买比平时的尺码大一号的。同样也有"size down"的表达。

(3) The shorts don't ride up.

这条短裤穿起来不会往上滑。

"ride up"是"往上滑"的意思。

(4) The fabric is not stiff, but doesn't have give.

布料不硬,但是也没有弹性。

"give"的意思是有弹性。

(5) The shorts skirt combination bottoms moves with your body providing moving comfort and stays put during tennis workouts.

既是短裤又是裙子的屁股部位既可以给予贴身的舒适,又可以在网球运动的时候保持形状。

"stay put"与上面第三点的意思刚好相反,表示不会随着身体而滑动。

(6) The material feels a bit rough to the touch.

布料摸起来粗糙。"rough to the touch"指布料摸起来比较粗糙。

(7) It is too floppy for me.

我觉得这件衣服太软了,没有形了。

"floppy"意为太柔软,不能保持形状。

（8）This skirt sits at my waist better than most golf skirts.
我穿这条裙子比穿其他高尔夫裙子都舒适,不会滑来滑去。
"sits"的意思就是这条裙子穿在腰上比较合适,不会滑动。

三、其他地道表达

（1）I carry my weight mostly in my butt and thigh.
（2）I'm the person with junk in the trunk.
（1）和（2）句的意思都是指屁股大、肥胖的意思。
（3）I'm on the fence about the size.
"be on the fence about"的意思是犹豫不决,举棋不定。
（4）Don't bother. Quality has tanked.
这是一位消费者的建议,不要买,因为商品质量下降了。
（5）They are a tad baggy in the crotch area.
"tad"意为一点点,稍微一点点。
（6）I've got dinky little feet.
"dinky"意思是很小。
（7）A belt does a lot to perk it up.
"perk up"的意思是扎个腰带整件衣服就提升了档次和感觉。
（8）The jumpsuit is very versatile for year around. You can dress up or dress down.
"versatile"的意思除了指人多才多艺之外,在这里指这件衣服一年四季都适合穿;"dress up or dress down"则意为可以穿着正式也可以休闲穿,适应各种场合,当然关键在于搭配。
（9）I'm sweating hardcore.
"hardcore"的字面意思是核心的、死硬的、激烈的,在这里意思是说特别爱出汗。
（10）I was very disappointed. It's a cheap knockoff.
"knockoff"的意思是仿制流行品牌或奢侈品牌的山寨版。
（11）It bounces back to its shape.
"bounce back to"指衣服洗涤之后又恢复原来形状。

练习

一、单项选择。

1. 下面哪个是英国首相温斯顿·丘吉尔发明的？_____。

A. Wellington Boots B. Homburg Hat C. Siren Suit D. Oxfords

2. 在经典美剧《欲望都市》里，凯莉被劫匪抢劫时所拎的包是_____。

A. hobo handbag B. Satchel C. baguette D. Minaudière

3. My only pet peeve is the stripes. "pet peeve"的意思是_____。

A. 缺陷 B. 优势 C. 便宜 D. 喜欢

4. "Night Cap" 让人想起查理·狄更斯的《圣诞颂歌》(1843)中主人公_____。

A. Oliver Twist　　　　B. David Copperfield

C. Ebenezer Scrooge　　D. Samuel Pickwick

5. 穿以下哪种服饰可能会在码头上被风吹到海里，打翻蜡烛，抑或是卷入翻滚的马车轮里？_____。

A. Strapless Dress　　　B. Bloomers

C. Crinoline/Hoop Skirt　D. Dressing Gown

二、连线练习。

1. Sanjuanero Huilense Dress　　　　Japan

　Sari　　　　　　　　　　　　　　India

　Kimono　　　　　　　　　　　　Columbia

　Ao Dai　　　　　　　　　　　　Vietnam

2. Muumuu　　　　　　　　　　　Malaysia

　Sombrero　　　　　　　　　　　Scotland

　Sarong　　　　　　　　　　　　Mexico

　Kilt　　　　　　　　　　　　　Hawaii

3. Dr. Martens　　　　　　　　　　Dwight David Eisenhowe

　Eisenhower Jacket　　　　　　　Sun Yet Sen

　Sun Yet Sen's Uniform　　　　　Jawaharlal Nehru

　Nehru Jacket　　　　　　　　　Klaus Marten

4. Mariner's Cap   Ernest Hemingway
   Safari Jacket   Mark Zuckerberg
   Crop Top   Madonna Ciccone
   Hoodie   John Lennon
5. Cashmere   Turkey
   Satin   China
   Tartan   Kasmir
   Mohair   Scotland

三、简单题。

1. 列举出至少 5 种军队服饰或配饰。
2. 列举出至少 3 种男士配饰。
3. 英语口语中表达服装舒适度的说法有哪些？
4. 说出至少 5 种女式鞋子并解释细节。
5. 说出至少 3 种男士帽饰并解释细节。

第五章

具有文化特点的饮食英语词汇

民以食为天,这个道理在任何一个国家都是硬道理。因为地域的不同、文化习俗的不同以及宗教信仰的不同,各国间饮食文化的差异也很大,这些差异表现在方方面面,如食材、调料、烹饪方法以及炊具、餐具等,而且由食物词汇构成的习语也有很大差异。本章介绍主要英语国家中与饮食相关的词汇,增进对西餐用语和文化的了解,减少对西餐饮食的误解,提高中国英语学习者的文化意识,加强全球化时代的跨文化沟通能力,以期中国人充分地了解世界,进而让世界了解中国。

第一节 食材和烹调方式

一、食材

(一)肉

1. 肉的类别

人类属于食肉动物(carnivore),英语文化下肉类是主菜的重要食材,在汉语中我们习惯用"肉"这个大类词,加上动物名称来支撑某种肉类,而英语虽然也有大类词 meat,但是每一种肉都有单独的一个我们从常吃的几种肉类去探索英语的饮食文化。

表 5-1 英语饮食文化中的肉类用语

肉类	分类	常见菜肴及烹饪要点	备注
bacon 咸肉,培根	通常选用分层很清晰的猪肉,即中国叫作五花肉的那种。选好了肉,去皮,用叉子在肉上扎一些小孔,便于入味。准备盐、黑胡椒、百里香(thyme)、迷迭香(rosemary)等,把它们混合在一起,抹在肉上,腌制,然后切片。在超市里可以买到的通常都是冷冻的切片培根	因为培根里脂肪很多,所以煎培根不需要放油,通常煎完培根,可以接着煎蛋(fry an egg),煎培根通常可以用来做三明治,或者蛋卷培根。培根还有很多吃法,如培根奶油蘑菇汤(cream of bacon mushroom soup)、土豆培根沙拉(potato bacon salad)、奶油培根意面(pasta alla carbonara)	
beef 牛肉; veal 小牛肉	chuck 上脑(肩颈肉);ribeye 眼肉(牛脊背的前端与上脑和外脊相连,外形酷似眼睛,并呈现大理石纹路);loin 牛里脊,牛柳;sirloin 西冷或者沙朗(牛外脊肉);round 臀肉,仔盖,米龙,黄瓜条,和尚头;shank 牛腱;brisket 牛胸肉前段;plate 牛胸肉中断;flank 牛腩(牛腹部的肉)	牛肉在西餐中最常见的菜肴就是牛排(steak),通常会用到 loin, sirloin 和 rib 做成通常称为腓力牛排和西冷牛排或者沙朗牛排。牛排的烹制分几分熟,常用词有 medium-rare 三分熟,medium 五分熟,medium-well 七分熟,well-done 全熟。 牛肉及其他肉类还有别的一些烹制方式,如铁板烧(skillet)、烧烤(grill 或 broil)、炖或焖(stew, braise)、炒(stir-fry)和烤(roast)。具体菜品的例子如下:stewed beef with red wine(红酒炖牛肉)。 另外,牛肉绞肉(ground beef)也是做意面(pasta)调味汁和汉堡(hamburger)的肉饼的主要成分	牛的各个部位的名称见本表下方的图
crab 蟹 shrimp 虾	crab spawn 蟹黄;king crab 帝王蟹;lobster 龙虾;peeled shrimps 虾仁	fried prawn meat 煎龙虾肉	

续表

肉类	分类	常见菜肴及烹饪要点	备注
ham 火腿	中国和西方都有火腿，主要的工艺是把猪的后腿肉进行腌制,洗涤,装模,蒸煮,冷却或风干或者熏制。因为具体的工艺和用料的不同,世界各地的火腿口味和价格都有很大不同。西式火腿有三种形式:带骨火腿、去骨火腿和盐水火腿,除了带骨火腿,其他火腿都可以直接食用,味道极其鲜美	ham cheese omelet 芝士火腿鸡蛋卷 火腿切成薄片做成拼盘,与面包、奶酪、奶油等配在一起吃,是很常见的。火腿肉片也可以做成火腿三明治	
fish 鱼 fillet 鱼（去骨鱼肉）	cod 鳕鱼; octopus 章鱼; sardine 沙丁鱼; salmon 三文鱼; squid 鱿鱼; trout 鳟鱼; tuna 金枪鱼	fish roll 鱼卷; eel and egg roll 烤鳗鱼鸡蛋卷; fish and chips（英式）炸鱼（通常用鳕鱼 cod）和薯条	fish gills 鱼鳃; fish scale 鱼鳞; fish skin 鱼皮; fish bladder 鱼鳔; fish liver 鱼肝; fish spawn 鱼卵; fish intestine 鱼肠
mutton 羊肉	goat 山羊; kid 小山羊; lamb 小绵羊,羊羔肉	grilled mutton 烤羊肉	breast 胸肉; drumstick 琵琶腿; drumettes 火鸡翅根; ground turkey 火鸡绞肉; joint wings 两节翅; whole wings 全翅
pork 猪肉	pig chop 猪排	fried pig chop 煎猪排	
poultry 禽类	chicken 鸡	chicken legs with butter 奶油炖鸡腿; chilied chicken fricassee 辣焖鸡肉; fried chicken 炸鸡	
	duck 鸭	roast duck 烤鸭	

续表

肉类	分类	常见菜肴及烹饪要点	备注
	goose 鹅	鹅肉在西餐中没有 chicken 和 turkey 普遍,但是 goose liver 却是非常有名的。常见的有:fried goose 煎鹅肝(切片的鹅肝,撒上黑胡椒和盐,沾上面粉,平底锅煎,红酒,糖,葡萄等一起调制酱汁,配煎鹅肝)和 goose liver mousse 鹅肝酱(黄油炒香洋葱和大蒜,放入切成小块的鹅肝,然后加入红酒。水分基本蒸发掉后,冷却,放入食品加工机中打碎,可以配煎面包片吃)。红酒与鹅肝寸步不离	
	quail 鹌鹑	roast quail 烤鹌鹑(因为鹌鹑比较小,肉很少,所以它的肚子要塞进调制好的肉馅。用盐、黑胡椒涂抹在鹌鹑的身上,腌制好后在烤箱中烤,配菜可以用鸡汤(chicken jus)煮大麦(rhy),煮开后放西葫芦丁、南瓜丁(diced pumpkin),再加入奶油	
	turkey 火鸡	烤火鸡 roast turkey 是感恩节和圣诞节家庭聚餐不可缺少的一道菜。首先它足够大,够全家吃,另外一只烤得金黄的火鸡很能烘托节日氛围。火鸡通常很少能买到新鲜的,因为火鸡形体庞大,所以各道程序都相当复杂。首先解冻需要大概 1~3 天的时间,然后是清理掉多余的部分,一定用纸巾把所有部位水分吸干。用盐和黑胡椒混合物抹在整个火鸡各个部位,腌制一天,然后把事先调制好的黄油与各种香料(sage, rosemary, thyme, parsley, garlic)的混合物涂抹在火鸡皮下及各个部位,让肉保湿,让皮酥脆。然后就是火鸡肚子里的填塞物,主要有洋葱、胡萝卜、柠檬等,然后就是烤箱烤制 2 小时左右,金黄诱人的火鸡就新鲜出炉了。还可以配置酱汁 gravy 浇在切好的火鸡肉上。另外,turkey 还可以用于做 Turkey Tetrazzini 火鸡泰特拉齐尼,或者叫作火鸡蘑菇脆皮烤,具体食谱见下面附录	

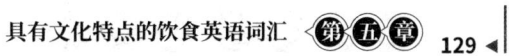

续表

肉类	分类	常见菜肴及烹饪要点	备注
Sausage 香肠	有各种风味。西餐中常见香肠种类举例如下： Salami 萨拉米，意大利腊肠	Salami（萨拉米，意大利腊肠），通过盐腌、发酵、风干而成，可以做冷盘，也可以用来做比萨馅料	
	Pepperoni 帕帕罗尼	Pepperoni（帕帕罗尼）流行于美国，跟萨拉米有些相似。盐腌的猪肉或者牛肉做成的轻烟熏风干肠，里面通常会加些辣椒粉，切片，常用于美式比萨	
	Chorizo 齐利佐，西班牙腊肠	Chorizo（齐利佐，西班牙腊肠），由碎猪肉加盐、大蒜和各种香料做成，切薄片可以直接食用，做三明治，还可以炸或者烤着吃	
	Frankfurter 法兰克福香肠	Frankfurter（法兰克福香肠）是用瘦猪肉和培根灌制的一种烟熏香肠，现在这种香肠在美国常用于做热狗，也叫作热狗肠	
	Bratwurst 德国脆皮肠	Bratwurst（德国脆皮肠）是一种油煎细香肠，里面有茴香、豆蔻等香料，用羊肠灌制，口味重，颜色偏白。油炸或者火烤后与脆皮面包、黄芥末或者番茄酱一起吃，也可以配煎洋芋或者煎洋葱，再配上德国酸菜一起吃	

牛肉各部分名称图例。

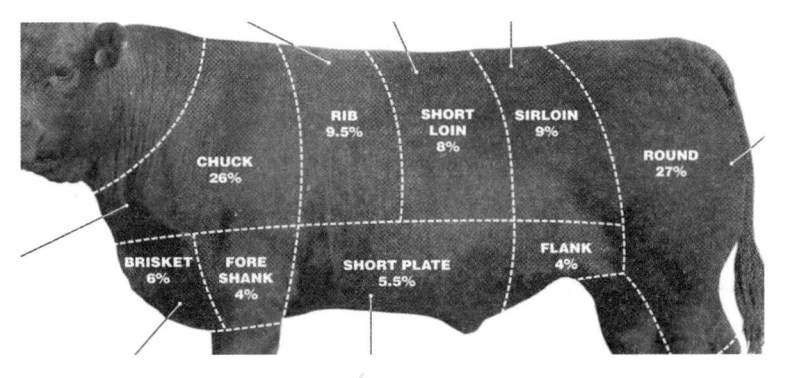

RIB 9.5%
SHORT LOIN 8%
SIRLOIN 9%
CHUCK 26%
ROUND 27%
BRISKET 6%
FORE SHANK 4%
SHORT PLATE 5.5%
FLANK 4%

2. 肉类烹制方法汇总

表 5-2　英语肉类烹制方法

烹制方法	步骤、特点
boil 煮	水煮
broil 烤	用炭火或者电火在金属架上烤熟
grill 烤	置于上方的烤架，食物在下方
poach 煮	在少量的水中煮熟
roast 烤	在烤箱中烤
skillet 煎烤	用厚重的铁煎锅煎烤
smoke 熏	用炭火熏烤
stew 炖	在汤汁中慢火煮
stir-fry 炒	在热油中迅速翻炒

（二）蛋

表 5-3　英语蛋类烹制方法

蛋的组成成分	蛋的制作方法和食物名称	备注
yolk/egg yellow 蛋黄；egg white 蛋清	boiled egg 煮鸡蛋	带皮水中煮熟，分为 soft-boiled eggs 溏心蛋，煮的时间偏短和 hard-boiled eggs 煮硬了的蛋，煮的时间偏长
	fried egg 煎鸡蛋	整个蛋打入平底锅中油煎，蛋黄居中，蛋白在周围。一面煎蛋英语是 sunny side up。按照鸡蛋熟的程度，煎蛋分为煎半熟蛋（over easy）和煎全熟蛋（over hard）
	omelet/omelette 鸡蛋饼，煎蛋卷/欧姆雷蛋卷	成分很多，在蛋液中通常加入青椒（peppers）、西红柿、奶酪（cheese）、香肠（sausage）、培根（bacon）等，平底锅中煎成一个薄饼，通常折叠着吃，它的种类繁多，有很多不同风味
	poached egg 荷包蛋	鸡蛋直接破皮打入水中煮的整个蛋
	scrambled egg 摊鸡蛋	蛋液搅拌均匀，油锅里翻炒，散碎，早餐配土司

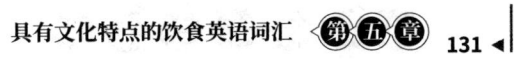

(三)奶制品(dairy products)

表 5-4 英语奶制品用语

	特点种类	食用方法
butter	牛奶中的脂肪提炼出来的	可以用来涂抹在面包上,也可以用于煸炒洋葱、蒜为菜、肉、汤调味
cream	牛奶、蛋黄、奶油高速搅打,柔软细腻。美式、瑞士、意式	可以塞到泡芙球里,装饰蛋糕坯,蛋糕裱花
cheese 奶酪,芝士	cream cheese 奶油芝士,膏状,奶味足	抹在吐司上吃
	white cheese 白干酪,白奶酪,也叫 cottage cheese 茅屋芝士,新鲜的,没有发酵,松软,有颗粒状,淡淡咸味,蛋白质含量高,膏状,味道稍微有点酸味	抹在面包上吃,做沙拉,也可以配牛油果(avocado)等水果一起吃
	mozzarella 马苏里拉芝士,新鲜,未经过发酵,半软,有嚼劲	可以生吃,和西红柿一起做成cheese salad;干的 mozzarella 可以切丝(shredded),用于 pizza,焗土豆,千层面(lasagna)等
cheese 奶酪,芝士	brie cheese 布里芝士,软的芝士,也叫花皮奶酪,发酵(fermented)4 周左右,有白色的霉菌表皮(可食用),有一点点苦味,比较软,通常切成三角形卖	直接夹在面包里吃
	processed cheese 再制芝士,用芝士的边角料(scraps)再加工(molted)而成的,比较软,味道比较淡	抹在面包上吃,或者当零食吃
	cheddar cheese 切达芝士,半硬的芝士,发酵 3 个月到 24 个月,易碎绵软,味道有些酸和苦。有两种颜色,自然的白色和用自然染色剂染成的橙色,它的皮不能食用	当零食吃
	gouda cheese 高达芝士,半硬芝士,发酵 1 个月到 24 个月,它的味道比较咸,也有牛奶的甘甜味。通常切成小块出售,它的蜡布表皮(wax rind)不能食用,要切掉	当零食吃

续表

	特点种类	食用方法
	parmesan cheese 帕玛森芝士，硬芝士，发酵8个月到24个月，它味道咸香。通常是做成比较大的芝士轮(cheese wheel)，它的表皮可以食用，但是很硬，人们通常丢弃掉。帕玛森芝士通常切成小块出售	可以当零食吃，也可以用于意面(pasta)或者意大利烩饭(risotto)或者千层面
	blue mold cheese 蓝纹芝士，外面有一层蜡皮，里面的纹路是因为发酵过程中注入霉菌形成的。味道比较浓重，臭味大	用于烹调比较多
	feta cheese 菲达芝士，用绵羊奶或者山羊奶制成的。新鲜芝士，希腊人的特色芝士，味道咸	
milk 奶	按照脂肪含量可以分为：whole milk（全脂牛奶），skimmed milk 脱脂牛奶	牛奶在西餐中的用途很多。除了单独饮用，牛奶可以跟茶或者咖啡调配在一起饮用。蛋糕和煎饼等也离不开牛奶。牛奶更主要用于制作奶油和奶酪
yogurt 酸奶	发酵的牛奶	可以单独吃，也可以用于拌沙拉

（四）蔬菜水果

蔬菜和水果因为地域物产的差异，各国之间存在着一些差别。请看下面列表。

1. 蔬菜

（1）蔬菜种类

表5-5　英语常见蔬菜词汇

蔬菜名称或类别	种类及特点	菜品及烹制要点
artichoke 洋蓟	也叫作贵族菜,价格比较贵,可以食用的部分较少。它的外形看起来像个宝莲灯,口感像芦笋,味道像芋头。挑选时要注意花头一定要紧实（tight）、有分量（heavy）、丰满（plump）,叶片（scale）要厚重,保持新鲜的绿色。用双手挤压,会发出声音	拔掉外面比较老的鳞片,切掉顶部,剩余的部分叶子尖端的刺剪掉,杆子的皮也要刮掉,用柠檬擦拭切口和杆子部分,最简单的烹饪就是放锅里蒸。蒸熟后,轻松拔下每个叶片,叶片底部一点点的部分可以吃。最后用勺子挖掉毛茸茸的花心部分,底部剩下的像蛋挞皮一样的部分就是洋蓟最好吃的部分。也可以全部都切除,只留下底部最美味的可食用部分,切块后,用油炒
asparagus 芦笋	通常是绿色的,也有白色的,叫作 white asparagus, 质地很软,是蔬菜中的贵族,别称还有可食用的象牙（edible ivory）。比较好的芦笋顶部坚实,未开花,茎部笔直。	最好的烹制方法是用蒸汽蒸（steam）,也可以用水煮,也可以用油煎熟,烹制火候恰当的芦笋达到最绿的颜色。可以做肉菜的配菜,或者用于拌沙拉
beet roots 甜菜根,红菜头	糖的含量很高,可以用来做白砂糖（sugar）,颜色是红色	通常单独烹饪,不与其他菜共同烹饪,避免染色
豆角,豆荚,豆	主要种类有：black-eyed pea 眉豆,黑眼豆（白色的豆子,豆脐周边是黑色的）; chickpea 鹰嘴豆; green beans 青豆, kidney bean 四季豆,芸豆; string bean 线豆; broad bean 蚕豆; lentil 兵豆,小扁豆（很小的、圆形扁平的豆子,用于做 soup 居多）; peapods 豆荚（指外皮和豆都可以食用的豌豆类蔬菜,常见种类有雪豆荚 snow peas 和荷兰豆 sugar snap peas。荷兰豆是20世纪70年代杂交的新品蔬菜,豆荚和里面的豆都可以食用 edible,不像传统豌豆荚纤维多 fibrous）; bean sprouts 豆芽; wax bean 黄金勾豆角	这类蔬菜通常用的烹调方式是水焯或者蒸。菜品食谱范例1: Quick Snow Peas with Lemon Herb Butter（详细食谱见本表后的附录）

续表

蔬菜名称或类别	种类及特点	菜品及烹制要点
bell pepper 柿子椒,彩椒,甜椒	有红色、黄色、绿色、橙色四种颜色	常用于蔬菜沙拉,或者用于比萨的配菜
broccoli 花椰菜和 cauliflower 菜花	在中国,人们有时把 cauliflower 和 broccoli 都叫作菜花,有时用颜色区分它们,有时把 broccoli 称作花椰菜或者西兰花。它们都营养丰富,尤其富含膳食纤维(dietary fiber)。选择花椰菜时要注意绿色是均匀的,不要开花的,茎(stalk)也不要太粗。选择菜花的注意事项跟花椰菜差不多,注意菜花头要干净(clean)、坚挺(firm)、紧凑不散(compact)	花的部分可以生吃(常放在沙拉中),但是生的花椰菜和菜花容易在体内产生气体,最好用开水烫一分钟。也可以煮熟或者蒸熟了吃。煮熟的花椰菜也可以打成泥,做菜盘装饰。也可以做成西兰花浓汤(creamy broccoli soup)。简要的方法如下:奶油加热,炒洋葱,加入切好的西兰花翻炒,加入肉汤(stock),胡椒,蒜粉,煮软,晾凉后,用食品加工机打碎,配上面包条(bread stick)或者面包块(crouton)
brussels sprouts 球芽甘蓝,孢子甘蓝,布鲁塞尔圆白菜	微型圆白菜,大小形状如一个乒乓球,在比利时布鲁塞尔种的比较多,因此得名	basic brussels sprouts 煮抱子甘蓝(切半,放少许盐,水煮
cabbage 圆白菜,甘蓝 /Chinese cabbage 大白菜	甘蓝是一种古老的蔬菜,种类繁多,有绿甘蓝(green)、紫甘蓝(red)、皱叶甘蓝(savory)和白菜(bok choy)	为了去掉不好闻的气味,可以首先用开水焯一下。甘蓝是做汤 soup 的好食材
carrot 胡萝卜	野生(wild)胡萝卜在希腊和罗马曾经用作药物。选择胡萝卜时注意要具备以下几个特点: firm, smooth, evenly shaped, strong orange color。如果胡萝卜看起来有如下特点: flabby, shriveled, rough, cracked, 尽量不要买。还有一种大拇指大小的胡萝卜叫作 baba carrots, 用作零食或者拌沙拉	胡萝卜可以生吃(be eaten raw),擦洗(scrub)或者刮皮(scrape)后,可以整个吃(be eaten whole)、可以切片(be eaten sliced)或者切丝(be eaten shredded)。胡萝卜可以烹饪熟了吃,可以蒸(steam)、煮(boil)和炒(stir-fry)

续表

蔬菜名称或类别	种类及特点	菜品及烹制要点
celery 芹菜	西芹比中国的芹菜要粗壮很多,吃法也跟中国的传统吃法不一样	芹菜可以生吃,也可以烹制后食用。一个有趣的例子是芹菜茎蘸血腥玛丽 bloody Mary（一种用番茄汁 tomato juice、蜂蜜糖浆 honey syrup、酸橙汁 lime lemon juice、辣的香料 spicy sauce 和加伏特加 vodka 等调制的鸡尾酒 cocktail）,这是很多聚会上的一道靓丽的开胃品。芹菜是在做各种汤 soup 和意面番茄酱不可缺少的配料。芹菜根 celery root 去皮,可以做成泥,也可以切丝,可以跟蛋黄酱拌在一起吃
cucumber 黄瓜	富含水分,营养成分相对较少	可以生吃,也可以做成蔬菜泥
eggplant/aubergine（法语）茄子	紫色的外皮,形状如同梨。西餐中茄子出现的频率不是很高。在中国圆形的和细长形的茄子都很普遍	茄子通常不能生吃,容易中毒。西餐家庭餐中有一道菜叫作 ratatouille（法式蔬菜烩菜）主要成分有:茄子（eggplant）、西葫芦（zucchini）、黄西葫芦（yellow squash）、洋葱、彩椒和西红柿。用的配料有洋葱、蒜、百里香（thyme）、牛至粉（oregano）、黑胡椒和新鲜的罗勒叶（basil）和欧芹（parsley）。更有趣的是有一部大家都喜欢的美国动画片也用这个词命名的 Ratatouille（料理鼠王）,但是其中那道看起来很美的、由蔬菜片码在蔬菜酱汁上一起烤出来的菜肴更精准的名字叫作 mayaldi,这道菜有两个要点:烤盘底部的蔬菜酱和切得均匀的蔬菜片,同时蔬菜片的码放也是这道菜颜值的重中之重

续表

蔬菜名称或类别	种类及特点	菜品及烹制要点
kale 羽衣甘蓝	富含维生素(vitamin)、抗氧化剂(antioxidants),营养丰富,低卡路里(calorie),降低胆固醇(cholesterol),防止血栓(clotting),减肥保健,抗癌,防癌。羽衣甘蓝叶还有个名称叫作 collard greens	baby kale 羽衣甘蓝嫩苗,主要用于沙拉;redbor kale 紫叶羽衣甘蓝,发红卷曲的叶子,适合用油炒,可以作为食品增色;tuscan kale 用于做汤或者意面;walking stick kale 手杖羽衣甘蓝,可以长到6米高,茎可以做拐棍;curly kale 卷叶羽衣甘蓝,最常见,叶微甜
kohlrabi 撇蓝,球茎甘蓝	形状如同一个小的圆形萝卜,在中国常用来腌制咸菜,类似于榨菜(一种咸菜)	
lettuce 莴苣	绿叶菜,种类很多。这里列举主要几种: iceberg lettuce 球形生菜——心很紧实,叶子脆,易保存,味道淡,作为沙拉的菜需要配合其他蔬菜,提升味道 Cos lettuce 爱琴海考斯生菜/Romaine lettuce 罗马生菜——形状粗长,叶片长,叶梗明显,清脆略苦,是凯撒沙拉(Caesar salad)的主要食材。 Boston lettuce 波士顿生菜——柔软的小圆叶,呈碗状,外面深绿,里面几乎是白色的,娇嫩,不易保存 Bibb lettuce 贝比生菜——与波士顿生菜相似,但是叶子更小、更娇嫩,味道好,价格昂贵 loose-leaf lettuce 散叶生菜——松散、柔软,叶子边缘卷曲,有绿色和红色,混合生菜首选,也是属于不易保存类别 oak leaf lettuce 橡叶生菜——叶子细长松散,味道更有特色。 chicory 菊苣/curly endive 绉叶苣——裂叶苦苣呈松散的球状,叶片鲜绿色,叶梗为白色,味道略苦。和其他生菜混合,或者作为装饰菜都比较诱人。因为苦味通常不单独做色拉	西餐中菠菜的烹调方法与汉语中的食用方法有很大差别,西餐中常常把菠菜做成蔬菜泥(puree),如有一道西餐叫作 creamed spinach,菠菜蒸熟,与奶酪混合在食品加工机中打碎加入盐和肉豆蔻粉(nutmeg)调味

续表

蔬菜名称或类别	种类及特点	菜品及烹制要点
lettuce 莴苣	Belgian endive 比利时菊苣——长约10～15cm,外形长而圆,前端为尖型,像一颗炮弹,叶片呈白色或淡黄色或红色,紧密包覆(很像娃娃菜)。比利时苦苣晒到太阳就会变绿,而且会更苦。质地较脆,通常很贵,单独使用,或者切半,搭配芥末油醋汁食用。 spinach 菠菜——用作沙拉的菠菜是小棵嫩叶,不是中国市场经常出售的大棵菠菜。 watercress 西洋菜/水田芥——有胡椒的辣味,略苦,做沙拉时去掉主茎。也可以用于煲汤或者涮火锅。 mache 野苣——小而圆的叶子呈汤勺状,有坚果味。也叫作 corn salad 或者 lamb's tongue。 dandelion Greens 蒲公英叶子——味道微苦,产于春季	Classic Caesar salad 经典凯撒沙拉的制作方法: 罗马生菜(Romaine lettuce)洗净控干水分或者用厨房纸巾擦拭干。 将蒜蓉、蛋黄酱(Mayonnaise)、伍斯特郡辣酱油(Worcestershire)、第戎芥末酱(Dijon mustard)、柠檬汁和巴马干酪屑(Parmesan Cheese)充分混合在一起。再加入黑胡椒,搅拌均匀,冷藏。 生菜加冷藏的沙拉酱,再加上面包块(crouton)
mushroom 蘑菇	champignon(香菇),needle mushroom(金针菇)	
葱类蔬菜	brown onion 黄洋葱;white onion 白洋葱;red onion 红洋葱,shallots 小圆葱、甜葱头(小的,长条形状的洋葱);pearl onion 腌小洋葱(用作开胃品或者配菜);scallion 嫩葱(小葱或者小蒜,头比较大,味道比较冲,可用作沙拉);spring onion 大葱,葱;chives 小葱,香葱	洋葱在西餐中用得非常广泛,用于蔬菜沙拉,炸洋葱圈和腌制酸甜的洋葱圈可以做配菜,做意面酱、番茄酱等都需要洋葱做调味,通常用黄油炒。番茄主要用来做各种西红柿酱
parsnip 欧洲萝卜,欧防风	白色,形状大小如同胡萝卜,味道甜	可以用于做汤或炖煮的食材,或者蒸、炒、烤之后做配菜
薯类词汇	cassava n. 木薯;long white 长白土豆(家里最广泛用,皮光滑);round white 圆形白土豆(适合各种用途);jersey royal 泽西皇家土豆(新土豆之王,可以做 Jersey royal potato salad);russet potatoes 赤褐色土豆(用于烘焙或者炸薯条);sweet potato 地瓜;taro 芋头;yam 山药	baked potatoes 烘马铃薯;boiled potatoes 煮土豆;French fries 炸薯条;mashed potatoes 土豆泥;potato chips 薯片;roast potatoes 烧土豆;steamed potatoes 蒸土豆

续表

蔬菜名称或类别	种类及特点	菜品及烹制要点
salsify 婆罗门参,蒜叶婆罗门参,牡蛎菜;蒜叶婆罗门参	土色根茎,据说味道如同牡蛎(oyster)	
squash 瓜	有两大类:summer squash 主要包括 zucchini(小西葫芦)和 yellow squash(黄色西葫芦);winter squash 主要包括 pumpkin(南瓜)和 gourd(葫芦)	zucchini 和 yellow squash 可以生熟两吃,其他的都需要烹制熟了才可以吃。pumpkin pie 是美国加拿大感恩节期间比较受欢迎的饭后甜食,也可以用来做以下食物 bread, muffin(马芬,碗糕),cookies(曲奇),stew(炖菜)和 soup。pumpkin 在 Halloween(万圣节前夜)的庆祝中是不可缺少的一个元素
tomato 西红柿,番茄	种类可以达到上千种,其中比较特别的一种叫作 cherry tomato(小番茄,圣女果)	西红柿的用途及其广,可以用作沙拉,也可以做成各类酱,意大利面(pasta)、比萨(pizza)、汉堡(hamburger)、三明治(sandwich)、热狗(hot dog)、薯条(French fries)等食物都离不开西红柿酱。另外,很多炖菜(stew)或者汤(soup)也离不开西红柿。(更多关于西红柿的酱的词汇和有关信息请参见 1.5.3 部分
萝卜	daikon/mooli 白萝卜;radish 红萝卜;turnip 芜菁,萝卜	

(2)蔬菜烹制方法汇总

表 5-6 英语蔬菜烹制方法

烹制方式	特点和要点
boil 煮	用开水煮到熟或者软
braise 煨,炖	先用油煎到焦黄,然后加入少量汤汁并盖上锅盖小火进行烹制
fry 炸,煎	在热油或者脂肪中炸
sauté 煎	用少量的黄油或者植物油快速炒到变软
steam 蒸	用蒸汽蒸熟食物
stir-fry 炒	在热油中快速翻炒

2. 水果

表 5-7　英语常见水果词汇

名称	分类和特点	食用方法或者特殊用途
avocado 牛油果	牛油果还有一个名称，叫作 alligator pear（鳄梨），牛油果果皮颜色和质地很像恐龙的皮，牛油果的形状与梨很相似。它的脂肪含量和热量都很高，幸好的是它的脂肪属于不饱和植物脂肪，不会对健康有害。挑选牛油果注意分量要够沉，没有深色斑点或者凹痕	适合生吃，去皮，切成条状，或者对半切开，去掉核，可以填充进沙拉。也可以果肉捣成泥，做成鳄梨酱（guacamole/avocado spread），当作开胃品（appetizer）或者当作蘸料（dip），鳄梨酱的主要成分除了鳄梨肉外，还需要加入切碎的洋葱、绿辣椒、西红柿、蒜和盐
apple 苹果	最常吃的一种水果，种类也很多，如 Mcintosh 是一种红色苹果，Granny Smith 是一种绿色的苹果，也叫澳洲青苹，Red Delicious 美国红蛇果（好看，但口味差一些），Golden Delicious 香蕉苹果，黄元帅，Honey Crisp/Honeycrunch 蜂蜜脆（新品种苹果，遍布全世界），Rome Beauty 瑞光苹果，罗马苹果（一种红色较大的苹果，用于烘焙），Cortland 可特兰苹果（大的红苹果），Northern Spy 一种黄红条的冬天生长的苹果，Jonathan 是一种红皮可以生吃的苹果，Gala 嘎啦果，Fuji 富士苹果	苹果在饮食方面简直可以说是全方位，一日三餐或者零食都有它的身影，它可以作开胃菜（appetizer），沙拉，汤，主菜（entree），饭后甜食（dessert）甚至饮料。常见的用苹果做的食品有：苹果酱 apple sauce，苹果派 apple pie，烤苹果 baking apples 等。苹果的营养丰富，英语中一句谚语道出它的作用："An apple a day keeps the doctor away"（一天一个苹果，医生远离我）
浆果	banana 香蕉	除了单独食用外，还可以用于做沙拉，早餐配 pancake 或 waffle 吃。另外，还可以用它为成分做出 banana cake（香蕉蛋糕），banana bread（香蕉面包）等
	blueberry 蓝莓	可以生食，是早餐的鸡蛋饼（pancake）或者华夫饼（waffle）上常加的水果之一。另外蓝莓果酱（blueberry jam）也常常用于涂抹在面包上或者作为甜品的馅料
	cherry 樱桃，车厘子	是非常受欢迎的水果，也用于蛋糕的装点

续表

名称	分类和特点	食用方法或者特殊用途
	cranberry 蔓越莓	蔓越莓干常常用于搭配早餐麦片粥(oatmeal)或者其他坚果(nuts)
	fig 无花果	
	gooseberry 醋栗	
	grape 葡萄	
	guava 番石榴(皮绿色,果肉淡红色,味道酸甜)	可以生吃也可以煮食,可以做成果酱、果冻,也可以为食物增味
	kiwi 奇异果,猕猴桃	
	star fruit 杨桃	
	strawberry 草莓	经常用于制作
	papaya/pawpaw 木瓜	
	passion fruit 西番莲,热情果,黄金百香果,巴西果	
	pomegranate 石榴	
	raspberry 树莓,粉红或者黑色	
柑橘类	grapefruit 西柚,果肉为白色或者粉色,有时是红色	可以用于水果沙拉,可以做成蜜饯或者烤(broil)着吃
	lemon 柠檬	lemon juice 柠檬汁用来给水果蔬菜保鲜保色;lemonade 柠檬汽水;lemon rind 柠檬皮
	lime 青柠檬	用法与 lemon 相似
	orange 橙子	在中国的英语教科书中使用错误频率最高的词汇,把本来叫作 tangerine 的水果误称为 orange
	pomelo 柚子	
	cumquat 金橘	
	tangerine 橘子,另外一个名称是 mandarin orange	容易剥皮,果肉分瓣明显,水分不如橙子多
mango 杧果	果皮中有令人过敏的成分	
melon 瓜	honeydew melon 哈密瓜;watermelon 西瓜	

二、调料

（一）香料（seasoning）

表 5-8　英语香料词汇用语

词汇及意义	分类,味道,特点	用途
anise 大茴香,八角		
basil 罗勒叶	香甜微辣。新鲜罗勒叶很容易腐烂,多数会选用干的罗勒叶	常用于做汤、比萨、意大利面等。跟番茄是最佳搭配
bay leaf 香叶,月桂树叶	味道略有苦味	常用于腌渍食物如 pickle（酸黄瓜）,也可以用于做 soup（汤）,烹调后从汤中取出
chives 细叶葱	有地道葱香味	可以用于班尼迪鸡蛋（Egg Benedict）和土豆沙拉（Potato Salad）
cinnamon 肉桂	味道微甜	做 apple sauce 和 apple pie 必须用的调料,还可以做咖啡、蛋糕、硬面包圈、奶茶等的调味剂
cilantro 香菜	中国香菜	
clove 丁香	馨香,常磨成粉末状（powder）	西餐中常用于烤猪肉
cumin 孜然		在烧烤（barbecue）中比较常用
curry 咖喱	curry powder 咖喱粉, curry paste 咖喱酱	用于做咖喱米饭,咖喱鸡肉或者牛肉
dill 莳萝,小茴香	味道辛辣,与中国菜市场的茴香形状极其相似	做鱼虾贝类菜时,常用它,可以去腥。例如：莳萝酱烟熏三文鱼、莳萝酸黄瓜、希腊酸奶酱、茴香饺子等
garlic	garlic powder 蒜粉；minced garlic 蒜末； garlic salt 蒜香盐（常常用于调味）	
lemon pepper 柠檬胡椒		
mint 薄荷	味道清新	常用于鲜虾沙拉、煎羊排、调酒、炒菜、做汤,装饰菜品

续表

词汇及意义	分类,味道,特点	用途
nutmeg 肉豆蔻	香味强烈,可以磨成粉,也可以用擦板擦碎	常用于做肉菜调料,西餐中的白汁(béchamel sauce)也常用这个调料
oregano 阿里根奴,牛至	香甜气息	可以去腥,也用于装饰比萨
rosemary 迷迭香	辛辣,有松树香,形状如同松树的针叶,甜中带苦,可以高温烹制,但不要烹饪太久,容易产生苦味	烤羊肉、牛肉的时候可以加入迷迭香去除腥,菜品有迷迭香烤羊排、烤牛排
parsley 欧芹,法国香菜	形状类似芹菜	做 soup、pizza、roast potato 等很多食物中所用的香料可以高温烹制。常见菜品有:欧芹蒜泥焗蜗牛,蔬菜沙拉、烤龙虾、奶油南瓜汤、牛油果沙拉和各种汤
paprika 辣椒粉	辛辣味	可以用于香肠配料,或者其他的调味
pepper 胡椒	black pepper(黑胡椒),ground pepper 胡椒粉,white pepper(白胡椒),cracked black pepper(黑胡椒碎),Chinese pepper(中国的花椒)	
sage 鼠尾草	辛辣浓烈,类似胡椒的味道	可以用作家禽类肉食的馅料或者腌料,如感恩节的烤火鸡(Roast Turkey)、鼠尾草鸡肉香肠、煎鸡胸
thyme 百里香,麝香草	香草味,香气浓郁,与迷迭香是好搭档	干叶片是做汤的很好的香料,炖煮烧烤肉类同样需要它,如烤鸡、煎猪扒、香料油、牛肉汤、法式洋葱汤、烤南瓜等
vanilla 香草	vanilla 是一种细长的豆荚(pod)形状的植物,vanilla extracts(香草精)是浓稠棕色的液体;vanilla bean paste(香草膏)是香草精里加了糖和增稠剂和香草籽颗粒;vanilla powder(香草粉)味道更醇厚	烹调用,也可以放在冰激凌里做香料。香草粉也可以洒在热巧克力(hot chocolate)上或者奶油蛋挞(custard tart)上调味

（二）酱料

"酱"这个汉语词有着太宽泛的意义,以至于西餐中很多完全不一样的东西,在汉语里有了相同的名称,因此也造成很多对西餐的误解。

表 5-9　英语酱料词汇

名称	特点成分	用途
dip 调味酱	用来蘸蔬菜或者面包的酱	
dressing 沙拉酱	thousand island 千岛沙拉酱,vinaigrette 油醋汁	用于各种沙拉
humus 哈姆斯酱	鹰嘴豆做成的酱	
mayonnaise 美乃滋,蛋黄酱	白色膏状,主要成分是蛋黄(yolk),橄榄油(alive oil)和醋(vinegar),通过高速搅打形成的	俄式沙拉酱的主要原料,还可以放在汉堡、三明治、热狗中做调味酱
mustard 芥末酱	黄芥末酱,口味酸甜,跟中国、日本的芥末不同	
peanut butter 花生酱	花生做成的酱,因为油脂较多,所以用 butter 这个词	
puree 蔬菜、水果或肉酱	蔬菜、水果或者肉类(通常是鱼肉)用 blender(打碎机)做成的,通常不添加其他香料或者食材	
spread 涂抹在食物上的酱	这个词是个泛称,包括很多种	
番茄做成的各种酱	ketchup 番茄酱膏状,酸甜口味	蘸薯条吃,做汉堡或者热狗的调味汁
	tomato paste 番茄膏	用于烹调的调味酱,不适合直接食用
	tomato sauce 番茄酱,意面酱	
	tomato puree 番茄酱,番茄泥	只是熟番茄做成的酱,没有其他添加

第二节 烘焙食物

一、原材料

烘焙类食物常用食材和辅料见下表。

表 5-10　英语烘焙原材料用语

原材料	种类	用途
baking soda 苏打	白色粉末状	与酸结合用于发面
baking powder 泡打粉	白色粉末状	发面用
flour 面粉	whole wheat flour 全麦面; all-purpose flour 中筋面粉	
meal 粗粉	oatmeal 麦片	
rice 大米	可以跟调料肉等混合在一起煮,或者煮熟后再进入烤箱烤或者焗	
yeast 酵母		温水溶解和面

二、面包及面包衍生食品

表 5-11　英语面包及面包衍生食品用语

词汇	制作方法 recipe 或者特殊说明	外形特点
bread 面包（总称）	hotdog burger	通常为长条(loaf)面包
bun 小圆面包	用于做汉堡包	
toast 吐司	烘烤加热的面包片,用 toaster 或者 toaster oven	切片面包
baguette 法棍	面发酵和揉面都有比较严格要求,外皮酥脆,里面柔软,面香味很大	细长
bagel 硬面包圈	发酵面粉多次发酵,醒面,做成一个圆环,先水煮,然后烤箱烤	圆环,如同甜甜圈形状
croissant 牛角包,可颂	奶油和奶酪和面,层次比较多	牛角形状
crumb 面包屑	用于油炸食物外皮	碎粒干面包
crouton 干面包块	用于沙拉,尤其是凯撒沙拉	

三、pizza 比萨

比萨原产于意大利,现在已经成为国际流行食物,按照工艺分有两大类:意式比萨和美式比萨,按照饼底分有铁盘比萨和手抛比萨。做比萨最重要的调料是马苏里拉奶酪(mozzarella),加热后可以拉丝很长。

四、pancake waffle 煎饼

鸡蛋、面粉、牛奶为主要原调制的面糊在平底锅或者华夫饼机中烤制而成。常作为早餐,配上新鲜水果和枫糖浆。

五、面条

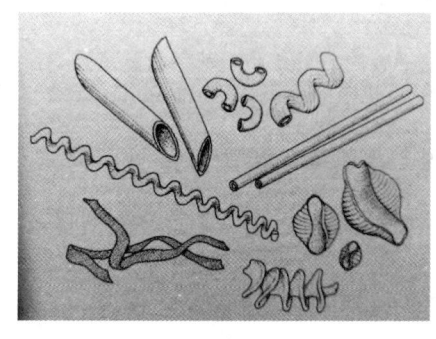

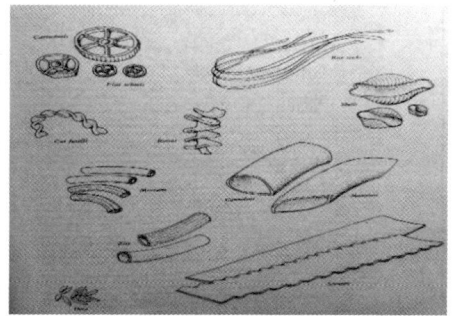

(一)面条种类

表 5-12 英语面条用语

词汇	分类、释义	外形特点
noodles 面条(东方品种)	wheat noodles 面条,主要指 egg noodles,分为细面 fine noodles,中宽面 medium noodles 和宽面 broad noodles	基本是由面片切成宽窄不同的条
	rice noodle 米线	
	conchiglie("shells")中等贝壳面,中等扇贝面	它的形状如同贝壳。还有一种大贝壳 conchiglioni,也叫 jumbo shells,里面可以填充食材

续表

词汇	分类、释义	外形特点
noodles 面条（东方品种）	farfalle（"butterflies"）蝴蝶结面	farfalle 的字面意思是蝴蝶，这种意面分为大蝴蝶（farfalloni）和小蝴蝶（farfalline）
	fettuccine 宽条面	是除 spaghetti 意大利细面之外第二流行的长面条了。它的字面意思是"小片"，分为薄片（fettucelle）和厚片（fettuce）
	fusilli 螺蛳粉	长度跟 spaghetti 相似，螺旋间距比 rotini 稀疏
	gemelli 双旋粉	"s"形状，两根螺旋状面条相互缠绕
	gnocchi 土豆团面	像半个花生壳
	lasagna 千层面	这种宽面条也叫 lasagne，通常边缘有凹槽或者波浪形花边。薄一些的千层面叫 lasagnette。Pappardelle 是大宽面，比 fettucine 更宽，但比千层面薄，偶尔有带凹槽的边缘
	linguine 也叫 little tongues，作扁平意面，中细面	是扁平版的 spaghetti。其字面意思为"小舌头"。更窄的扁平意面叫 linguettine
	macaroni 通心粉	通心粉中间是空的，而 spaghetti 是实心的。通心粉可以是直的也可以是弯曲的。Manicotti 是大通心面也叫袖筒面，可以塞入传统白酱（bechamel sauce）、菠菜或者肉。Penne 是长通粉，中等长度的斜切管，有六、七种不同类型的长通粉，最知名的是平滑型（lisce）和粗糙型（rigate）的。Ziti/trivelli 齐蒂通心粉比 penne 细小，主要用于烘焙，形状类似 penne，不过是平直切割而不是对角切割，mezzi rigatoni 是短粗管面，chifferi 是小通心粉，有一点点弯曲，ditalini 手指面或者顶针面，相当于短小的 ziti。半圆的空心粉叫作 elbows
	ravioli 意大利饺	这种正方形的类似水饺的面食往往带有锯齿状边缘，里面包着各式肉类、奶酪和蔬菜泥。还有一种半月形的叫 agnolotti，更像中国的饺子
	rotelle 车轮粉，也叫作 cart-wheel	像老式的辐条轮毂。小一点的叫作 flat wheel，横断面看起来像中国的莲藕的横断面

续表

词汇	分类、释义	外形特点
	rotini（"spirals" or "twists"）螺旋粉	类似螺蛳粉，不过螺旋更紧密缠绕
	spaghetti 长面	这是最常见的意大利面了，它是细长的实心面。较粗的是 spaghettoni，而细的是 spaghettini。Capellini 卡佩利尼，也被称为"天使的头发"，这是目前最细的长型意面。Capellini 这个词的字面意思就是发丝
	tagliatelle 绸带面	一团扁平的面条，与它相似，比它再宽一些的叫作 pappardelle（宽面）
	orzo "barley" 粒粒面	形状像大麦粒

（二）意面的烹制方法

最传统的意面基本程序跟中国的打卤面相似。大致的做法如下：首先是煮面，煮熟后凉水冲洗，沥水，控干，备用。然后调制意面酱汁。牛肉馅用洋葱、大蒜和胡椒炒至变色，加入意面酱，和 parsley 碎等香料，或者干的意大利混合香料，然后把煮好的面倒入酱汁中翻炒，充分混合，盛到盘子中即可以享用。

千层面（lasagna）的烹制方法有所不同，最关键的是烘焙的过程，根据烤盘大小计算好需要煮的面片数量，同样的方法把宽面煮好，备用，牛肉馅也是同样方法炒制，如果喜欢蔬菜，可以切碎胡萝卜、芹菜、蘑菇、玉米、洋葱等，肉馅炒到变色后加入蔬菜粒，洋葱最好不要省略。蔬菜开始变软的时候，加一整瓶 pasta sauce，和肉和菜拌匀。根据烤盘的大小确定所铺的面条数量，取三分之一的肉酱平铺在面条上，在肉酱上撒一层碎芝士，接着用同样的方法铺另外两层，在最上面一层面条上，加一瓶 pasta sauce，推开抹匀，再加上碎芝士。在烤盘上，覆盖一层锡纸，来锁住水分。放入烤箱烤 30 分钟（350F），然后拿掉锡纸，再烤 10 分钟。用餐时根据个人口味，可以再加一些 parmesan cheese。

第三节　英语文化特有的饭后甜食

表 5-13　英语文化中的饭后甜食用语

词汇	种类、成分和基本制作方法	备注
cake 蛋糕	按照用途蛋糕可以分为：庆祝用蛋糕，如结婚蛋糕（wedding cake）、生日蛋糕（birthday cake）等，和饭后甜食的蛋糕。蛋糕的主要成分有：面粉（flour）、白糖（sugar）、鸡蛋（eggs）、苏打（baking soda）、盐（salt）、油（oil）、醋（vinegar）、牛奶（milk）、奶酪（cheese），还有一些香料或者调味料，如肉桂（cinnamon）、肉豆蔻（nutmeg）、柠檬汁（lemon juice）、椰子片（flaked coconut）、可可粉（cocoa powder）、咖啡（coffee）等。蛋糕可以蒸（steam），也可以烤（bake）。为了节省时间，很多超市有卖现成的蛋糕粉（cake mix），并配有清晰的食谱。蛋糕中还有一种叫作 fudge，是更松软的蛋糕	各种成分的比例一定严格按照食谱上的规定，所以需要用标准的一些量具，如 cup、table spoon、teaspoon 等
cookies 曲奇	曲奇通常是比较酥脆的甜食，油脂和糖的含量都是比较高的。常见的曲奇有：巧克力曲奇、奶油曲奇、坚果曲奇、果酱曲奇、燕麦曲奇	在中国很多人把曲奇称为饼干，会带来一些消费误解。饼干（cracker）是用于充饥或者配汤（soup）的，曲奇是饭后甜食，不能多吃
doughnut 甜甜圈（多纳圈）	是上面撒了很多多彩糖霜的面包圈，但是他们通常是油炸的，而不是烤出来的。主要成分有中筋面粉（all-purpose flour）、糖、盐、鸡蛋、牛奶、黄油、糖霜（icing sugar）。酵母发酵好的面做成小面团，中间挖洞，手指放在洞中，摇晃几圈，把中间的空均匀扩大，放在油中炸，炸熟后，捞出放在架子上控去多余的油，把事先准备好的奶油或巧克力酱挤到面包圈上，再撒上糖霜。比较有名的多纳圈有：vanilla frosting with sprinkles, double chocolate, powdered（白色的），maple, chocolate long john（长形的，没有孔），jelly（没有空心，里面是果冻夹心），Boston cream, chocolate glazed, glazed（无糖霜），munchkin（小的球形甜甜圈）等	bagel（硬面包圈，贝果）看起来形状跟 doughnut 差不多，但是它们没有糖霜，质地很硬，有嚼劲，通常作早餐

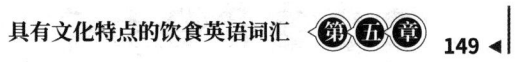

续表

词汇	种类、成分和基本制作方法	备注
fruit salad 水果沙拉		柠檬汁可以防止水果氧化,保持颜色新鲜
jelly 果冻	通常用果冻粉(jelly powder)用温水调制,然后放在冰箱里冷却。也可以加入果汁或者果粒	
ice-cream 冰激凌	冰激凌按照风味(flavor)可以分为:香草冰激凌(vanilla ice-cream)、巧克力冰激凌(chocolate ice-cream)、草莓冰激凌(strawberry ice-cream)、杧果冰激凌(mango ice-cream)等。冰激凌还有一些衍生产品,如圣代冰激凌(Sundae)、奶昔(milkshake)	
pie 馅饼	apple pie 苹果派,最常见的一种馅饼。表格下方附录一份食谱。	馅饼(pie)由饼皮和馅料组成,水果派经常用双面饼皮,其他的底部饼皮,上面是馅料
	pecan pie 碧根派:饼皮与南瓜派相同,馅料包括鸡蛋、糖、卡罗糖浆(Karo syrup)、奶油、香草、碧根果(pecan)。它的制作方法跟南瓜派差不多	
	pumpkin pie 南瓜派:饼皮(crust)的材料包括面粉、糖、盐、蔬菜油(vegetable shortening)、黄油和冰水。把面粉、糖、盐混合在一起,加入蔬菜油和黄油,用搅打器(pastry blender)搅拌均匀后加入冰水,揉成面团,擀平,大小与馅饼烤盘(pie dish)匹配,铺在上面。馅料包括南瓜泥(pumpkin puree)、融化的黄油、枫糖浆(maple syrup)、糖、肉桂粉(cinnamon powder)、肉豆蔻干皮(mace)、丁香粉(ground cloves)、脱脂牛奶(skim milk)、鸡蛋。这些食材搅拌均匀后倒入铺好饼皮的馅饼烤盘上	
pudding 布丁	可以做布丁的食材很多,基本方法是煮和烘烤。下面以传统的圣诞节的一款布丁为例,展示一下它的制作过程。To make what is termed a pound pudding, take of raisins well stoned, currants thoroughly washed, one pound each; chop a pound of suet very finely and mix with them; add a quarter of a pound of flour, or bread very finely crumbled, three ounces of sugar, one ounce and a half of grated lemon-peel, a blade of mace, half a small nutmeg, one teaspoonful of ginger, half a dozen eggs well beaten; work it well together, put it into a cloth, tie it firmly, allowing room to swell, and boil not less than five hours. It should not be suffered to stop boiling. [*FROM GODEY'S LADY'S BOOK, DEC. 1860*]	

续表

词汇	种类、成分和基本制作方法	备注
tart 水果馅饼, 蛋挞	制作方法与 pie 相似	
mousse 慕斯	通常慕斯圈底部放饼干碎或者蛋糕, 然后抹一层提前做好的慕斯糊(由打发好的奶油里加上水果泥和果冻胶混合物), 撒一层水果碎, 加一层慕斯糊, 再加一片蛋糕或者一层饼干碎, 再涂抹慕斯糊, 上面装饰水果粒, 放入冰箱冷却一夜, 第二天就可以享用了。常吃的慕斯有草莓慕斯(strawberry mousse)、杧果慕斯(mango mousse)、榴莲慕斯(durian mousse)等。	

第四节　厨房用具

所有食物从厨房来到餐桌旁, 厨房中的各种厨具功不可没。西方厨房中各种用具比中国文化下的厨房丰富很多。

一、刀具

中餐厨房里主要的切菜切肉刀具常约 20 厘米, 宽约 10 厘米, 是万能型片刀。而西方厨房里的刀要窄好多, 而且刀具种类繁多, 各有各的功用。

表 5-14　英语厨房中的刀具词汇

名称	用途
bone knife 剁骨刀	长约 15 厘米, 刀身厚重, 刀刃锋利
boning knife 剔骨刀	锋利地从骨头上把肉卸下来的刀具
bread knife 面包刀	通常有缺口的(scalloped)或锯齿形(serrated)刀锋, 比较长, 20 厘米左右
butcher's knife 切肉刀	厚重宽刃的切生肉的刀
butter knife 黄油刀	用于往面包片上涂抹黄油用
carving knife 切肉	切烹调过的熟的肉的餐刀

续表

chef's knife 厨师刀	用于切菜、切水果和肉,刀刃部分有弧度,刀的顶部很尖细
Chinese clever 中国菜刀	刀体长方形,有一定的重量,使用时需要掌握一定的技巧
clam knife 蛤蜊刀	比较短,用于撬开蛤蜊,取出蛤蜊肉
fish knife 鱼刀	吃鱼时用来切鱼或者分鱼用,代替餐刀和牛排刀
meat pounder 拍刀	敲打肉片使其嫩化的敲肉木槌,牛排榔头
mezzaluna 美扎鲁那刀	半月形刀片,两端有手柄,切香料用的刀具
paring knife 水果刀,削皮刀	薄且锋利的小刀,刀刃大约 5~10 厘米长,用于切水果、蔬菜和新鲜的植物香料
peeling knife 去皮刀	尖头小刀,大约 10 厘米长,用于削皮
pineapple knife/grapefruit knife 菠萝刀 / 西柚刀	弯曲的刀刃使得切割的工作更容易进行
pizza cutter 比萨饼刀	有轴和手柄的圆形刀具,用于分割一整张比萨饼
potato peeler 土豆削皮器	适用于给各种水果蔬菜削皮

二、炊具(Cooking Utensils)

西餐厨房中的炊具极其丰富,厨房里经常挂很多个大大小小的平底锅、炖锅、煎锅和各种铲子和勺子。下面列举的是西餐厨房中的炊具和它们的用途。

表 5-15 英语炊具词汇

炊具名称	特点用途
casseroles 焖锅,砂锅	至少 2 个,带盖子,分别是 1.5 升和 3 升
cast-iron chicken fryer 铸铁炸鸡锅	直径是 25 厘米左右,比较深,侧面垂直,有盖子
corkscrew 软木塞	葡萄酒瓶的瓶盖
double boiler 双层蒸锅	加热或者融化
dutch oven/soup pot 汤锅	容积大约有 5~7 升
frying pan 煎锅	平底,用于煎蛋,做 pancake
griddle 烧烤板	大约 11 平方英寸
kettle 烧水壶	大约 2 升,可以快速烧开水,并能安全倒出来

续表

炊具名称	特点用途
microwave oven 微波炉	可以解冻，快速加热，或者融化东西
oven 烤箱	通常是比较大的，整体灶台的组成部分
pot 炖锅	8升
pressure cooker 压力锅	适用于煮干豆子，做肉汤，或者其他做起来费时的蔬菜
roasting pan 焙烧盘，烤锅	带盖，主要用来烤大型禽类，如火鸡等
saucepan 炖煮锅	一个厨房里至少要有三个这样的锅，容积分别为1升、2升、3升
skillet 长柄厚煎锅	2~3个，分别7英寸、10英寸和12英寸
steamer 蒸锅	rack 蒸屉，蒸架
toaster 多士炉	
toaster oven 吐司烤箱	大小与微波炉差不多，比 oven 小很多，它可以烤吐司，也可以烘焙少量的饼干、点心和菜
wok 锅	有盖子，有支架，直径12英寸。使用这种锅的前提条件是必须有燃气灶。最好是铁锅，使用前热锅用油擦拭一遍。不要用硬东西或者洗涤剂去擦蹭，锅的外部要变成黑色才是最好效果，用完要马上洗干净

三、厨房里其他电器与工具

表 5-16　英语厨房用具词汇

厨房用具	用途
apple slicer/corer 苹果去核切块器	这个工具可以把苹果或者梨的核去掉，同时还能均匀地把它切成几等份
aprons 围裙	最好预备两条，围裙上方够及下颚，有口袋，或者有系毛巾的环
baker's rack 面包架	
baking pan 烤盘	用于烤箱 oven 的模具，有曲奇烤盘（cookie sheet）、长烤盘（13×9×2 inch）、方烤盘（8×8×2 inch）、面包槽（loaf pan）（9×5×3 inch）、马芬杯（muffin tin）和馅饼盘（直径9英寸）

续表

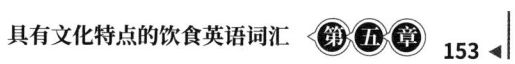

厨房用具	用途
baster 润肉器,吸汁器	一根长管,末端有胶皮囊,从锅或者烤盘中吸起来肉汁,再把它浇在肉上,使肉保持鲜嫩
blender/food processor 打碎机/食品加工机	首选是 blender,如果需要处理大量食物,用食品加工机更合适
bottle and juice can opener 瓶起子,有三角尖刀的开罐器	有三角形尖头(triangular pointed end)的开罐器,也叫作 church key
bowl scrapers 刮碗器,有时也叫作刮刀	最好是柔韧塑胶(malleable plastic)材质的,至少要有一个细长的刮刀
brushes 油刷	一个柔软的为食品表面刷油或者蛋液等,还要有一把耐热的,用于锅底刷油
can-opener 开罐器	可以是易拉环(hand-held)的,也可以是挂在墙上的(wall-mounted)那种
cheesecloth 干酪布	用于挤出奶酪里多余的水分
cleanup tools 清洁工具	包括海绵(sponges)、塑料刷洗布(plastic cloth)、钢丝球(steel-wool pads)、牙刷和蔬菜刷
colander 漏勺	足够大能够盛得下一磅的煮熟的意面,控水。也可以用来洗蔬菜和浆果
convertible slicer/grater 多功能擦菜板	手动擦菜板,换不同的刀具,就会切出不同的形状的蔬菜
cutting board 砧板,切菜板	切生蔬菜用不同的菜板,味道浓重的香料,最好也用单独的菜板
disposables 一次性包装纸	包括:保鲜膜(plastic wrap)、铝箔(aluminum foil)、塑料袋(plastic bags with twist ties or zip lock closings)、蜡纸(wax paper)和纸巾(paper towels)
egg beater/small electric mixer 打蛋器/电动搅拌器	打泡或者把食物打发起来的工具,做 cream 或者打蛋液都用这个工具
egg slicer 切蛋器	切蛋器上细的金属丝可以快速、均匀地把煮鸡蛋切成片
fat-separating measuring cup 脂肪分离器	最好准备两个:一个是 1.5 杯,另外是 4 杯。它的形状大体像个茶壶,壶嘴起始点很低,接近容器底部,这样油脂就不容易倒出来
flour sifter 面粉筛子	

续表

厨房用具	用途
food mill 食品碾磨机	手动分离食品和籽的机器,里面有带筛子的旋转轮,可以打碎食物
funnel 漏斗	主要功能是把液体从一个宽口容器倒入一个窄口容器,避免撒漏。最好带有适合不同瓶口的带螺旋的转换头
garlic press 压蒜器	这是捣碎大蒜的,比较有效和安全
grapefruit spoon 西柚勺	西柚横断面切开,用西柚勺挖出来果肉,可以多食用一些纤维。西柚勺的尖端有细小锯齿,有利于切割。它也可以用来挖黄瓜籽
grater 擦菜板	手动的四面或者六面的擦菜板,适用于苹果或西葫芦等各种水果和蔬菜
ice-cream scoop 冰激凌勺	使冰激凌呈现好看的形状
immersion blender/spiny stick/decimation wand 手握旋转搅拌棒	使用起来比较方便,因为是把搅拌棒放入食材中,所以也叫作浸入式搅碎器
jar opener 开罐器	手动拧瓶盖子的用具
juicer 手动榨汁器	用来榨出柠檬汁或者青柠汁,更能保证原汁原味
kitchen scale 厨房秤	称量食材的秤
kitchen scissors 厨房剪刀	用于剪断香料或者细绳
kitchen timer 厨房计时器	厨房里至少要有一个计时器,以便于掌握好各种火候
kitchen twine 厨房用棉绳	用于捆绑禽类或者其他肉,使它们在烹饪过程中不会散
ladle 长柄勺	用来盛汤或者酱汁
long-handled fork 长柄叉子	木柄二齿叉子,用于烤青椒,或者翻动非常重要的食物
marble slab 大理石灶台面	便于擀面皮,做面剂子。不像木头板那样容易把面黏在上面
masking tape /waterproof marking pen 标识贴或防水马克笔	记录储存在容器中的食物的内容和日期,注意装入食物前要贴好签,避免潮湿脱落
measuring cup 量杯	通常预备两套,分别用于干湿不同的食材,每套通常有6个,大小从 1/8 cup 到 2 cups 不等

续表

厨房用具	用途
measuring spoons 量勺	通常预备两套,分别用于干湿不同的食材,每套通常有 5 个,大小从 1/4 teaspoon 到 1 table spoon 不等
melon baller 挖球器	手柄两端各有一个挖球器,可以为水果沙拉做出装饰性的点缀。也可以用于除去黄瓜的籽,或者掏空 squash、eggplant、cherry tomato 这些蔬菜,然后加入填塞物
mixing bowls 搅拌碗	从 1 升到 5 升不等的带刻度(graduated)碗组合成的一套(nest),材质最好是耐热玻璃或者陶瓷。最大容量到 8 升的不锈钢系列套盆也是非常有用的
mortar with pestle 杵臼	用于研磨香料、种子和植物
nut grinder 坚果碾碎机	可以把坚果切得很细,不会导致溅落散落各处
nutmeg grater 肉豆蔻研磨器	这样新鲜碾磨的肉豆蔻味道比买磨好粉的要好得多
pasta rake 意面铲/叉	像一个长柄的勺子,勺子周边是垂直的锯齿,煮意面时用它搅拌,也是把意面盛到盘子里的工具
pastry bag an tips 蛋糕裱花器	用挤出来的混合物装点蛋糕
pepper mill 胡椒研磨器	黑白胡椒需要分开研磨,另外厨房和餐桌也应该分别放一个。西餐中加胡椒的时候很多
potato nail 马铃薯钉	用的是食品级的金属,在烹制整个马铃薯之前插入到马铃薯中,加速烤箱热量的传送,节省烹饪时间
potato ricer 薯泥加工器	老式的迅速捣碎土豆的用具。也可以用来捣香蕉泥等
pot holder 锅垫和防烫手套	至少包括两个锅垫和两个防烫手套(oven mitts),挂在烤箱附近
pounder 砸肉锤	使肉变得软嫩,也可以用来砸冰
rolling pin 擀面棍	用于擀馅饼皮(pie crust)、饼干(biscuit),也可以用于擀碎颗粒状的食材
rubber gloves 胶皮手套	保护手,不受刺激性的水果或者蔬菜的侵蚀
salad spinner 沙拉甩干机	用于除去沙拉菜叶上的水,同时不会破坏菜叶质地
salad tongs or servers 沙拉夹子	用于搅拌和分发沙拉的工具
slotted spoons 细孔勺	用来搅动比较黏稠的汤(thick soup)或者炖菜(stew),或者从液体中捞出固体物

续表

厨房用具	用途
spatulas 抹刀,刮刀	至少两个,一个是细长的(elongated),另一个几乎是正方形的(square base),用来在烹饪过程中抬起或者翻起食物
spice rack 调料架	所有的香料可以按照自己熟悉的顺序排列在架子上,便于取拿方便
steamer rack 蒸屉,蒸锅架	用于加热食物或者避免水煮某些蔬菜,蒸锅可以保证有热度,并且避免过于干燥,保持湿度
storage container 储藏容器	包括玻璃瓶(glass canning jars)和塑料桶(plastic tubs)
strainers 滤网	至少准备2个,一个2.5~3英寸的细网,一个5英寸的粗网。用完立即清洗干净,网孔堵住的地方要用牙刷清理
toaster 多士炉	用来烤面包片
tongs 食物夹子	从热锅里取出形状不规则的固体食物
top-of-stove potato baker 烤箱上方的烤土豆盘	是很节省能源的装置,可以加热不需要蒸气的食物
towels 毛巾	两块擦手,两块擦碗碟,挂在操作台附近的毛巾架上
whisk 抽子	可以把鸡蛋等液体充分打均匀
wooden spoons 木头勺子	最好预备两个,一个要很结实,用来翻动做面包的面团,搅动面糊,或者搅动煮的豆子或者汤

练习

一、把下列词汇翻译成汉语。

Recipe

Salad dressing

Pasta

Bakery

Mayonnaise

Deli

Chicken stock

Mozzarella

Ratatouille

Milkshake

二、介绍西餐中一种特色食物(包括食材和烹调方法的英语用词)。

三、列举一下西餐礼仪,为社区或者学校的学生做一次公益讲座。

四、介绍西餐中饮料的种类和名称。

第六章

英语国家主要节日及文化信息

第一节　节日概述

　　节日是每个国家都有的一种庆祝活动,它们体现很多宗教和民俗,主要的英语国家有一些共同的节日,也有各自不同的节日。

　　美国有 10 个公休日,全国放假。加拿大有 12 个公休日,魁北克有一个地方节日。在 2022 年以前英国全国有 6 个公休日,在英格兰和威尔士有 8 个休假日,在苏格兰有 9 个休假日,在北爱尔兰有 10 个休假日;2022 年英国对法定假日进行了调整,全国有 7 个公休日,在英格兰和威尔士有 9 个休假日,在苏格兰有 10 个休假日,在北爱尔兰有 11 个休假日。英国的国家法定假日跟中国有所不同,中国一般是传统佳节(如清明、端午、中秋、新年等),或者国家的大型节日(如劳动节、国庆节等),而英国的统一叫作 Bank Holiday(公共假日),它包括 Easter Monday(复活节周一), May Day(五月节), the Spring Bank Holidays(春季公休日)(the last Monday in May), the Summer Bank Holiday(夏季公休日)(the last Monday in August), Christmas Day(圣诞节),

Boxing Day（节礼日）和 New Year's Day（新年）。英国的公共假日并不是统一的，英格兰、苏格兰、威尔士、北爱尔兰除了大型的几个传统假日一样外，每个地方都有自己不同的 Bank Holiday。澳大利亚公休日更加复杂，主要表现在各个州的节日彼此都有不同，列表中以首都地区为例进行说明，额外提到的是维多利亚州的 Melbourne cup（墨尔本杯赛马节）（11月第一个星期二），这个节日只在维多利亚州是公休日，但是全国各地人们都很关注这个隆重的节日。新西兰有9个公休日。

下表所列举的是五个英语国家的主要节日。

节日及日期	美国 10个公休日	加拿大 12个公休日	英国	澳大利亚以首都地区为例	新西兰 9个公休日
New Year's Day 元旦（1月1日）	公休日	公休日	公休日	公休日	公休日
Martin Luther King Day 马丁·路德·金纪念日（1月第三个星期一）	公休日				
Australia Day 澳大利亚国庆日（1月26日）				公休日	
Waitangi Day 怀唐伊日（2月6日）					公休日
Lincoln's Birthday 林肯纪念日（2月12日）	现在已经取消，用Presidents' Day 代替				
St. Valentine's Day 情人节（2月14日）	非公休日	非公休日	非公休日	非公休日	非公休日
Presidents' Day 美国总统节（2月第三个周一）	公休日				

续表

节日及日期	美国 10 个公休日	加拿大 12 个公休日	英国	澳大利亚以首都地区为例	新西兰 9 个公休日
Washington's Birthday 华盛顿纪念日（2月22日）	现在已经取消，用 Presidents Day 代替				
Canberra Day 堪培拉日（3月第二个星期一）				公休日	
St. Patrick's Day 圣帕特里克节（3月17日）	非公休日	非公休日	仅北爱尔兰	非公休日	非公休日
April Fools' Day 愚人节（4月1日）	非公休日	非公休日	非公休日	非公休日	非公休日
Good Friday 受难日（Easter 之前的周五）		公休日	公休日	公休日	公休日
Easter 复活节（3月21日春分后月圆后的第一个星期天）	非公休日	非公休日	非公休日	非公休日	非公休日
Easter Monday 复活节周一（复活节第二天）		公休日	除了苏格兰	公休日	公休日
Anzac Day 澳新军团日（4月25日）				公休日	公休日
Early May Bank Holiday 五月初公共假日（5月第一个星期一）			公休日		
Spring Bank Holiday 春季公共假日（5月最后一个星期一）			公休日（2022改为6月2日）		

续表

节日及日期	美国 10 个公休日	加拿大 12 个公休日	英国	澳大利亚以首都地区为例	新西兰 9 个公休日
Memorial Day 阵亡将士纪念日（5月最后一个星期一）	公休日				
Victoria Day 维多利亚纪念日（5月25日前的最后一个星期一）		公休日			
Queen's Birthday 女王生日				公休日 6月第二个星期一	公休日 6月第一个星期一
Platinum Jubilee Bank Holiday 女王白金禧年公共假日（6月3日，仅在2022年）			公休日 2022年		
Saint-Jean-Baptiste Day 圣让巴普蒂斯特纪念日（6月24日）		非公休日 仅在魁北克庆祝			
Canada Day 加拿大日（7月1日）		公休日 国庆节			
Independence Day 独立纪念日（7月4日）	公休日 国庆节				
Civic Holiday 公民节（8月第一个星期一）		公休日			

续表

节日及日期	美国10个公休日	加拿大12个公休日	英国	澳大利亚以首都地区为例	新西兰9个公休日
Summer Bank Holiday 夏季公共假日			公休日 苏格兰在8月第一个星期一；英格兰、威尔士和北爱尔兰在8月最后一个星期一		
Labor Day 劳动节	公休日 9月的第一个星期一	公休日 9月的第一个星期一	非公休日 5月1日	公休日 10月第一个星期一	公休日 10月第四个星期一
National Day for Truth and Reconciliation 全国真相与和解日（9月30日）		公休日			
Guy Fawkes Day/Night 盖伊福克斯节（10月5日）			非公休日		
Columbus Day 哥伦布日（10月第二个星期一）	公休日				
Halloween 万圣节前夜（10月31日晚）	非公休日				非公休日
Melbourne cup 墨尔本杯赛马节（11月第一个星期二）				只在澳洲的维多利亚州是公休日	
Remembrance Day 国殇纪念日/老兵节（11月11日）	公休日 Veteran's Day	公休日	非公休日	非公休日	非公休日

续表

节日及日期	美国 10个公休日	加拿大 12个公休日	英国	澳大利亚以首都地区为例	新西兰 9个公休日
Thanksgiving Day（感恩节）	公休日 11月最后一个星期四,休三天	公休日 10月第二个星期一,休息三天			
Christmas 圣诞节（12月25日）	公休日	公休日	公休日	公休日	公休日
Boxing Day 节礼日（12月26日）		公休日	公休日	公休日	公休日

第二节 不同月份里的节日

一、一月份的节日

（一）New Year's Day 元旦（1月1日）

阳历年的1月1日是全世界共同迎接的新的起点,各个国家都有各种方式进行庆祝。

庆祝元旦普遍的仪式是听新年钟声倒计时（counting down）,放焰火（firework）。在不同的英语国家,人们在不同的地点庆祝这一共同的起点。

在美国,无论你在做什么,当新年钟声敲响时,你要拥抱亲吻你身边的亲人和朋友。美国跨年最隆重的倒计时的地点是美国的纽约市曼哈顿区（Manhattan）的时代广场（Times Square）。它位于百老汇大街（Broadway）与西42街交汇处。这里是世界上新年倒计时的一个非常热闹的地方。

在英国伦敦的泰晤士（Thames River）河畔,激动的人们在齐声倒计时,在午夜12点,大本钟（Big Ben）敲响12下,大家伴随厚重的钟声迎来新年。

新年的钟声过后,大家一起唱那首古老的歌 Auld Lang Syne《友谊地久天长》,这首歌来自苏格兰民谣,配上悠扬的苏格兰风笛声,激动的心情无法言表,人们相互握着手,同声歌颂,互送祝福。我们来通过这个链接欣赏一下这首歌。

https://www.bilibili.com/video/av67451616

(二)Martin Luther King Day 马丁·路德·金纪念日(1月第三个星期一)

这是美国特有的节日,纪念美国民权运动领袖马丁·路德·金牧师的生日,即1929年1月15日。

(三)Australia Day 澳大利亚国庆日(1月26日)

这是澳大利亚国庆日,是为了纪念首批欧洲人在1788年1月26日到达澳洲,并在那里建起了英国的殖民地。这个日期早就确定了,但是名称一直没有确定下来。1888年1月26日已成为"新州建立纪念日"。

澳大利亚国庆节这天全国各地都会放假一天,并且有非常隆重的庆典活动,如升旗仪式和维多利亚总督的国庆演讲,维多利亚州行政长官领诵国庆宣言。

从各个部落出发的小船带着各部落的火炬向停靠在海港大桥的"部落勇士"号船集结进发,随后"部落勇士"号会带着火炬驶向悉尼歌剧院,当火炬在歌剧院升空的那一刹,澳大利亚国旗也会随之升起。整个仪式象征了澳大利亚的多元历史。

免费参观维州政府总督府:维州总督府是全澳最大,也是最具文化代表的著名历史建筑之一。参观者可以看到总督的私人公寓,并查看历史收藏,其中包括约翰斯顿收藏的古董和维多利亚国家美术馆的艺术品。

每一年的国庆都会举行国庆野餐和嘉年华汽车展。在这里看到各种各样极具澳洲特色的食物。国庆当天,墨尔本国王区花园将举行车展。全天都有娱乐活动,并且有精心准备的车迷聚会、精美的小吃、免费的活动、贴心的赠品等。

上午11点Swanston街将开始色彩缤纷的游行,一路穿过公主桥,进入国王区。沿途观礼群众为游行队伍欢呼。

另外,还有新公民入籍仪式,他们集体宣誓:"从现在起,以上帝的名义,我宣誓我遵守澳大利亚法律。"(From this time forward, under God, I pledge my loyalty to Australia and its people, whose democratic beliefs I share, whose rights and liberties I respect, and whose laws I will uphold and obey.)

届时精心装饰的轮渡将从 Circular Quay 启航驶往 Shark Island 然后再返回海港大桥。尽管轮渡上并不载客,然而两岸都是观看的最佳位置。Circular Quay、悉尼歌剧院、皇家植物园等地遍布观赛点,观众也可以穿过海港大桥从 Milsons Point 观看比赛。

"致敬澳大利亚",夜晚12:00,位于海港大桥下的 Bradfield 公园将鸣响21发炮。澳大利亚皇家海军舰队将士们将向首长敬礼致敬,悉尼市民在合唱团的带领下一同唱响国歌。而澳大利亚皇家空军的精彩飞行表演将为这场盛大仪式锦上添花。

位于 NewQuay Piazza 的 Docklands 将举办全天庆典。晚上12:00,庆典拉开帷幕,特殊表演、音乐演出、免费活动等应有尽有。参与者可以尽情购物、享用美食。精美绝伦的烟花秀将为庆典画上句号。

二、二月份的节日

(一)Waitangi Day 怀唐伊日(2月6日)

怀唐伊日在1974年被定为新西兰的国庆日,但是1976年又被取消了。尽管如此,这个节日与新西兰的诞生息息相关,在普通民众心目中就等同于"国庆日"。它的重要性与一份重要文件息息相关,它就是《怀唐伊条约》(*Treaty of Waitangi*)。这份条约是新西兰原住民毛利人(Maoris)与英国王室在怀唐伊签订的,这个条约使怀唐伊已成为新西兰最重要的历史名胜之一。这份条约确立了英国在新西兰的殖民地位,新西兰之后又成为英联邦的一个成员国;同时,保留毛利人的土地及其他资源的拥有权,使他们独有的民族文化精粹得以保存。因此,这个条约被认为是新西兰的建国文件,相当于宪法。在惠灵顿的新西兰国立博物馆里,陈列有《怀唐伊条约》的原本。

如今,每年的"怀唐伊日",有超过40万民众参与为期四天的庆典活动。这一庆典包括了一场正式的典礼、皇家新西兰海军的阅兵式,还有各式各样的体育运动及文化活动。

(二)St. Valentine's Day 情人节(2月14日)

情人节也称为圣瓦伦丁节,虽然它不是公休假日,英语国家的人们普遍都庆祝这个节日。这是一个充满爱意、巧克力和鲜花的节日。

关于这个节日的来历,有多种说法,下面两种说法既美好浪漫,又有一定道理。

说法一:公元3世纪,为了让男人们毫无牵挂地、坚定地走向战场,罗马帝国皇帝克劳迪乌斯二世宣布废弃所有的婚姻承诺。但是一位名叫瓦伦丁(Sanctus Valentinus)的神父不理会这个残酷的决定,继续为相爱的年轻人举行教堂婚礼。事情被告发后,瓦伦丁神父被捕,受尽折磨,最后在公元270年2月14日这天被送上了绞架。14世纪以后,人们就开始纪念这个日子。

说法二:据说瓦伦丁是一位被迫害的基督徒,他被关在监狱期间帮助典狱长的女儿治好了双眼。这样的奇迹让暴君更加害怕,下令要把瓦伦丁斩首示众。在行刑的那一天早晨,瓦伦丁给典狱长的女儿写了一封深情的诀别信,落款是:From your Valentine。这个女孩在他墓前种了一棵开红花的杏树,以寄托自己的情思,这一天就是2月14日。自此以后,基督教便把2月14日定为情人节。

(三)Presidents' Day 美国总统节(2月第三个周一)

美国总统节源于乔治·华盛顿纪念日(Washington's Birthday),这个节日是在1879年美国总统拉瑟福德·海斯(Rutherford B. Hayes)提出来的,他建议把第一任总统乔治·华盛顿的生日(1732年2月22日)当作联邦节日来庆祝。林肯总统的生日也是在二月,把两个节日合并在一起,称为美国总统节,取消了原来华盛顿纪念日和林肯纪念日。

三、三月份的节日

(一)Canberra Day 堪培拉日(3月第二个星期一)

每年3月的第2个星期一是澳洲首都堪培拉日(Canberra Day)它是澳大利亚首都地区的公休日,不是全国的节日,其他州并不过这个节。该日是为纪念1913年堪培拉的正式建成。在堪培拉 Burley Griffin湖的北边有个联邦公园,叫作 Commowealth Park。在这里,每年的堪培拉日会举行很多活动,有歌舞表演、各种游乐、各种文化饮食、各种售卖摊床等,使这个公园充满生机。

堪培拉日一年一度的庆祝活动还包括一些募捐活动(如 Hands Up for Canberra Giving Day),堪培拉节(Canberra Festival)、首席部长堪培拉日颁奖典礼(Chief Minister's Canberra Day Award Ceremony)、堪培拉热气球节(the Canberra Festival Ballon Spectacular)等活动。

(二)St. Patrick's Day 圣帕特里克节(3月17日)

这个节日来自爱尔兰,是一个彻头彻尾绿色的节日。

庆祝这个节日的人们竭尽全能把自己都弄成绿色,甚至有的人把脸也涂成绿色。参加游行,去酒吧喝酒,甚至还有人吃传统的爱尔兰食物,如玉米牛肉(corned beef)、土豆、苏打面包等。

四、四月份的节日

(一)April Fools' Day 愚人节(4月1日)

April Fools' Day(愚人节)也可以叫作 All Fools' Day(万愚节)。这个节日不是官方节日,但是民间和媒体都对这个节日非常热衷。这个节日是19世纪开始在西方兴起流行的民间节日,并未被任何国家认定为法定节日。在这一天人们似乎有充分的理由去捉弄别人,甚至有人像数战利品一样数着被自己欺骗愚弄的人。这些欺骗和捉弄都是以善意和好玩为基础的,不会太过分造成悲剧。这是充满乐趣的日子。

有些玩笑充满创意,还很容易让人相信,甚至有些媒体也会发布一条无足轻重却又假得很真的新闻,第二天再进行订正。比如,夹杂在真新闻中间一条假新闻,报道某地农民开发出新产品,种出的 spaghetti 产量达到史上最高值等。

(二)Good Friday 受难日(Easter 之前的周五)

这一天是耶稣(Jesus)受难日,是复活节(Easter)前的周五。耶稣被犹大(Judas)出卖后,被罗马教廷逮捕,受尽酷刑,最后被钉在十字架上,痛苦而死。因此,受难日也称作"耶稣受难瞻礼"。

纪念耶稣受难,人们并不大吃大喝,尤其是天主教徒,他们进行斋戒(fast),如果吃肉也是用鱼肉替代其他肉类。

(三)Easter 复活节(3月21日春分月圆后的第一个星期天)

复活节是个宗教节日,象征着重生和希望,是为了纪念耶稣被钉在十字架上后第三天的复活。

这个节日正赶上春天的开始,也是孩子们喜欢的节日,它充满巧克力,孩子们找彩蛋也是一项户外的踏青活动。彩蛋代表生命。最初的彩蛋是煮熟的蛋,在外皮上装饰一下,家长把彩蛋藏在草丛中、树洞里,孩子们拎着自己的小篮子,去找彩蛋。现在很多彩蛋都不是真的鸡蛋了,而是塑料制成的,或者是巧克力制成的。每年美国白宫都会举行滚彩蛋比赛(egg rolling competition)。

复活节兔子(Easter Bunny)也是孩子们喜欢的玩具,有毛绒玩具、巧克力兔子等。

(四)Easter Monday 复活节周一(复活节第二天)

复活节周一(Easter Monday)在多数英联邦国家都是庆祝的,是公共假日,但是美国没有这一天的庆祝和假期。

世界上很多基督徒把复活节周一(Easter Monday)看作是一个休息日,有一些地方也会举行复活节游行(Easter Parade)。

(五)Anzac Day 澳新军团日(4月25日)

澳新军团日从名字上看就可以看出这是澳大利亚和新西兰两个国家共同的节日。这个节日是为了纪念澳大利亚和新西兰的军队在第一次世界大战中,登上土耳其加里波利半岛(the Gallipoli Peninsula)。

澳新军团日有很多的庆典仪式、游行,来纪念战场上死去的士兵。黎明的祈祷和教堂仪式在这一天都格外重要。教堂仪式后经常会给大家提供一种叫作"火药早餐"(Gunfire Breakfast),就是咖啡里面加上朗姆酒。

五、五月份的节日

(一)Early May Bank Holiday 五月初公共假日(5月第一个星期一)

这个节日是英国的节日。古罗马时期在北半球有庆祝夏季开始的习俗。在很多地方人们习惯把五月第一个星期一当作夏季的开始进行庆祝：冬季已经过去，希望和生长成为主旋律。

英国的五月节来源于一个特别的习俗，叫作五月桩舞（Maypole dancing）。孩子们，尤其是女孩子们围绕一根木桩跳舞，这个木桩上拴了很多彩色丝带。这种舞蹈有2000多年的历史了。在当时士兵们围绕着树跳舞，感谢花神（Flora）。

还有一种舞蹈的形式，叫莫里斯舞（Morris dancing），它也跟五月有一定联系。跳舞者身穿白色衣裙，在服装的各处拴上铃铛，他们手里拿着围巾和木棍。这种舞蹈伴奏的音乐特别响。以前这种舞蹈主要是男性跳，现在更受女性欢迎。

选五月花后也是一个重要习俗。人们除了用花草装饰房子，还要选出一位五月花后，让她代表着罗马的花神（Flora）。在有些地方，女孩子们早晨出去搜集晨露洗脸，这会让她们明年更漂亮。在罗切斯特（Rochester）有一个扫烟囱的节日，这个节日从五月一日开始。在德贝郡（Derbyshire），人们用花装饰水井。

五月节是一个公共节日，很多人都不工作，有很多组织、商业、学校都是关门的。公共交通也按照节日时间表运行。

在苏格兰，五月初公共假日从1871年起就一直是在五月第一个星期一庆祝，英国其他部分1978年才开始。

（二）Spring Bank Holiday 春季公共假日（5月最后一个星期一）

这是英国春季公共假日，也称作五月末公共假期，人们可以开心地休息一天。有的人可能进行短途旅行，有的人可能去乡下走走，跟家人朋友叙叙旧，在家里各处修修补补。也有一些特别的活动，如在格鲁斯特郡（Gloucestershire）的布罗克沃思（Brockworth）的库珀山（Cooper's Hill）上，人们跟随一个圆形奶酪饼沿着陡峭的山坡往下冲，第一个冲过终点线的人赢得重达81磅的双重格鲁斯特奶酪。有的时候会造成很大的伤害，近几年取消了好几次。现在，通常只是往下滚奶酪，不允许人去追赶了。

有的地方还有比赛扔草捆（Tossing the Sheaf），看谁能把一捆稻草抛得最高。还有的地方进行跳舞比赛和欢庆其他地方节日。

春季公共假日跟五月节一样，是一个公共节日，很多人都不工作。有很多组织、商业、学校都是关门的。商店可以开门也可以关门。公共交通也按照节日时间表运行。

春季公共假期是在五旬节(Pentecost)后的周一,在英国叫作"圣灵降临节星期一或者惠特星期一"(Whitsun or Whit Monday)。2002年为了和多出来6月3日这个公休日,原本在五月最后一个周一的这个公休日挪到了6月4日,这样人们就可以有四天庆祝伊丽莎白女王二世金禧纪念日。2012年公休日挪到6月4日,这样就可以有很长的一个周末庆祝女王钻禧纪念日。

(三)Memorial Day 阵亡将士纪念日(5月最后一个星期一)

美国阵亡将士纪念日(Memorial Day,原名纪念日,或悼念日)是美国的一个纪念日,悼念在各次战争中阵亡的美军官兵,定于每年5月的最后一个星期一,全国悼念时间于华盛顿时间下午3点开始。

阵亡将士纪念日不单是对美国人展现爱国情操的一个重要节日,在民间更是代表夏季正式开始,不少海滩、游乐场、小岛的夏日渡轮等,都会由该星期的周末开始营运。而且由于连续有3日假期,令不少美国民众到郊外烧烤野餐、到海边玩乐或者参观博物馆等,导致交通堵塞颇严重。

(四)Victoria Day 维多利亚纪念日(5月25日前的最后一个星期一)

维多利亚纪念日是加拿大公共假日。这一节日是为了纪念英国女王维多利亚的生日而创立的。维多利亚女王于1837年6月20日成为英国女王,一直到1901年去世,在她统治时期,英国领土急剧扩张,繁荣兴盛。维多利亚女王去世后,她的生日5月24日正式被加拿大定为维多利亚纪念日,以缅怀过世的女王。加拿大一些城市会举办烟火表演和大型的活动来纪念维多利亚女王。在哈密尔顿和多伦多,烟火表演同样吸引很多人关注。

维多利亚纪念日之后,全国进入温暖的夏季。维多利亚纪念日与之前两天的周末连在一起,成为三天的小长假。很多加拿大人都会利用这三天出游,或者陪伴父母家人。

六、六月份的节日

（一）**Queen's Birthday** 女王生日（澳大利亚在6月第二个星期一庆祝，新西兰在6月第一个星期一庆祝）

这个节日是为了庆祝女王伊丽莎白二世而设立的。这是一个公共节日，学校、政府机构和商业都关门。女王的生日本来是在4月21日，但是这个公共节日在新西兰是在6月第一个星期一庆祝，在澳大利亚是在6月第二个星期一庆祝。

（二）**Platinum Jubilee Bank Holiday** 女王白金禧年公共假日（6月3日，仅在2022年）

为了庆祝女王伊丽莎白二世在位70年，英国将于2022年设立女王白金禧年银行假日。

（三）**Saint-Jean-Baptiste Day** 圣让巴普蒂斯特纪念日（6月24日）

它源于加拿大的第一代法国殖民者，庆祝夏天到来以及施洗者约翰诞生。他们会举办音乐会、游行和烟火表演。

七、七月份的节日

（一）Canada Day 加拿大日（7月1日）

加拿大日是加拿大的全国公众假日，定于每年的7月1日举行。此假日是庆祝1867年7月1日加拿大自治领籍《英属北美条约》将英国在北美的三块领地合并为一个联邦，包括加拿大省（今安大略和魁北克省南部）、新斯科舍省和新不伦瑞克省。1879年此日被正式定为节日，最初被称为"自治领日"，人们还喜欢在游行时穿上有代表性的枫叶服装，表达自己的爱国之情。

1968年，加拿大上下议院联合委员会曾对英文官方版歌词进行过修改。在《哦！加拿大！》产生的一个世纪后，即1980年7月1日加拿大政府宣布将它定为正式国歌，并在首都渥太华举行了命名仪式。在《哦！加拿大！》正式称为国歌之前，加拿大的国歌一直使用的是英国国歌 *God Save the Queen*（《天佑吾王》），此歌至今还是加拿大皇家颂歌。

(二)Independence Day 独立纪念日(7月4日)

独立纪念日纪念于1776年7月4日,美国第二届大陆会议通过《独立宣言》,是美国的国庆日。

美国的国旗叫作 star-spangled banner(星条旗)。在国庆节/独立纪念日这一天人们会穿带有国旗元素的各种服装和装饰物,他们还把国旗元素——星星或者条纹用来装点房子、院子和汽车。

在独立日人们在各个大城市进行规模很大的游行(parade)活动,表达他们的爱国之心(patriotic heart)。

独立日也是家人聚会(family reunion)的时刻,户外烧烤(barbecue)是一项较大的活动。

在独立日通常人们有机会观赏焰火(fireworks),一年之中,只有在国庆节人们才有机会欣赏焰火。

八、八月份的节日

(一)Civic Holiday 公民节(8月第一个星期一)

这个节日是加拿大的一个节日,目的就是让公民们不工作,而是休息。但是情况各不同。如果你的老板需要你工作,那么这一天仍然是工作日。一个奇怪的现象是它的名字在不同的省有不同的说法,这个现象印证了这个节日的不重要性。

(二)Summer Bank Holiday 夏季公共假日(苏格兰在8月第一个星期一;英格兰、威尔士和北爱尔兰在8月最后一个星期一)

这是英国一个公共假日,有趣的是在英国不同地区,它的庆祝时间不一致,主要是苏格兰地区跟其他三个地区不同。

这个节日之后,很多人进入秋季的工作和学习。人们充分利用夏季最后一个假期进行短途旅游,有的人会选择在花园里干点活或者修理一下房子。

在这个节日人们举行各种庆祝活动。比如,在伦敦人们举行诺丁山狂欢节(Notting Hill Carnival),人们穿着各种表演服装,热情洋溢地跳舞,用铁鼓奏乐。这个节日从1965年开始每年都在举行,最初是由加勒比(the Caribbean)移民组织的。最初的目的只是抗议种族主义和糟糕的生活和工作环境。现在诺丁山狂欢节已经变成多元文化融合在一起的庆祝活动,它是世界上第二大的街头狂欢节,吸引很多人来观看。

九、九月份的节日

(一)Labor Day 劳动节(美国加拿大在9月第一个星期一;英国在5月1日过劳动节,但是不是公休日;澳大利亚劳动节在10月第一个星期一;新西兰劳动节在10月第4个星期一)

人类社会进入工业社会后,很多人进入工厂工作,规定为10小时,但是工厂的工作条件很差,工作时间超过10小时。1866年马克思领导的第一国际提出8小时工作制。1886年5月1日,美国工人联合会号召全国工人争取8小时工作制,但是发生武装冲突,并且在5月4日发生爆炸,多名工人和警察丧生。之后很多国家把5月1日定为国际劳动节。一些西方国家为了避免回忆这场血腥事件,把劳动节分别定在8月或者9月的某个周一。而且9月、10月与其他大的节日如感恩节(Thanksgiving Day)和独立日(Independence Day)相继庆祝更有节日氛围。

只有英国保留了5月1日的劳动节,但是这个节日不是公休日,人们也不是很重视。在中国,"五一"国际劳动节是一个大的节日。在西方,劳动节的庆祝活动不是非常强,只是春季的一个小假期而已。

(二)National Day for Truth and Reconciliation 全国真相与和解日(9月30日)

这是加拿大一个比较新的官方节日,从2013年以来,人们一直把9月30日这一天叫作"黄衬衫节"(Orange Shirt Day),2021年6月加拿大联邦政府宣布9月30日为一个新的法定假日(statutory holiday),称作全国真相与和解日(National Day for Truth and Reconciliation),这个节日是为了纪念原住民(aboriginal)寄宿学校(residential school)的悲剧,纪念那些幸存下来的孩子(children who survived residential schools)和没能回来的孩子(those who did not return)。

在这天,人们不工作,各种设施也关闭,人们要静默反思。同时,很多组织也号召人们采取一些行动,帮助原住民,下面是一个例子。

WE CAN BUILD A BETTER CANADA EVERY DAY.

Let's make sure reconciliation continues beyond September 30. Take reconciliation!

A reconciliation is a meaningful action that moves reconciliation forward. Reconciliations aim to bring Indigenous and non-Indigenous people together in the spirit of reconciliation to create awareness, share, and learn.

Some ways to take Reconciliation:

Purchase products from Indigenous-owned businesses.

Research the First Nations, Inuit, and Métis communities in your region and learn the contributions they have made to your community.

Learn the land acknowledgement in your region or develop one of your own in consultation with Indigenous communities.

十、十月份的节日

(一) Columbus Day 哥伦布日 (10月第二个星期一)

这个节日目的是要纪念伟大的意大利水手克里斯多夫·哥伦布 (Christopher Columbus) 在1492年10月12日发现美洲新大陆。实际上这是航行信息的一个错误。他们到了一个叫作"圣·萨尔瓦多"(San Salvador) 的小岛,以为是到了印度,于是把当地的人称作印第安人 (Indians)。

大多数的美洲国家都在每年的10月12日庆祝这个节日,但是美国的纪念日却是在10月的第二个星期举行。在这一天,很多地方会举行大型的游行活动 (parade)。

(二) Halloween 万圣节前夜 (10月31日晚)

这个节日的中文翻译经常出现错误,很多人把这个节日叫作万圣节。万圣节 (All Saints' Day 或者 Hallows Day) 是在11月1日。在所有的神到来之前的晚上各种鬼怪会出来施展自己的能量。于是在10月31日晚,人们用各种可怕的面具如吸血鬼、蜘蛛、外星人等来吓唬这些鬼怪,逐渐形成现在的风俗习惯。另一项活动,就是孩子们穿着自己的鬼节服装在夜间游行,去社区各个家敲门,喊着 "trick or treat" 要糖果。

这是一个孩子特别喜欢的节日。很多学校白天也在校园里举办庆祝活动。

十一、十一月份的节日

(一) Melbourne cup 墨尔本杯赛马节(11月第一个星期二)

这个节日虽然只是维多利亚省的公共休假日,在澳大利亚还是比较普遍的。人们买马,下注,观看比赛,庆祝或者参与各种令人激动的活动,使得全国进入一种狂热。这个星期二成为整个澳大利亚最重要的星期二。很多人会停下工作,通过各种渠道关注赛事,平时不赌的人也会试试运气。

赛马节期间,人们穿着盛装,女士还会带上非常夸张的各种形状的帽子参加比赛。墨尔本赛马日已成为国际上最具挑战性的,也是奖金数额最大的赛马活动之一,2005年的奖金总额达510万澳元。

(二) Remembrance Day 国殇纪念日/老兵节(11月11日)

每年的11月11日是国殇纪念日(Remembrance Day),在美国叫作"Veteran's Day",在欧洲一些国家也叫作停战日(Armistice Day),在原英联邦所有的成员国举行,纪念第一次世界大战于1918年11月11日11时结束。

加拿大人在这一天佩戴一个塑料的罂粟花(poppies)(又称虞美人花),纪念战争中牺牲的人和战后和平的岁月。

大家还会说"lest we forget",意思是"恐怕我们忘记"或称作"永不相忘"。最开始使用在著名诺贝尔文学奖得主约瑟夫·鲁德亚德·吉卜林(Joseph Rudyard Kipling)的诗歌 Reccessional(有人翻译为《曲终人散》)中,诗歌里一共出现了8次"lest we forget"。在很多战争的纪念仪式上,人们开始使用这句话,后来就成了在国殇日人们常说的一句话,以表纪念。

(三) 感恩节(Thanksgiving Day)(美国的感恩节在11月最后一个星期四,而加拿大在10月第二个星期一)

感恩节(Thanksgiving Day)是美国和加拿大的官方节日,它的产生和美洲大陆当时的欧洲移民有着密切的联系。1620年著名的"五月花号"船满载 102 名清教徒到达美洲。到了冬天,他们遇到了难以想象的困难,只有 50 几个人存活下来。第二年在当地印第安人的帮助下,他们学会了怎样狩猎、捕鱼和种植玉米、南瓜,在秋季获得了丰收。为了表达对上帝的感谢,他们邀请印第安人一起庆祝。

感恩节这个古老的节日是一个大型的宗教和家庭的节日。在这一天,家人都会赶回家聚会。因为火鸡是感恩节最具有特色的菜,这个节也叫作"火鸡节"。

在美国,最初感恩节没有固定的日期,由各州临时决定。直到 1863 年,林肯总统宣布感恩节为全国性节日。1941 年,美国国会正式将每年1 月第四个星期四定为"感恩节"。感恩节假期一般会从星期四持续到星期天。

在加拿大,1879 年议会宣称 11 月 6 日是感恩节和全国性的假日。之后,感恩节的日期改变了多次,直到在 1957 年 1 月 31 日,加拿大议会宣布每年十月的第二个星期一为感恩节。

他们在黎明时鸣放礼炮,列队走进一间用作教堂的屋子,虔诚地向上帝表达谢意,然后点起篝火举行盛大宴会,将猎获的火鸡制成美味佳肴,盛情款待印第安人。第二天和第三天又举行了摔跤、赛跑、唱歌、跳舞等活动。第一个感恩节非常成功。其中许多庆祝方式流传了 300 多年,一直保留到今天。

感恩节的传统食物 TRADITIONAL THANKSGIVING MENU:

Southern style cornbread dressing

Best ever creamed corn

Green chile macaroni and cheese

Easy yeast rolls

Instant pot mashed potatoes

Fresh cranberry sauce

Sweet potato casserole with pecan topping

Sweet potato waffles

Homemade pumpkin pie

Homemade whipped cream

The best pecan pie

All butter pie crust

Pumpkin dump cake

Mulled cider（加香料的热苹果酒）

十二、十二月份的节日

（一）圣诞节（Christmas）

1. 产生历程

首先我们了解一下圣诞节的来历。大约两千多年前在以色列（Israel）加利利（Galilee）的拿撒勒（Nazareth）城里有一位童真女子玛利亚，天使（the angel）告诉她，她将蒙恩孕育上帝之子。玛利亚还没有与未婚夫约瑟（Joseph）结婚，怀孕的事情似乎难以被他们接受。上帝的天使在梦里告诉约瑟要与玛利亚结婚，因为玛利亚所怀的孩子是圣灵（the Holy Spirit）之子，他们要共同抚养他长大，他是救世主，他叫耶稣（Jesus），他将从罪恶中拯救人类。于是，他们就结婚了。

当时正赶上人口普查，所有人都要回原籍登记。于是，约瑟带着怀着身孕的玛利亚从加利利的拿撒勒赶往大卫家族所在地犹大地（Judea）的大卫之城（the city of David）伯利恒（Berlihem）。在伯利恒的一个夜晚，旅店没有空房间，他们就住在马棚里，耶稣诞生，他们用布（swaddle）把他包起来，放在马槽（manger）中。就在耶稣出生的时刻，伯利恒上方升起一颗明亮的星星，预示着救世主（savior）的降临。

圣诞节是一个宗教的节日，因为基督教在全世界传播的广泛性，再加上商业化的宣传，这个节日被世界上很多国家的人们庆祝。尽管《圣经》（Bible）中并没有清晰记录圣灵之子耶稣的诞生日。四世纪的时候，罗马帝国确定一个固定的日期庆祝耶稣的诞生，这一天就是12月25日。

圣诞节定在12月25日也是有一定的历史渊源的。在耶稣诞生以前，人们就有在冬至（Winter Solstice,12月21日）这一天（也是最黑暗的一天，因为白天最短）庆祝光明和新生的习俗，这个节日在北方国家叫作Yule。而古罗马的人在冬至前一周就开始庆祝农神节（Saturnalia），这个节日是为了祭祀罗马农神（God of Agriculture）萨图尔努斯（Saturnus）。同样在古罗马，士兵和官员也会在12月25日太阳神密特拉（Mitra）生日这一天进行祭祀，逐渐教会把这一天也当作耶稣的生日来纪念。

圣诞老人的产生也是这一时期,一位虔诚的土耳其牧师 Nicholas 去世后,人们为了纪念他,把他去世这天也称作圣尼古拉斯节(St. Nicholas Day)。而在荷兰人们把这位牧师称作 Santa Claus。

2. 圣诞节的主要元素

下表列出与圣诞节有关的一些元素及它们的意义。

词汇	意义
apple	伊甸园里的苹果
candy cane	拐棍糖,圣诞节期间吃的一种糖果
Christmas tree	圣诞树,圣诞树上各种小挂件象征着美好的期盼。圣诞树下也是家人们彼此放礼物的地方
elf	圣诞精灵,帮助圣诞老人制作礼物的精灵
mistletoe	槲寄生,做成一个环形,或者一束,挂在门上或者圣诞树上。有个习语叫作 kiss under the mistletoe,意思是在寄槲生花环下,你亲吻谁都不会被拒绝,槲寄生下亲吻的人会获得永恒的爱情。如果拒绝亲吻,会有厄运
sack	圣诞礼物大袋子,装满礼物,送给人们
Santa Claus	圣诞老人
sleigh	雪橇,它是圣诞老人的工具。它可以在雪地上飞奔,也可以在空中飞
star on top of a Christmas tree	圣诞树顶部的星星代表耶稣诞生时,在伯利恒上方天空出现的星星
stockings	圣诞袜,用来装圣诞老人的礼物

3. 圣诞节的庆祝方式

圣诞节是最隆重的节日。这个节日把人们团结在一起。家人们从各个地方回到家,与家人团聚。

4. 圣诞节歌曲

Jinggle Bells 这是一首很经典的圣诞节歌曲,描述的是一匹小马拉着雪橇在雪地里奔跑,雪橇上的人欢乐歌唱。注意欣赏歌曲中的这些词汇元素:sleigh、sleighing song。

Rudolf the Red-nosed Reindeer 这首歌描述的是一头为圣诞老人拉雪橇的驯鹿,它长着红鼻子,经常受到同伴排挤,圣诞老人发现它的

鼻子很特别,重用它,其他的驯鹿也改变了对它的态度,体现出宽容博爱的精神。注意欣赏歌曲中的这些词汇元素:reindeer、Santa、jubilee、guide the sleigh。

Santa Claus Is Coming to Town 这首歌是父母常给孩子听的圣诞歌曲,教导小孩要表现良好,被圣诞老人列为 nice 之列的孩子会得到他们心仪很久的礼物。圣诞老人能看到你的一切行为,所以要时刻注意自己的行为。这首歌是教育小孩要懂规矩的好材料。注意欣赏歌曲中的这些词汇元素:make a list、naughty、nice、when you are sleeping、for goodness sake。

Silent Night, Holy Night 这首歌唱出圣诞夜的神圣与宁静。注意欣赏歌曲中的这些词汇元素:holy、Virgin Mother、Holy Infant、heavenly peace、shepherds、the Savior。

Twelve Days of Christmas 是一首儿童练习口齿与记忆的有趣的歌曲,歌词意义不大,甚至有些荒诞,但是音韵的节奏感,词语的有趣组合,给节日增添快乐气氛。

Mistletoe 歌曲中表达的是圣诞节期间给人带来的爱情的神秘力量,kiss under the Mistletoe 的魔力只有你试试才知道,只有你相信才会很强大。

(二)Boxing Day 节礼日(12月26日)

这是一个重大的购物节。

1. 来源

它的来历有很多种说法。

说法一:人们把自己收到的礼物放在盒子里,送给那些穷人或者流落街头的人,因为他们没有礼物。这是传播圣诞精神的一种方式。

说法二:人们把过圣诞节的各种装饰品收起来,放在盒子里,留作第二年再用。

说法三:圣诞节后商店的又一波促销,人们都不会错过这个购物好机会,折扣很优惠,所以人们拎着大大小小的盒子满载而归。

2. 节日活动

英语国家大多数都把这个日子定为公休日,但是商店不打烊,商店会提供几乎是一年中最低的折扣,人们的购物热情空前,很早就会排在长长的队伍里,等待商店开门。

练习

一、说出与宗教有关的西方节日,并讲解一下他们的来历和习俗。

二、查找三道与节日密切相关的菜,并研究菜谱,分析文化差异。

三、探索节日庆祝的时间和各国差异,探究差异的原因。

第七章

英美音乐与英语词汇

音乐是文化的一个组成部分,了解英美音乐是了解英语国家文化的一个窗口。音乐是人们抒发感情的一种途径,也是人们寻找认同感的一种方式,更是跨越国界的语言。英语词汇中有不少和音乐相关的词汇,也有不少音乐词汇用于日常表达中,通过音乐学习英语词汇是充满趣味的。比如,face the music,这个短语是什么意思呢,是面对音乐吗?下面就让我们开始一段轻松愉快的学习之旅来了解和音乐相关的英语词汇吧。

第一节 英美音乐常用词汇

一、用到 Music 这个词的英文词语

(一)face the music

这个词汇意义为承担自己言行的后果。这一含义来源于两种说法,一种是源于过去的军队传统,在将名誉扫地的军官驱逐军队时,会用鼓队奏乐;另一种说法源于歌剧表演,演员演出时是面对着坐在乐池中为他们伴奏的乐师们。如果他们忘词了,他们就只能站在舞台上面对着乐

师。这个习语逐渐演化出勇敢面对后果,承担惩罚的含义。例如:

They did not take the COVID-19 pandemic seriously at the beginning, so now they have to face the music.

他们一开始没把新冠肺炎疫情当回事,现在不得不面对后果。

(二)elevator music

这里指电梯、餐厅、商店等公共场所中连续播放的背景音乐。这类背景音乐通常是预先录制的柔和的轻音乐。咱们国内有类似这样的音乐,如商场要打烊的时候循环播放的《茉莉花》,以及新年期间播放的《新年到》这样的贺岁音乐。人们多以带有负面色彩的语气使用"elevator music"来描述由于过于常用而变得流于通俗的音乐。例如:

Canon piano has become an elevator music and is not suitable for playing in a competition.

卡农这首钢琴曲已经变成了电梯音乐,不适合拿来参赛。

(三)chin music

这个短语和音乐没有什么关系,相反,它指没有意义和营养的闲谈和神侃。例如:

In the first-tier cities where the pace of life is very fast, people hardly have time for chin music.

在生活节奏很快的一线城市,人们没有时间闲谈。

(四)music to one's ears

这里指对某人来说是悦耳的音乐,引申为中听的话,也可以表示好消息。例如:

The sound of my mother's cooking in the kitchen was music to my ears.

妈妈在厨房做饭的声音对我来说就是悦耳的音乐。

(五)have an ear for music/have no ear for music

有音乐天分或欣赏力/没有音乐天分或欣赏力。例如:

Born in a musicians' family, J. S. Bach has an ear for music.

出生于音乐世家的巴赫很有音乐天分。

二、和唱歌及歌曲有关的词汇

solo 独唱,独奏
duet 二重唱
choir 合唱、唱诗班
choirboy 唱诗班男童
choirgirl 唱诗班女童

文化贴士:

唱诗班,也称为"圣诗班""圣乐团",是教堂里举行崇拜礼仪时演唱宗教曲目的合唱团,人数一般在30人左右,由热心的基督教徒组成,青年人很多。唱诗班是一个义工团体,在教会活动中是一个重要的组成部分。

lyrics 歌词
beat 节拍
tempo 音乐速度
rhythm 韵律
melody 旋律
tune 曲调
tune 构成的短语
carry a tune 唱得准,不跑调
out of tune 跑调
sing a different tune 改变调子、转变态度
例如:
He will sing a different tune when he finds out the truth.
他了解事实真相的时候,就会改变态度了。
call the tune 位于权威地位,下达命令,做出决策,另一个短语 call the shots 也是一样的意思。例如:
As the owner of the property, she called the tune and decided to donate it to the government.

作为房产的持有人,她做出决定,把房子捐赠给政府。

lip synch 假唱,对口型

sing the high notes 飙高音

carol 圣诞颂歌,也称为 Christmas Carol,圣诞节期间为庆祝圣诞而唱的歌曲

opera 歌剧

for a song 超级便宜地

例如:

At the flea market, people sell the things they don't need any more for a song.
在跳蚤市场,人们把用不着的东西低价出售。

男高音 tenor

男中音 baritone

男低音 bass

The Three Tenors (Luciano Pavarotti, Placido Domingo, Jose Carreras)

世界三大著名男高音(鲁契亚诺·帕瓦罗蒂,普拉西多·多明戈和何塞·卡雷拉斯)

女高音 soprano

女中音,又称次女高音 mezzo-soprano

女低音 contralto

三、和乐器有关的词汇

西洋乐器种类很多,主要分为键盘乐器、弦乐器、管乐器、打击

乐器。

Keyboard instruments 键盘乐器	piano 钢琴，upright piano 立式钢琴，concert grand 大型三角钢琴，baby grand 小型三角钢琴，boudoir grand 中型三角钢琴，harpsichord 羽管键琴（拨弦古钢琴）
Wind instruments 管乐器	Brass family 铜管乐器家族：trumpet 小号，tuba 低音大号，trombones 长号，cornet 短号，saxophone 萨克斯管，French horn 法国号，bugle 军号 Woodwind family 木管乐器家族：flute 长笛，piccolo 短笛，English horn 英国管，clarinet 单簧管，oboe 双簧管，bassoon 低音管（也叫巴松管）
Stringed instrument 弦乐器	violin 小提琴，viola 中提琴，cello 大提琴，double bass 低音提琴，harp 竖琴，acoustic guitar 原声吉他，electric guitar 电吉他，bass guitar 低音吉他，bass 贝斯
Percussion instruments 打击乐器	drum 鼓，kettle drum 定音鼓，snare drum 小军鼓，tambourine 铃鼓，bongos 小手鼓，tubular bells 管钟，xylophone 木琴，triangle 三角铁，gong 锣，sleigh bell 雪橇铃，tubular bells 管钟
Traditional instruments 其他传统乐器	accordion 手风琴，harmonica 口琴，bagpipe 风笛，banjo 班卓琴，zither 齐特琴，lyre 里拉琴

文化贴士：

里拉琴，也称七弦琴、诗琴，是西方最早的拨弦乐器，也是文艺复兴以来西方音乐的象征，弹奏里拉琴是古希腊时期学生学习音乐和诗歌的重要方式。

由西洋乐器及其演奏方法引申出来一些特有的英文表达。例如：

play it by ear 见机行事；随机应变

在演奏一种乐器时，演奏者可以看谱演奏，也可以根据自己的记忆或者印象来演奏，也即 play it by ear，该习语后来引申为见机行事，随机应变。

例如：

The interpreter does not have any prepared materials to refer to, what he can do is playing it by ear.

口译员没有任何事先准备的材料可以参考,他只能临场发挥。

ring a bell 字面意思是"敲响一个铃",常用来比喻某事听起来很熟悉,好像以前听过一样,但是又模模糊糊的感觉。例如:

Your description rings a bell. I could remember the couple we met on our trip to the south.

你描述的内容好熟悉,我能记起咱们去南方旅行的时候遇到的那对夫妇了。

bell the cat 替别人冒险

这个短语来自《伊索寓言》,讲述的是老鼠们为了对付猫,讨论出给猫脖子上绑铃铛的好主意,以便听到铃声马上逃跑,但问到谁给猫的脖子上绑铃铛时都哑口无言了,因此 bell the cat 这个短语表示"主动为众人利益承担风险"。

In the fire, the brave man volunteered to bell the cat and rushed into the fire to save people.

火灾中,这位勇敢的男子不顾危险,冲进火海救人。

as clear as a bell(声音)像钟声一样清晰洪亮,由于铃铛发出来的声音比较清脆,很有辨识度,因此人们用 as clear as a bell 来形容清晰洪亮的声音。

blow one's own trumpet/blow one's own horn 自吹自擂

中世纪时,如有王族光临,传令官总是要吹起喇叭(blow their trumpets)宣告他们的到来,平民也要吹号(blow their own horns)表示欢迎。王族的到来带来了无限的荣光,于是这种吹喇叭和吹号的行为,就有了"炫耀"的含义。例如:

The photographer has good reasons to blow his own trumpet.

这位摄影师有资格自吹自擂。

like a broken record 不停地讲同一件事,祥林嫂一样的人物。

一张唱片坏掉时,它会一遍又一遍地重复同一句歌词,因此 sounds like a broken record(听起来像一张破唱片),意思是不断地在重复自己的观点。例如:

Would you please stop complaining about your boss, you sound like a broken record!

你能不能别再抱怨你老板了,像个怨妇一样喋喋不休。

blow the whistle 爆料,揭露。这个词源自英国警察发现罪案发生时会吹哨子的动作,以引起同僚以及民众的注意,有时也通过吹哨子来提醒人群注意安全,或者在发生事故时引起人们注意,指挥人们疏散或逃生,体育比赛中的裁判在发现有犯规行为时也吹哨。这个习语常用来指为了阻止骗局或不正当的事情继续下去而把它揭发出来。进行揭发和举报的人就叫作 whistle-blower 吹哨人。例如:

This doctor is among the first group who blew the whistle for the COVID-19 pandemic.

这位医生是新冠肺炎疫情的首批吹哨人之一。

whistle in the dark 很多人心里害怕的时候,往往会吹口哨来壮自己的胆,因此 whistle in the dark 表示给自己壮胆,或者不惧怕危险处境。

whistle for it 这个习语来自西方的航海业,西方海员认为在没有风而导致帆船不能前进的时候,可以通过吹口哨呼唤风的到来,但现实情况是,吹口哨和刮风之间并不存在因果关系,因此 whistle for it 常用于口语,表示"痴心妄想,空指望"。例如:

You neither take exercise regularly nor take diet. If you want to lose weight you can whistle for it.

你既不锻炼也不节食,你想减肥那就是痴心妄想。

as clean as whistle 吹哨子的声音非常清脆,所以用来指(物)十分干净或(人)没有前科或污点。例如:

His behavior is suspicious, but I have checked his records and they're as clean as a whistle.

他的行为非常可疑,但是我查过他的档案,没有任何不良记录。

fiddle while Rome burns 也写作 fiddle while Rome is burning 在罗马燃烧时弹奏竖琴;(喻)对危机和紧急情况漠不关心。传说公元64年罗马城发生了一场大火,房屋被烧毁,百姓流离失所,可罗马皇帝尼禄(Nero)却登上高塔,在琴声的伴奏下吟诗,观赏大火,据说这场大火是尼禄重建罗马计划的一步。后来这个习语有"大难当头依然歌舞升平"之意。

play second fiddle 即"当第二把手;居次要地位;当副手"。在管弦乐队中,小提琴部分分为第一小提琴和第二小提琴两组,第一小提琴负责乐曲主音部分,第二小提琴负责和音部分。第一小提琴很重要,负责整个乐队的音准和调音,因此 play second fiddle 就表示"当副手、居次要地位"。

be (as) fit as a fiddle 意指人非常健康,就像一把琴的弦和音调都调得很好,可以奏出很美妙的音乐。

double in brass 美国俚语,原意是能演奏一种以上的乐器,后比喻做兼职工作。19 世纪 80 年代美国的马戏团演员为了增加收入,除了当马戏团演员外,还常常在铜管乐队吹奏乐器。因此,double in brass 演变成了习语,用来表示"兼职做另一项工作;多才多艺"等。例如:

Nowadays many young people double in brass. Some of them work in the office in the daytime and run a street stall at night.

现在很多年轻人都搞兼职,有人白天在写字楼工作,晚上就去夜市摆摊。

Jam session 在没有预先准备的场合下弹奏即兴音乐,可能发生在和朋友的晚宴上。

四、和音乐类型有关的词汇

(一) Jazz 爵士乐

爵士乐是 19 世纪末 20 世纪初起源于美国新奥尔良的一种流行音乐,最早是贩运到北美的非洲黑人抒发内心情感的一种音乐形式,该音乐既保持了非洲音乐的传统,又受到欧洲音乐的影响。爵士乐讲究即兴,以具有摇摆特点(swing)的慢切分节奏(shuffle)为基础。

and all that jazz 英文习语,意思是诸如此类、与此相关的一切。例如:

The athletes marvel at the facilities and service in the Beijing Olympic village—the food, the bed and all that jazz.

运动员们对北京奥运村的设施和服务惊叹不已——那里的食物、床等都非常好。

jazz up 把沉闷的事情变得有趣。由于爵士乐节奏感强,因此这个习语表示给某事或某物赋予爵士乐情调;使活跃、使动感、使愉快。例如:

As the organizer, he tried his best to jazz the gathering up.

作为活动的组织者,他竭尽全力地活跃聚会上的气氛。

The tour guide tries jazzed up the dinner with local dance and specialty food.

导游在晚餐上安排了当地的舞蹈表演和特色食物,充分营造出了很好的氛围。

(二)Rock and Roll 摇滚乐

摇滚乐是20世纪40年代末从美国发展起来的一种流行音乐,50年代早期开始流行并风靡全球,摇滚乐有强烈的节拍,摇滚乐主要使用电子乐器演奏,如吉他、贝斯、架子鼓和键盘。

(三)Reggae 雷鬼音乐

雷鬼音乐由牙买加本土音乐斯卡(Ska)发展而来,融合了美国节奏蓝调的抒情曲风和拉丁音乐的元素形成,雷鬼音乐速度慢悠悠的,给人悠闲的感觉。

(四)Heavy Metal 重金属

一种非常响亮的、节奏很快的摇滚音乐,起源于20世纪70年代的英格兰,吉他是这种音乐的主要表现形式,演奏时力度超强一点,声音响亮一些,贝斯的位置也前移了。

(五)Punk 朋克

朋克音乐诞生于20世纪70年代的英国,是一种结合了摇滚音乐和街头说唱音乐元素的混合体,朋克音乐使用最为简单的和弦、旋律和歌词来表达反叛和颠覆的思想。

(六)Blues 布鲁斯

布鲁斯也称为蓝调音乐,20世纪20年代起源于美国南部黑人奴隶劳动歌曲,有着鲜明的曲调和旋律,是一种节奏感强、缓慢而忧郁的音乐形式。布鲁斯音乐,对于西方的流行音乐影响巨大,摇滚乐、爵士乐和乡村音乐都融合了大量布鲁斯音乐的元素。

(七)Rap 说唱

说唱音乐起源于20世纪70年代中期美国纽约贫困黑人聚集区,是美国黑人街头文化的一种表现形式。说唱音乐是节奏快而强、配有快速念白的流行音乐,属于嘻哈文化。

(八)Classical Music 古典音乐

在音乐术语中,古典音乐旨在 18 世纪末和 19 世纪初创作的音乐,以莫扎特等作曲家创作的奏鸣曲为代表。在流行用法中,这个词被用来指任何不同于爵士乐、流行音乐或民谣的严肃艺术音乐。

(九)Popular Music 流行音乐

流行音乐指为了实现大规模发行和商业销售而创作的音乐,现在主要以录音的形式呈现。尽管许多早期流行音乐与当时的古典音乐有着共同的特点,但流行音乐更简洁,对表演者和听众的要求更低。

(十)Country Music 乡村音乐

乡村音乐是 20 世纪 20 年代出现在美国南部的流行音乐,该音乐的两个标志是带有南部口音的歌手演唱和弦乐(电吉他、班卓琴、小提琴和口琴)伴奏,该音乐曲调简单,节奏平稳,带有叙事性和浓厚的乡土气息,由于其深受美国劳动人民喜爱,又名"蓝领音乐"。

(十一)Folk Music 民间音乐

民间音乐是指一个地区或国家的普通人创作并通过口头流传延续的音乐。民谣是民间音乐的一种典型形式。艺术家或作曲家受到"民间音乐"启发并进行模仿创作的音乐也被称为民间音乐。

五、音乐基本知识里的术语

Musical notation 五线谱

Treble clef 高音谱号

Bass clef 低音谱号
Alto 中音谱号

Treble　　Bass　　Alto　　Tenor

bar 小节
bar line 小节线
note 音符
全音符 whole note
二分音符 half note
四分音符 quarter note
八分音符 eighth note
十六分音符 sixteenth note
附点 dot
附点音符 dotted note
附点休止符 dotted rest
scale 音阶
interval 音程
pitch 音高
accent 重音
rest, rest symbol 休止符
slur, tie 连音线 延音线
sharp 升号
flat 降号
accord, chord 和弦 拍子
meter
二拍子 duple meter（s）
三拍子 triple meter（s）
四拍子 quadruple meter（s）
五拍子 quintuple meter（s）
单拍子 simple meter（s）
复拍子 compound meter（s）

复二拍子 compound duple meter（s）
复三拍子 compound triple meter（s）
复四拍子 compound quadruple meter（s）
混合拍子 irregular meter（s）

六、各种各样的曲和调

我们经常在听音乐会的时候会听到曲和调的说法，西方音乐中的曲和调怎么用英文表达呢？

major 大调

minor 小调

歌舞剧中还有另外几种表示调的说法，我们在这里一起介绍一下：
aria 咏叹调

aria 这个词的本义是"曲调"，在歌剧中是用来抒发人物情感的旋律，一般出现在剧情起伏的地方，因为其歌唱性和抒情性，经常会被单独拿出来进行表演，在歌剧中占有重要位置。歌剧《图兰朵》中"今夜无人入睡"、《卡门》的"爱情像一只自由的小鸟"、《费加罗的婚礼》里"你再不要去做情郎"、《魔笛》里的"复仇的火焰在心中燃烧"、《蝴蝶夫人》里的"晴朗的一天"都是著名的咏叹调。一些歌唱性较强的器乐作品也可称为咏叹调，如巴赫的《勃兰登堡变奏曲》。

recitativo 宣叙调

和咏叹调相对应，它是一种叙述性的，相当于戏剧中的"对白"。它必须依附于歌剧情节，无法拿出来单独演唱。

arioso 咏叙调

顾名思义，咏叙调界于咏叹调和宣叙调之间，比宣叙调多一些音乐性，像咏叹调一样，但篇幅更为短小、结构自由、旋律优美，如歌剧《唐璜》中的"小姐请看这份名单"和《卡门》中的"快滚回去吧！"都属于咏叙调。

下边我们了解音乐中的各种不同的"曲"：

Symphony 交响曲

该词源于希腊文"共响（symphonia）"，指管弦乐队演奏的奏鸣曲，是包含多个乐章的大型套曲，通常包含速度不同的四个乐章，代表作品有贝多芬的《第五交响曲》。

Concerto 协奏曲

该词源于拉丁文 collcertaye，表示二者一起竞争和协作，最早是一种声乐体裁，后指独奏乐器与管弦乐队合奏的乐曲。著名的协奏曲有贝多芬《第五钢琴协奏曲》。

Sonata 奏鸣曲

该词原是意大利文，源自拉丁文的 sonare（鸣响），是一种专为乐器创作的乐曲，与 Cantata（康塔搭，大合唱）一词相对立。在古典音乐史上，此种曲式随各个乐派的风格不同也有不同的发展。除了钢琴奏鸣曲以外，大多数的奏鸣曲都有钢琴伴奏。

Variation 变奏曲

以同一主题做一连串变奏的乐曲。在每个变奏中，旋律会以不同和声、节奏、速度、加减音符甚至倒弹出现。

Fugue 赋格曲

该词来自拉丁文 fuga，表示"逃遁"。赋格曲是复调乐曲的一种形式，表现为同一旋律以不同的形式不断重复和变化。

March 进行曲

一种音乐作品，通常以二重奏或四重奏进行，节拍强烈，为行进设计创作的短曲。

Mass 弥撒曲

宗教音乐的一种，为天主教举行弥撒活动而创作的声乐作品。

Waltz 圆舞曲

发源于奥地利的一种三拍子的舞曲，后来在西欧国家作为社交舞曲流行。小约翰·施特劳斯（Johann Strauss）创作了许多著名的圆舞曲，如《蓝色的多瑙河》《维也纳森林的故事》等。

Minuet 小步舞曲

发源于法国的一种三拍子舞曲，速度缓慢，风格典雅，在宫廷贵族间盛行。

Nocturne 夜曲

意指夜间的音乐。18 世纪时一种多乐章组成的器乐曲，通常是为了夜间庆祝活动而进行的露天演奏的曲目。

Serenade 小夜曲

来源于夜晚男子在心爱的姑娘窗下弹奏的歌曲，旋律优美柔和而略带忧伤，大多数夜曲都是钢琴曲。舒伯特《小夜曲》就是一首广为人知的夜曲。

Overture 序曲

是歌剧、舞剧等大型作品开幕前由管弦乐团演奏的简短曲子,原先只是为了等待观众入场,后来序曲逐渐和之后的歌剧舞剧作品融为一体,为欣赏歌剧、舞剧做铺垫。著名的序曲有罗西尼的《威廉退尔序曲》、柴可夫斯基《1812 序曲》、莫扎特《费加罗婚礼序曲》等。

Divertimento 套曲

包括若干乐曲组成的成套器乐曲或声乐曲,其中有主题的内在联系和连贯发展的关系。例如,柴可夫斯基的钢琴套曲《四季》、舒伯特的声乐套曲《美丽的磨坊女》等套曲。

Suite 组曲

是指由多个相对独立而又紧扣一个主题的乐章组合而成的器乐作品。音乐家巴赫的键盘组曲:《英国组曲》《法国组曲》,和弦乐组曲:《无伴奏小提琴奏鸣曲及组曲》《无伴奏大提琴组曲》均为组曲中的经典。

Prelude 前奏曲

浪漫时期用于歌剧或芭蕾舞剧每一幕的前奏,有时更取代序曲。也是一种没有明确形式的独立乐曲,通常是十分简短的钢琴曲。

Requiem 安魂曲

(主要在罗马天主教会)为死者灵魂安息而演奏的弥撒曲。

Fantasia 幻想曲

指富有浪漫色彩、自由奔放,无固定曲式的器乐叙事曲。早在欧洲 16 和 17 世纪,幻想曲是一种用管风琴或古钢琴即兴独奏的乐曲。肖邦的《升 c 小调即兴幻想曲》、俄罗斯作曲家格林卡的《卡玛林斯卡娅幻想曲》均为知名的幻想曲。

Capriccio 随想曲

该词源于意大利语,原意为"顽皮""奇想",泛指各种结构自由、不受主题约束的乐曲。随想曲原是 17 和 18 世纪时的一种复调风格的键盘乐曲。和幻想曲一样,也常采用管风琴或古钢琴演奏,19 世纪以后,随想曲突破并发展了原有的形式,演变成为技巧性强、热情奔放、富有浓厚生活气息和即兴演奏风格的器乐独奏曲式或管弦乐曲。例如,柴可夫斯基的《意大利随想曲》和里姆斯基·科萨科夫的《西班牙随想曲》。

Rhapsody 狂想曲

该词源于希腊语 Rhapsodia,指古希腊史诗中的无乐器伴奏吟诵的狂想诗(Rhapsodos)。狂想曲形成于19世纪,通常由器乐演奏,形式自由,音乐表现出较强的即兴随性的特点,同时演奏技术艰深,具有高难度。与幻想曲和随想曲相比,狂想曲的显著特点是其富有民族特色,直接采用民间曲调,主题以祖国、民族、英雄为歌颂对象,如李斯特的《匈牙利狂想曲》、拉威尔的《西班牙狂想曲》和我国著名音乐家冼星海的《中国狂想曲》等。

Rondo 回旋曲

古典时期的一种节奏轻快的曲式,其主题乐段循环出现,中间穿插新的乐段,多用于协奏曲或奏鸣曲的终结乐章,偶尔会以独立乐曲的形式出现。贝多芬的《致爱丽丝》就是回旋曲。

Scherzo 诙谐曲

来自意大利文语,表示玩笑的意思,是一种活泼幽默的器乐作品或乐章,通常用快三拍子,19世纪由贝多芬发展出来。

Lullaby 摇篮曲

是旋律轻柔甜美、节奏摇摆、为了哄小儿入睡的催眠曲。比较广为流传的有舒伯特的《摇篮曲》。

Etude 练习曲

指专门为了锻炼某些演奏技巧而创作的简短的乐曲,练习曲常用于音乐教学中。

第二节　英美音乐其他常见词汇表达

一、与音乐表现形式相关的词汇

英语中有很多对音乐的表现形式进行描述的词汇,音乐术语不少来自意大利语、法语。掌握了这些音乐术语,我们就能比较好地理解乐谱。

速度：

单词	含义
adagio	慢板,柔板
lento	慢板
largo	慢,广阔的,广板
allegretto	稍快
grave	很慢,庄严的,沉重的
andantino	小行板
allegro	快
allegretto	稍快,小快板
adagietto	小柔板,稍慢板
accelerando	渐快
presto	很快、急板

情感：

单词	含义
deciso	有决心地、决断地
appassionato	充满激情的
agitato	激动地
affettuoso	温柔地
amabile	亲切地、愉快地
comodo	合适地
cantando	如歌地
animato	活泼地
allargando	广阔
cantabile	如歌地

强弱：

单词	含义
perdendosi	逐渐减弱
forte（f）	强、大声
diminuendo（dim）	渐弱
decrescendo	渐弱

续表

单词	含义
pesante	强力地
fortepiano（fp）	强,然后立即弱
mezzo piano（mp）	中弱
piano（p）	弱
fortissimo（ff）	很强
pianissimo（pp）	很弱

其他：

单词	含义
assai	很,非常
Come	跟……一样、类似
Come prima	跟前面一样
Come sopra	跟下面一样
Ben	很好
e,ed	及
da capo（D.C.）	由乐曲开端起重复
Alla breve	比实际乐谱快
adlibitum	可以选择的、自由的
attacca	立即进入乐曲下一段落
con,col	带有,使用
dal segno（D.S.）	由 S 符号起重复

二、世界著名音乐家名称及其代表作名称

谈到音乐,有必要了解世界著名的音乐家及其代表作的名称与英文表达。在这个章节我们仅介绍十位著名的音乐家,还有很多有名的音乐家,限于篇幅,没有收录在内。

（1）Ludwig van Beethoven 贝多芬（1770—1827）德国著名的作曲家、钢琴家、指挥家。

主要作品：1）*Moonlight Sonata*《月光奏鸣曲》2）*The Symphony No.3 in E-Flat Major*《降 E 大调第三交响曲》（《英雄交响曲》3）*Symphony*

No. 5 in C-Minor(Fate Symphony)《c 小调第五交响曲》(《命运交响曲》4）*Symphony No.9 in D-Minor*《d 小调第九交响曲》

（2）Johann Sebastian Bach 巴赫（1685—1750）德国著名的作曲家，杰出的管风琴、小提琴、大键琴演奏家，"西方近代音乐之父"。

主要作品：1）*Brandenburg Concerto*《勃兰登堡协奏曲》2）*Mass in B-Minor*《b 小调弥撒曲》3）*The Well-Tempered Clavier, Book I*《平均律钢琴曲集》4）*Saint Matthew Passion*《马太受难曲》

（3）Wolfgang Amadeus Mozart 莫扎特（1756—1791）古典主义时期奥地利作曲家。

主要作品：1）*The Marriage of Figaro*《费加罗的婚礼》2）*Don Giova-nni*《唐璜》3）*The Magic Flute*《魔笛》4）*Symphony No. 39 in E-Flat Major*《降 E 大调第三十九交响曲》5）*Symphony No. 40 in G-Minor*《g 小调第四十交响曲》6）*Symphony No. 41 in C-Major*《C 大调第四十一交响曲》

（4）Fryderyk Franciszek Chopin 肖邦（1810—1849）19 世纪波兰作曲家、钢琴家。

主要作品：1）*Grande Valse Brillante, in E-Flat Major* Op.18《降 E 大调华丽大圆舞曲》2）*Nocturne in E-Flat*, Op. 9 No. 2《降 E 大调夜曲》3）*Etude in C-Minor*, Op.10 No.12 "*Revolutionary*"《c 小调革命练习曲》4）*The Polonaises*《波洛涅兹舞曲》

（5）Franz Schubert 舒伯特（1797—1828）奥地利作曲家。

主要作品：1）*Symphony No. 8 in B-Minor*《b 小调第八交响曲》2）*Winterreise*《冬之旅》3）*The Erl King*《魔王》

（6）Peter Ilyich Tchaikovsky 柴可夫斯基（1840—1893），俄罗斯浪漫乐派作曲家。

主要作品：1）Ballet *Swan Lake* 芭蕾舞《天鹅湖》2）*The Nutcracker*《胡桃夹子》3）*Italian Capriccio*《意大利随想曲》

（7）Franz Liszt 李斯特（1811—1886），匈牙利著名作曲家、钢琴家、指挥家，伟大的浪漫主义大师。

主要作品：1）*A Faust Symphony*《浮士德交响曲》2）*Dante Symphony*《但丁交响曲》3）*Hungarian Rhapsody*《匈牙利狂想曲》

（8）Achille-Claude Debussy 德彪西（1862—1918）法国作曲家、音乐评论家。

主要作品：*Prelude to the Afternoon of a Faun*《牧神午后前奏曲》

（9）Franz Joseph Haydn 海顿（1732—1809）奥地利古典主义时期作曲家，维也纳古典乐派奠基人。

主要作品：1）*Symphony* No. 45《第45号交响曲》2）*Symphony* No. 88《第88号交响曲》3）*The Creation*《创世纪》4）*The seasons*《四季》

（10）Robert Schumann（1810—1856），19世纪德国作曲家、音乐评论家。

主要作品：1）*Papillons*《蝴蝶》2）*Carnaval* Op. 9《狂欢节》

三、与音乐发行和传播有关的词汇

a single 单曲，a track 一首歌曲，release an album 发行专辑，debut album 首张专辑，latest album 最新专辑，make the charts 上排行榜，top the list 荣登排行榜冠军，a hit 风靡一时的歌曲，make a hit 大获成功、很受欢迎，bootlegged/pirated CD 盗版光碟，VJ（video jockey）电视综艺节目主持人，DJ（disc jockey）（广播电台）流行音乐节目主持人，live concert 现场音乐会，Tin Pan Alley 流行音乐作曲家、表演者和发行人的集中地。

文化贴士：

Tin Pan Alley 该习语的直译是"锡盘街"。原指20世纪初纽约市第七大街（Seventh Avenue）的一段地区，当时许多流行音乐作曲家和发行人在这里设有工作室和办公室，室内无数廉价旧钢琴发出的刺耳噪声就像键盘（tin pan）的碰撞之声，Tin Pan Alley 因此得名。1934年以前伦敦的丹麦街道（Denmark Street）附近的流行音乐中心也曾经被命名为 Tin Pan Alley。后来这一专有名词不再指具体地区，而是喻指"流行音乐作曲家、表演者和发行人的集中地""流行音乐界"等。其首字母也随之由大写变小写，作 tin pan alley 或 tin-pan alley。

四、中国乐器的英文表达

我们不仅要了解西方音乐词汇和文化，在跨文化交流中，了解适量的中国民族音乐的英文表达同样重要，掌握中国民族音乐的英文词汇有助于我们进行文化输出，向国外传播中华民族灿烂悠久的民族音乐文化。

通常，中国民族乐器的翻译采用拼音的形式，部分乐器也有对应的英文名。

吹管乐器 Wind instruments	笛子 flute, 箫 *xiao*/Chinese vertical bamboo flute, 排箫 panpipes, 埙 *xun*, 笙 *sheng*, 芦笙 *lusheng*, 唢呐 *suona*, 葫芦丝 *hulusi*/cucurbit flute
弹拨乐器 Plucked stringed instruments	古琴 *guqin* 或 The Ancient Qin, 古筝 *guzheng*/Chinese zither, 琵琶 *pipa*/Chinese lute, 柳琴 *liuqin*, 扬琴 *yangqin*/dulcimer, 阮 *ruan*, 三弦 *sanxian*/three-stringed Chinese guitar, 箜篌 *konghou*
打击乐器 Percussion instruments	锣 *luo*/Chinese gong, 鼓 Chinese drum, 铙钹 Chinese cymbal, 木鱼 Chinese wood block, 梆子 *bangzi*/Chinese wooden clappers, 编钟 chime
拉弦乐器 Bowed instruments	二胡 *erhu*/Chinese violin/Chinese two-stringed fiddle, 京胡 *jinghu*, 高胡 *gaohu*, 板胡 *banhu*, 马头琴 *matouqin*/morin khuur/horse head string instrument

练习

一、请写出以下乐器的中文名称

1. concert grand
2. clarinet
3. cello
4. bagpipe
5. lyre

二、请把以下不同的曲调和其中文译名连线。

英文	中文
Concerto	圆舞曲
Lullaby	小步舞曲
Serenade	协奏曲
Waltz	变奏曲
Variation	诙谐曲
Minuet	狂想曲
Scherzo	小夜曲
Rhapsody	摇篮曲

三、请向外国人介绍一下中国的民族乐器的分类,并就每一种分类举三个例子。

第八章

教育领域中特色英语词汇

中西方的教育有着不同的体制和传统,大家在讲述自己的校园生活以及留学申请的时候会发现很多的教育词汇不知道如何表达,通过这一章的学习,希望能给大家提供教育领域的词汇及一些特殊表达的文化背景。由于本书的目标读者是大学生,因此我们着重介绍高等教育阶段的词汇表达。

第一节 中西方教育的不同表达

一、不同阶段的教育表达

preschool education 学前教育
compulsory education 义务教育
higher education/tertiary education 高等教育
special education 特殊教育
nursery/kindergarten 幼儿园
pre-school 学前班
primary/elementary school 小学

middle/high school 中学
junior high school 初中
senior high school 高中
college/university 大学

二、表示学历、学位的词

Associate Degree 副学士学位
Associate of Arts 文学副学士学位
Associate of Science 理学副学士学位

文化贴士：

副学士学位 Associate Degree 起源于英国，是国际上四级学位中的最低学位：博士、硕士、学士、副学士。副学士学位的课程旨在为学生提供在所选领域继续就业或进一步学习所需的基本技能和学术知识。英、美、加、澳等英语系国家都设副学士学位。在美国，各种类型的学院都有副学士学位，包括社区学院、专科学院和技术学院、大学附属学院和大学学院。完成副学士学位通常需要两年的全日制时间。对于一些学生来说，副学士学位为获得学士学位提供了准备，而对于其他学生来说，副学士学位本身就是一种资格，与只完成中学教育相比，有助于改善就业前景。学士学位和副学士学位都被归类为"本科"学位，但硕士或博士课程等"研究生"学位要求学生已经完成学士学位课程。

Bachelor's Degree 学士学位
Bachelor of Arts（B.A.）文学学士
Bachelor of Science（B.S.）理学学士

文化贴士：

和国内不同，学生能拿到 60 分以上就是很好的成绩，英国学位根据成绩分为四个等级。

First class degree 一等学位，成绩 70 分或以上

Upper-second class 二级甲等,成绩 60 ~ 69 分
Lower-second class 二级乙等,成绩 50 ~ 59 分
Third class 三等学位,成绩 40 ~ 49 分
Master's Degree 硕士学位
Master of Arts（M.A.）文学硕士
Master of Science（M.S.）理学硕士

文化贴士：

英国的硕士学位根据成绩分为三个等级。
Distinction（优秀），平均分 70 或以上
Merit（良好）平均分 60 ~ 69
Pass（通过）平均分 50 ~ 59
要是没能达到成绩要求,就只能拿到 graduate diploma（结业证），而不是 degree（学位证）。
Doctor's Degree 博士学位
Doctor of Philosophy 哲学博士

文化贴士：

博士学位统称为 Doctor of Philosphy（PhD），博士生叫作 PhD candidate，英语里 Philosophy 的意思是"哲学"，文学博士和理学博士为什么都叫作哲学博士呢？ PhD 来源于希腊语 Philosophia，其中 philo 是动词,表示"爱和追求"，sophia 是名词,表示"智慧"，因此 philosophy 意思是"love of wisdom"即"热爱智慧"。哲学的定义是对存在、价值、知识、逻辑、心灵和语言这些普遍根本问题的研究,基本上除了神学、法律和医学,所有博士学位都可以称作哲学博士。由于博士阶段的学习比较烧脑,也有人把 PhD 戏称为 Permanent Head Damage（永久性脑损伤）。
攻读不同学位的学生的称呼：
本科生 undergraduate
本科毕业生 graduate

研究生 postgraduate
博士 doctor
博士后 postdoctoral

三、大学里的主要专业和课程

首先，专业这个表达，在美国常用 major，在英国常用 course 或者 course of study 来表示专业。美国大学一入学不强调专业，刚入学基本上是通识课程学习，到高年级选择专业之后也可以灵活调整，有很多学生也会修双学位，所以专业就是看学生主要学习的课程内容而定，因此专业这个词用 major 来表示，而第二学位用 minor 这个词来表示。英国的大学生一入学就已经确定了专业，专业调整很困难，双学位也不普遍，因此不用 major 这个概念，而用 course 这个词来表示学习的专业，登录剑桥大学的网站，你就能看到有 course overview 这样的条目，那就是介绍剑桥大学的专业目录介绍，而不是课程介绍，研究生的专业方向通常会用 program 这个词来表示，而讲到课程的时候，通常会用 unit 这个词。

下表为欧美国家的主要学科分类及主要专业。

学科	专业
Business 商科	Accounting 会计学 Statistics 统计学 Finance 金融学 Marketing 市场营销学 Economics 经济学 Actuarial Science 精算学 General Management 管理学 （Management）Information Systems 管理信息系统 HRM 人力资源管理 Production/Operations 生产管理 Entrepreneurship 企业管理 Supply Chain/Logistics 物流供应链管理 MBA 工商管理硕士 International Business 国际贸易 Financial Engineering 金融工程 Executive MBA（EMBA）高级管理人员工商管理硕士 Hotel Management 酒店管理 Sports Management 体育管理 E-commerce 电子商务

续表

学科	专业
Law 法律	Clinical Training 实务训练 Dispute Resolution 争端解决 Healthcare Law 卫生保健法 International Law 国际法 Legal Writing 法律写作 Tax Law 税法 Trial Advocacy 辩护 LLM 法学硕士
Education 教育	Curriculum and Instruction 课程与教学 Education Administration & Supervision 教育管理学 Education Policy 教育政策 Educational Psychology 教育心理 Elementary Teacher Education 幼教 Secondary Teacher Education 中学教育 Higher Education Administration 高等教育管理 Student Counseling & Personal Services 学生辅导及学生服务 Special Education 特殊教育 Technical/Vocational 职业技术教育 TESOL 对外英语教学
Social Science & Humanities 人文社科	Criminology 犯罪学 English 英语 History 历史 Political Science 政治学 Psychology 心理学 Sociology 社会学 Religion 宗教 Gender Studies 性别研究 Philosophy 哲学
The sciences 科学	Biological Sciences 生物学 Chemistry 化学 Computer Science 计算机（Artificial Intelligence 人工智能，Programming language 软件开发） Earth Sciences 地球科学 Mathematics 数学 Applied Math 应用数学 Physics 物理学 Geography 地理 Geology 地质学

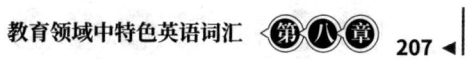

续表

学科	专业
Engineering 工程	Aerospace/Aeronautical/Astronautical 航空航天工程 Biological/Agricultural 生物/农业工程 Biomedical/Bioengineering 生物医药/生物工程 Chemical 化学工程 Civil 土木工程（Architecture 建筑学） Mechanical 机械工程 Computer Engineering 计算机工程 Electrical/Electronic/Communications 电子/通信工程 Industrial/Manufacturing 工业/制造工程 Materials 材料工程 Nuclear 核工程
Library & Information Studies 图书馆信息	Archives and Preservation 档案和保存 Digital Librarianship 数字图书馆 Health Librarianship 健康图书馆 Information Systems 信息系统管理 Law Librarianship 法律图书馆 School Library Media 学校图书馆媒体 Services for Children and Youth 儿童及青少年服务 Veterinary Medicine 兽医学
Medicine 医学	AIDS 艾滋 Drug and Alcohol Abuse 毒品酒精滥用 Family Medicine 家庭医学 Geriatrics 老人病学 Internal Medicine 内科医学 Pediatrics 小儿科 Rural Medicine 农村医学 Women's Health 妇科 Primary Care 基础护理
Health 健康	Audiology 听力学 Clinical Psychology 临床心理学 Healthcare Management 卫生保健管理 Nursing 护理学 Nursing-Anesthesia 麻醉 Pharmacy 药学 Nursing-Midwifery 产科 Occupational Therapy 职业治疗 Physical Therapy 物理治疗法 Physician Assistant 医师助理 Public Health 公共卫生 Rehabilitation Counseling 康复咨询 Social Work 社会工作 Speech-Language Pathology 语言病理学

续表

学科	专业
Public Affairs 公共事务	City Management & Urban Policy 城市管理与政策 Environmental Policy & Management 环境政策与管理 Health Policy & Management 健康政策与管理 Information & Technology Management 信息技术管理 Nonprofit Management 非营利管理 Public Finance & Budgeting 财政与预算 Public Management Administration 公共行政管理 Public-Policy Analysis 公共政策分析 Social Policy 社会政策
Arts 艺术	Painting/Drawing 绘画 Photography 摄影 Printmaking 版画 Sculpture 雕刻 Ceramics 制陶术 Glass 玻璃制品 Metals/Jewelry 金属及珠宝设计 Fiber Art 纤维艺术 Graphic Design 平面设计 Industrial Design 工业设计 Interior Design 室内设计 Multimedia/Visual Communications 多媒体/视觉传达 Music 音乐
Journalism 传媒	Multimedia Journalism 多媒体 Public Relations 公共关系 Advertising 广告学 Mass Communication 大众传播 International Communication 国际传播 Brand Management 品牌管理 Cross-cultural 跨文化 Rhetorical Studies 修辞研究 Interpersonal Communication 人际传播 Critical Media Studies 批判性媒体研究 Newspaper 报纸 magazine 杂志 broadcast (TV or Radio) 广播 Creative Writing 创造性写作 Publishing , Videography/Broadcast 出版、电视录像制作

文化贴士：

STEM（Science, Technology, Engineering and Mathematics）指包括科学、技术、工程和数学的主干学科，20世纪80年代起源于美国的STEM教育，旨在培养学生在四门主干学科及相关交叉领域中运用整合跨学科知识来解决现实世界问题的能力。其中科学在于认识世界的客观规律；技术和工程是在尊重自然规律的基础上改造世界，实现对自然界的控制和利用，解决社会发展过程中遇到的难题；数学则作为技术与工程学科的基础工具。这是美国为了保持和提高国家科技领先地位推出的教育理念，由于该教育理念强调跨学科知识的融合，注重理论学习与动手实践的联系，着重创新能力、独立思考能力、动手能力与解决问题能力的培养，在国际上风行，在中国的教育领域也广为流行。

第二节　中西方教育领域其他常见表达

一、和学校学习有关的表达

major 主修课，大学里根据不同的专业，会设置不同的专业主修课程。

minor 辅修课，除了主修课以外，学生们往往可以根据自己的兴趣爱好或者就业需要来辅修其他课程。

credit 学分，学生主修或者辅修的课程都有相应的学分，不同的课程学分数量也不一样，学生毕业必须满足一定的学分要求。

academic year 学年，在国内一般是秋季学期和春季学期为一个学年，国外也基本一致，但国外也有些大学采用秋季学期、春季学期加夏季学期的做法，目前国内一些大学也采用了夏季的小学期制度。

term/semester 学期，一般秋季学期从9月到12月，春季学期从2月到5月，实行夏季学期的学校，从5月到8月还有一个小学期，方便希望提早修完学分的学生。

orientation 新生指导会，大学新生入学时候的安排的一系列活动，每个学校活动基本类似但略有区别,如开学典礼、学校参观、英语水平考试、数学考试、选课等,新生指导的目的在于帮助学生尽快熟悉校园环境和适应校园生活。

  course; curriculum 课程,其中 course 指具体课程,而 curriculum 强调课程综合、课程设置。

  required/compulsory course 必修课,与选修课相对,也叫作 core course 核心课,指根据专业培养目标,所有学生必须修习的课程和实践环节,必修课是保证人才培养的基本要求,帮助学生形成合理、宽广和系统的知识体系。必修课考核必须合格,否则影响获得毕业证和学位证。

  optional/elective course 选修课,指学生根据自己的兴趣和爱好,从学校提供的选修课程中自行选择修习的课程。学校对选修课也有一定的学分要求。

  basic course 基础课,指向学生传授本专业基础理论、基本知识或基本技能的入门课程。基础课都是必修课,考核方式通常为考试。

  specialized course 专业课,指根据培养目标的设置让学生掌握专业知识和专业技能的课程,比基础课内容更高深,课程要求更加综合。

  general education courses 通识课,美国的大学一般前两年都实行通识教育,后两年进行专业教育,目前国内很多大学也开设了通识课程。通识课程没有一个确切的定义,但一般认为通识课程是指专业课程之外的课程,目的是拓宽学生的知识面,对众多知识领域有大致了解,促进学生全面发展。

  syllabus, teaching program 每门课程都有课程大纲,规定课程的教学内容、作业要求和时间安排。

  attendance 出勤,每门课程都有规定的出勤要求,学生的出勤是教学评价的一部分。

  discussion 讨论,课堂组织形式,不同于纯讲解(lecture),教师通过让学生进行讨论,激发学生思考和发表观点。

  presentation 课堂展示,教师让学生就某个话题提前查阅和思考,到课堂上对话题进行呈现(经常以 PPT 幻灯片的形式呈现)。

  assignment 教师根据课程教学内容布置的课后作业。

  term paper, course paper 课程论文,课程教学评价的形式之一,有的课程要求期末写与课程内容相关的论文,替代或者补充课程考试,英式英语中往往用 essay 这个词。paper 也可以指发表在期刊上的论文。

seminar 研究小组、讨论会，大学教师带领学生做专题讨论的研讨课，也指学者之间的学术交流研讨会。

research proposal 研修计划，在申请博士或者写毕业论文之前，往往需要写一个研修计划，说明自己的研究设想、具体的研究课题、拟采用的研究方法、研究进度安排、研究成果的实际应用价值等。

thesis, dissertation 毕业论文，在英国英语中，本科和硕士论文叫作 dissertation，博士论文用 thesis。在美国英语中，本科和硕士论文用 thesis，博士论文用 dissertation。

oral defense 论文答辩，学生论文写完之后，还要参加论文答辩，答辩通过才能获得学位。

graduation field work 毕业实习，指学生在毕业之前，将所学专业知识运用到实际工作领域，尝试将理论付诸实践，锻炼学生实践能力的教学环节。

graduation ceremony; commencement ceremony 毕业典礼，学生求学生涯中最重要的时刻，每年的毕业季（graduation season），世界各地的大学都会举行隆重的毕业典礼，每个学校都有自己的特色和传统。在毕业那天（graduation day），学生们身着学士服学位服（academic dress/costume，一般就称为 cap and gown，即学位帽和学位袍），典礼一般有司仪（marshal of graduation ceremony），典礼上有校长致辞、嘉宾演讲（commencement speech），颁发毕业证书、拨穗（turn the tassel）、拍毕业合影（graduation photo）等仪式。有很多学生还会来一次毕业旅行（graduation trip）庆祝自己毕业。

tuition 学费，指学生上学需要缴纳的学杂费。

tuition waiver 学费减免，指学校根据学生的申请材料，决定是否给学生减去一定数量的学费，或者直接免去学费。

scholarship/fellowship 奖学金，为了奖励优秀的学生或者帮助经济困难的学生，学校提供的多种类型的经济资助。

assistantship 助学金，学生通过付出劳动获得助学金，助学金一般分为 Research Assistantship（助研）和 Teaching Assistantship（助教）。学生或者参与到教授的研究工作中或者协助教授进行教学活动。

Grade Point Average（GPA）平均成绩绩点，GPA 是衡量个人在校学习成绩的常用指标，它是每门课程的平均成绩，考虑到课程学分。学生的平均成绩点是通过将所有累积的最终成绩相加，然后除以获得的分数来计算。在不同的国家，甚至在不同的学校，评分系统都有所不同。

二、校园建筑和生活词汇

canteen 食堂
cafeteria 自助餐厅
dormitory 宿舍
gym 体育馆
stadium 体育场
library 图书馆
lab 实验室
language lab 语音室
administration building 办公楼
auditorium 大礼堂
multi-media classroom 多媒体教室

文化贴士：

国内通常会有教学楼这一称呼，翻译成英语为 teaching building，但在英美国家，这样的称呼很少见，一般直接称呼楼的名字，没有专门的教学楼。因为每个楼都属于某个学院、系部或者机构。教师办公室、员工办公室和教室都在一个楼里，楼里有休息区，学生们可以学习也可以休闲娱乐，走廊和休息区都设有沙发、长凳、桌子，有的甚至还配备小厨房，楼里墙壁上的装饰、地毯、沙发垫等布置温馨，让学生和教师很自在放松。

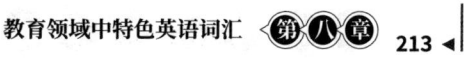

Office of International Scholars and Students（OISS）国际学者和学生办公室，在国际化的大学，均设有这样一个办公室，为国际学生提供出入境、学习和生活问题的咨询和服务，并组织文化交流互动，帮助国际师生更好地融入新环境。

clinic 医务室

student union 学生会

extracurricular activities 课外活动

sport team 欧美大学注重体育运动，校园里有各种各样的体育团队，体育比赛是校园文化很重要的一部分。

sorority（美国大学里的）女生联谊会、姐妹会，本词来自拉丁语 soror（sister）。

fraternity（美国大学里的）兄弟互助会、兄弟会。

文化贴士：

Sorority 和 Fraternity 是美国大学里的精英组织，入会要求比较严格。加入兄弟会或者姐妹会带来强烈的归属感和长久的友谊，在学生阶段和毕业进入职场都能得到会内人士的帮助，是建立社交网的重要途径，这些会经常用希腊字母来命名，如 Alpha Kappa。在常春藤大学，加入兄弟会或者姐妹会才能成为精英并进入美国社会核心圈子。兄弟会或姐妹会经常会举办各种丰富多彩的活动，整新会员也是不成文的传统，会员一般会被要求完成一些让人难以接受的任务来证明自己的忠心。

三、教职员工的岗位和职称表达

（一）美国的教职员工的岗位和职称表达

Faculty Member 学术人员，也叫 Academic Staff，通常指承担教学、研究工作的教员，享有参与学术事务及学术管理的权利。

Staff 职员，指学术人员之外的行政管理人员、学术支持服务人员和技术人员、后勤工作人员和附属机构人员。学术出身的少数高层管理人员（校长、副校长）通常属于学术人员。

Academic Tenure 终身教职，是美国高校为保障学术人员开展学术活动的自由,普遍采取的一种学术制度和人事管理制度。根据美国高校实行的学术人员职务体系,在大多数的美国大学,终身教职系列人员包括助理教授、副教授和教授,其中助理教授属于处于终身教职系列(tenure track)的人员,副教授和教授属于已经获得终身教职的人员。终身教职系列人员均需要承担三种职责(RTS):研究(Research)、教学(Teaching)和服务(Service)。教学主要看教学效果和学生评教,研究指论文发表情况,服务可以是学校的服务,如带博士生、参加委员会、教师工会等,也可以是校外的学术性和社会性服务,如给杂志和会议审稿、参加社会活动等,不同学校对这三种职责赋予的权重也不同。

Assistant Professor 助理教授,指有博士学位后和大学签订 tenure,开始教学生涯的人员,助理教授每年都要接受考核,第三年会有一个大型的中期考核(midterm review),由学院和系部按照其表现来决定是否要续签第二个聘任期,如果通过考核续签,第二个三年结束后助理教授要提交材料申请(promotion & tenure application),申请升职为副教授。如果学校的专业委员会(promotion & tenure Committee)批准顺利通过,就能获得终身教职,申请未通过还有一年复活期,如果 7 年拿不到终身教职,就只能离开。这就是国内部分高校也采纳的"非升即走"制度。这个六年的考核可灵活调整,如生育的女性教师可以申请一年的延期,遭遇重大疾病或者事故也可以申请延期,新冠疫情之后很多美国高校也为教师提供了延期选项。助理教授面临的考核最为严格。

Associate Professor 副教授,助理教授通过考核和晋升,就成为副教授。副教授面临的考核相对不那么严格和频繁,当然副教授仍然需要承担三种职责:教学、研究和服务。除了授课,他们还进行学术研究,并在会议上和同行评议期刊上发表研究论文。副教授每年接受考核,在少数知名大学,副教授也不算获得终身教职。

Professor 教授,也叫 full professor,英美大学院系中级别最高的教师,一般是副教授 8 年就可以申请晋升为教授。教授同样要承担课程教学、学术研究和社会服务等工作。教授社会地位高,很受尊重。

除了以上这些终身教职以外,欧美大学还有其他一些常见的学术职务。

Instructor 教员,在一些大学,也会设置教员的岗位,只有在院系根据需要提出申请,获得大学学术委员会和校董事会的同意才能设置。教员一般没有博士学位,处于试用期,一年一签约,在拿到博士学位后升为助理教授。但在二年制和四年制教育体系的高校,教员指只在社区学院从事教学的教员,在有的高校,等同于讲师,还有些高校,等同于代课教师。

Lecturer 讲师,和中国的讲师概念不完全一样,讲师主要负责本科生教学,一般对学术研究不做要求,讲师要求有硕士或博士学位,可以是全职也可以是兼职。在一些高校,讲师和教员是同样的概念,而在另一些高校,全职讲师比教员地位高一些。

Senior Lecturer 高级讲师,高级讲师是一个中国高校没有的职位,他们有教学经验,可以指导讲师,并且有课程管理、设计、评估等职责,为所在系的教学和发展做出一定贡献的教员。

Adjunct Assistant Professor 兼职助理教授,Adjunct Associate Professor 兼职副教授,Adjunct Professor 兼职教授。这些兼职教授系列的工作通常时间只有全职的一半,通常由本校或外校的教职人员兼任,也有来自国外的短期访问教授担任兼职。

Visiting Professor 访问教授,指被邀请在自己大学以外的大学(通常是另一个国家的大学)任教的教授,往往任期一个学期或一年。

Guest Professor 客座教授,和访问教授一样,指被邀请在自己大学以外的大学讲课的教授,但通常时间比较短,只上几次课。

Clinical Assistant Professor 临床助理教授,Clinical Associate Professor 临床副教授,Clinical Professor 临床教授。

Assistant Professor of Practice 产业助理教授,Associate Professor of Practice 产业副教授,Professor of Practice 产业教授。

文化贴士:

临床和产业两个翻译容易让人产生误解,其实这两个系列的人员通常指在教育、法律、医药、商业管理、工程等领域主管专业实践知识技能教学的教职人员,这类教职人员基本不需要关注学术理论研究。

Professor Emeritus,也作 Emeritus Professor,荣誉教授,荣休教授,学校为在本校工作多年且有着突出贡献的教授退休的时候授予的荣誉头衔。

Named Professor 特聘教授,学校为了鼓励学术,授予本校少数学术骨干的一种学术头衔,该头衔一般以名人或者捐款人名字命名。

University/Institute Professor 大学(学院)教授,President's professor 校长教授,Regents' professor 董事会教授,学校授予在其本人学术研究领域中富有声望的学术大咖。

文化贴士：

在英美国家,professor 可以是一个通称,任何一个大学教员都可以被叫作 professor,只有在书写的时候,大写首字母的 Professor 才是正教授。

学校管理人员的表达：

小学校长 Headmaster

中学校长 Principal

大学校长 Chancellor/President

大学代理校长 Acting President

大学副校长 Vice President

协理副校长 Associate Vice Chancellor/President

副校长助理 Assistant Vice Chancellor/President

教务长 Provost

副教务长 Associate Provost

教务长助理 Assistant Provost

院长 Dean

副院长 Associate Dean

院长助理 Assistant Dean

处长/主任 Director of Administrative Department

副处长/处长助理 Associate/Assistant Director of Administrative Department

系主任 Chair or Head of Academic Department

图书馆员 Librarian,在大部分美国高校,参照终身教职系列,也分为教授馆员(Librarian Professor),副教授馆员(Librarian Associate Professor),助理教授馆员((Librarian Assistant Professor)。

（二）英国教职员工岗位和职称表达

英国的各个大学的教师体系比较多元，比美国的要更加复杂。有的大学采用美国的教授体系，还有些大学采用英国古老大学的教授体系（Lecturer）。英国传统的 Lecturer 制把教师分为 Lecturer、Senior Lecturer、Associate Professor、Reader 和 Professor。

Lecturer 讲师，在英国的讲师是一个初级学术头衔，讲师不但承担教学任务，还承担重要的研究责任，主要负责开设讲座课程，带领研究小组和指导研究生。讲师分为暂时性和永久性两类。暂时性的讲师职位，可以由研究生担任，无需博士文凭，无义务续聘。永久性聘用的讲师要求有博士学位，接近于美国的助理教授职位。

Senior Lecturer 高级讲师，在英国大学里，Senior Lecturer 需要具有良好的教学和行政能力，又要展示出很强的研究能力。从级别上看，它介于普通的 Lecturer 和 Reader 之间，接近于美国的副教授职位。

Associate Professor 副教授，这里的 Associate Professor 和美国大学教师体系中的 Associate Professor 一样，都是副教授。当然，不是所有的英国大学都有 Associate Professor。

Reader 准教授，Reader 是一个具有英国特色的学术等级，介于高级讲师（Senior Lecturer）/副教授（Associate Professor）与教授（Professor）之间，是英国大学授予研究或学术成就十分突出的资深学者的头衔，要想成为 Reader 需要经过严格的考核，需要在学术上著有优良的学术出版物，获得过研究资助并有外部推荐才有机会当上，更接近于美国的正教授。

Professor 教授，Professor 是英国大学最高学术头衔。英国大学的教授职位稀少，一个系或者大的学科只有一两位教授，以保障其最高的学术权威地位。教授不仅要具备杰出的教学能力，科研实力和成果也同样重要。

四、教学教育理念

Quality Education 素质教育

DEI office（Diversity, Equity and Inclusivity）DEI 理念（多元、公平、包容），近年来美国社会倡导多元、公平和包容的理念，在大学校园，也有这样的机构，负责这种教学理念的体现和实施。

文化贴士：

以前美国一直追求平等（equality）。近年来，平等 equity 的理念逐渐让位于公平（equity）的理念。equality 指人人平等、一视同仁，但这种平等是形式和表面的平等，而 equity 旨在考虑到个体差异，并进行区别对待，实现真正的平等。比如，法律要求富人多交税，穷人少交税，这叫 equity，虽然不是 equality。下边两张图清楚地表明了二者的区别。

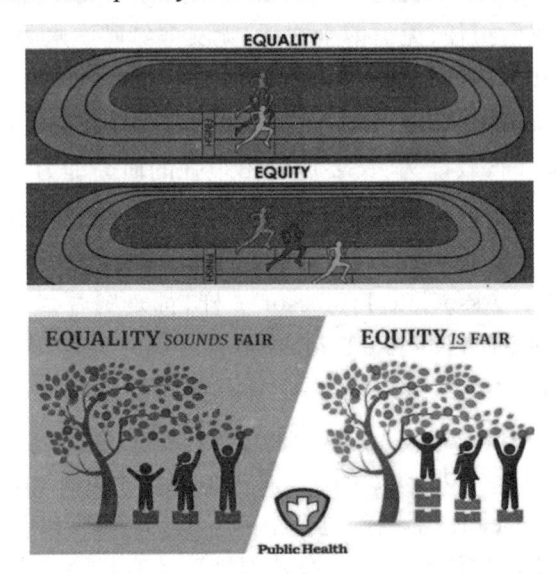

Hands-on Inquiry-based learning/project 探究式学习/研究式学习，在现代网络信息社会提倡的一种学习理念和方法，即鼓励学生像科学家的科学探究活动一样，从探究中主动获取知识、应用知识、解决问题，从做中学，找到问题的答案，不再单纯依靠教师讲解，教师只是实践活动的组织者和指导者。和项目式学习（project-based learning）以及主动学习（active learning）理念基本一致。

performance-based assessment 表现性评价，也被称为真实性评价（authentic assessment），通常会通过创设真实情境或者模拟情境，要求学生运用所学知识完成给定任务或解决给定问题，以考查学生知识与技能的掌握情况，及在此过程中展现出来的交流合作和独立思考等多种能力的发展状况。

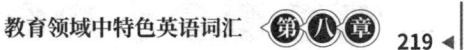

portfolio assessment 档案袋评价，20世纪90年代出现的一种教育评价方式，通过收集学生在一段时间内学习过程中的系列作品，了解学生的学习状况，从而对学生进行客观综合评价。

Remote teaching/learning, online teaching/education 远程教学/线上教学，远程教学最早通过邮件、电视、录音、录像等传统媒介进行的远距离教学，现代远程教学和线上教学均指通过现代信息技术和互联网技术实现的距离教学活动，如慕课。新冠疫情防控期间远程线上教学更加展示了其灵活性和便捷性。

Discussion 讨论式教学，课堂上由教师指导和启发，让学生开展讨论来参与课堂活动，调动学生的主动性和积极性，培养学生独立思考能力和创新精神。

Rubrics 量规、量表，是用于教育评价的评估准则，通常用表格清晰地展示评价准则和等级水平。近几年在国外备受推崇，后被引用到国内，大量运用于教学评价体系，促进教学。

Constructivism 建构主义学习观，该观念认为学习过程是学习者主动建构的过程，学习者已有的知识经验会影响新知识结构的形成，学习者之间的互动有助于获得对世界更加丰富全面的理解，因此教学应该以学习者为中心，注重在实际情境中教学，注重学习者之间的协作（collaborative team/group work），注重教学环境设计以促进学习。

Student-centered instruction 以学生为中心的教学，主张学生是教学活动的主体，教师是教学活动的组织者、引导者、帮助者和评价者，课堂不是教师的满堂灌，而是通过形式多样的讨论、辩论、课堂展示等活动让学生主动参与到学习的过程中，积极表达自己的看法，锻炼自主学习和独立思考的能力。

Growth mindset & fixed mindset 成长型思维模式与固定型思维模式，成长型思维模式认为人的智力和能力可以随着后天的学习来改变和提高，固定性思维模式认为人的智力和能力是静态的，不会因为后天的努力而改变。

Creativity 创新意识，指在教学中激发学生的好奇心、求知欲、独立思考的能力和创新能力。

Critical thinking skills 思辨能力、批判性思维能力，指在教学中培养学生勤学好问、尊重事实、谨慎判断、公正评价、敏于探究，在此过程中能对问题进行阐述、分析、评价、推理和解释，并能自觉反思和调节自己的思维过程。

Interdisciplinary collaboration 跨学科合作，通过不同学科的交叉融合，博采众长，实现对人才的多元化培养，或对研究问题实现整合和创新处理，跨学科合作是新时代学科发展的方向。

Global citizenship 全球公民意识，指在教育中培养学生的国际视野和全球格局，帮助学生了解并尊重文化差异，形成具备合作精神、能求同存异、致力于世界和平和共同繁荣的素养和品质。

New literacy 新素养，包括信息素养（information literacy）、数字素养（digital literacy）和新媒介素养（media literacy）等，指在信息数字时代，能熟练地运用信息技术进行信息共享和跨文化交流，以便共同提出和解决问题，能理解、管理、分析和综合多媒体文本，并关注这些复杂环境所要求的道德责任。当今的教育不但要教会学生有传统的读写能力，还应培养学生的新素养。

练习

一、请将下列教育用词翻译成中文。

1. major
2. credit
3. compulsory course
4. GPA
5. scholarship

二、请把下列课程翻译成英文。

毛泽东思想和中国特色社会主义理论体系概论

中国当代文学史

中国美术史

大学生体能测试

大学生职业规划

三、请写出不同的学位的英文，并解释为什么博士学位称为 PhD？

第九章

社会文化价值取向对英语词汇的影响

历史进程的不同造就了中西方人不同的生存环境和社会环境,不同的环境下萌生了不同的哲学思想,从而影响人们的思想观念和价值观取向。在不同文化背景(cultural background)下长大的社会成员,在信仰(belief)、态度(attitude)、价值观(value)和行为(behavior)方面都有极大的差异,价值观是文化中最深层的部分。对于中国的外语学习者来说,只有了解这种社会文化价值取向的差别,才能正确理解某些英语词汇及其在交流中所起的作用。

价值观是指一个人对周围的客观事物(包括人、事、物)的意义、重要性的总评价和总看法。一方面表现为价值取向(value orientation)、价值追求(value pursuit),凝结为一定的价值目标(value goal);另一方面表现为价值尺度和准则,成为人们判断事物有无价值及价值大小的评价标准。价值观是决定人的行为的心理基础。

美国人类学家佛罗伦斯·克拉克洪(Florence R. Kluckhohn)认为价值观是个人或群体所持有的一种显性或隐性的认为什么是可取的观念,这一观念影响人们从现有的种种行为模式、方式和目的中做出选择。克拉克洪与斯多特贝克(Stottbeck)提出了不同价值观包含的五个价值取向:(1)人性取向——人性本善、人性本恶或善恶兼而有之;(2)人与自然的关系取向——征服、服从或和谐;(3)时间取向——过去、现在或将来;(4)人类活动取向——存在、成为;(5)关系取向——个人倾向的、集体倾向的或权利主义的。

第一节　中西价值观的差异

一、中西价值观形成的环境影响

一个民族价值观念的产生、形成和发展主要受三种因素的影响：环境适应（environmental adoptions）、历史因素（historical factors）和思维方式的哲学基础（philosophical basis of thinking pattern）。由于不同民族在地理环境、历史条件等方面的差异形成了不同的思维方式，也形成了不同的价值观。一个民族的基本价值观念一旦形成，就会牢牢扎根于本民族人们的心中，而且代代相传。

中国位于亚欧大陆东部，东临太平洋，广大的中部平原适宜农耕，由此衍生出了中华文明。农耕生活方式，一方面，使中国人可以安居乐业；另一方面，在生产力不发达的情况下，家族成员必须团结配合、相互帮助才能够应对自然灾害的侵扰。这样便使得中国的家族发展很快，而且极易形成大家族或家族群落。所以，在中国人的世界观和价值观里，家族成员之间的关系是生活的核心问题，久而久之，便产生了针对熟人圈子的仁（benevolent）、义（righteous）、礼（courteous）、智（intelligent）、信（trustful）等道德价值观念。

西方文明发源于古希腊，而古希腊紧邻大海，岛屿多，岩石多，土壤比较贫瘠，气候条件极不稳定，四季不分明，极不适宜农业生产。独特的地理环境和生产力的发展，决定了许多人无法从事农业生产而被迫"背井离乡"，只有从事手工业生产，才能弥补自身的资源缺陷得以生存。手工业者和工商业者的经济活动就是在交换中寻求利益，追求个人利益的最大化，只有这样才能够保证自己的生活。受此生产方式的影响，智慧（intelligent）、勇敢（courageous）、节制（temperance）、正义（righteous）变成了西方人普遍信奉的道德价值观念。

就价值观的五个价值取向而言，中西文化差异很大。在人性方面，中国文化的核心主张"性善论"，即"人之初，性本善（human nature is essentially good），性相近，习相远"；西方文化受基督教影响，崇尚"原罪说"（theory of original sin），认为"人性本恶"（humans are basically evil）。在人与自然的关系上，中国文化自始就强调人类与自然的和谐，主张"天人合一"（harmony between man and nature），热爱自然，珍惜万物，追求和谐共生；西方社会认为人类是大自然的主人，为了人类自身的利益，必须征服和主导自然力量。在时间取向上，中国人高度重视传统文化，重视过去的经历，会习惯地往后看，并喜欢沿用过去一贯的做法；西方欧美人士更取向未来时间，更注意变化和多样性，更注重科学研究及改革创新。在活动取向上，中国文化是存在的趋向，提倡"以静制动"（take the quiet approach），"以不变应万变"（coping with all motions by remaining motionless）；西方社会是一个强调行动"做"的社会，人们必须不断地做事，不断地处于行动中才有意义。在处理人与人之间的关系时，中国人比较崇尚集体主义的价值观，它是中国文化的主线；英美价值观念的主线是个人主义（individualism），崇尚个人，相对社会的独立自主性，它强调的是自我和个人的成就。

二、中西价值观的外在体现

在中国传统社会中，道德价值观与政治是密不可分的。道德价值观往往是从上至下、从中央到地方逐步推行的。在实践中，传统德治的主要内容包括施仁政（practice the benevolent governance）、重教化（pay attention to the cultivation）、强调官员道德修养（emphasize the moral cultivation of officials）以及建立社会的伦理纲常（to establish social ethics）等四个方面。从社会制度文化来看，中国自隋唐以来实施1000多年的科举制度（imperial examination system），以严格的德智为基本要求，遴选知识分子精英作为官员，组成管理国家的政治集团，一大批知识分子精英从社会不同层面代表了不同声音进入国家执政集团，与最高统治者一起讨论如何治理国家，有一定的民主作用。

在西方，天赋人权（innate human rights）的思想成为社会主流思潮，形成了西方个人本位的道德价值观。在西方道德价值观中，以不侵犯别人权利的个人本位作为准则。个人本位（individual standard）使西方人主张人的个性张扬与展示，主张享受人的权利与自由。这种传统使得西方社会不得不依靠法律来约束个人的社会行为，使平等、自由等成为人与人之间价值观的核心。受传统因素的影响，西方现代社会依旧在相当程度上属于分权制度（decentralization system），这是由西方社会政治多元化、党派多元化、信仰多元化的社会现实所决定的。各种利益的代表者由于惧怕最高权力统治者损害自己这个利益帮派的权益，主张权力制衡机制（check-and-balance mechanism）。所以，这种民主是既得利益各派权益的多向冲突抗衡而导致的民主，一种拉帮结派竞争型民主，民主政治通过竞选（running for presidency）、普选（general election）、推荐（recommendation）等方式实现。

三、中西价值观的内在规则

中国传统道德基本上是以儒家道德为主线而发展的，其整体思想主要表现在三个方面：其一是个人与国家，体现为个人为国家尽忠（be loyal to the nation）；其二是个人与家庭，强调子女对父母尽孝（be filial to one's parents）；其三是个人与朋友，强调对待朋友要宽容（tolerant）、仁爱（kindhearted）、有信义（faithful）。这几个方面充分反映了儒家道德重视人伦和谐、强调整体精神的核心道德价值观。在中国，人际关系强调"以和为贵"（harmony is the most valuable），经济发展强调"和气生财"（harmony brings wealth），治国方略强调"和谐社会"（harmonious society）。这些都说明在中国人的思维中，和睦、和谐、和善的人际关系和社会氛围是非常重要的。

西方社会无论在中世纪还是现在，都强调以个人为本，以自我实现为目的。道德价值观强调个人在整体或者组织中的作用，并通过责、权、利的统一来体现人生价值。在西方道德价值观中，以不侵犯别人权利的个人本位作为准则。个人本位对于西方社会的发展有利有弊：一方面充分激发了人的主观能动性和创造性，使资本主义社会在近几百年中展现出蓬勃的生命力，但是另一方面，它也导致极端个人主义的盛行，个人对社会的责任感、义务感淡漠，人与人之间的关系疏离。

四、中国传统的价值观

中国传统哲学观是"天人合一"，指的是人对大自然的顺从和崇拜，并与大自然和谐统一。中国神话故事如女娲造人、夸父追日、精卫填海及神农尝百草等都体现了救世精神（salvation spirit）、现实主义精神（spirit of realism）、坚韧不拔精神（perseverance）和利他主义精神

(altruistic spirit)。中国"天人合一"的思想必然导致集体主义取向、他人利益取向和以天下为己任的大公无私精神。讲仁爱、重民本、守诚信、崇正义、尚和合、求大同是中华优秀传统文化中的思想理念，也是一种思想道德价值追求和人格修养的独特品质。中国人崇奉以儒家仁爱思想为核心的道德规范体系，讲求和谐有序，倡导仁、义、礼、智、信，追求修身（cultivate one's moral character）、齐家（regulate the family）、治国（manage state affairs）、平天下（run the world），追求全面的道德修养和人生境界，形成了中华传统美德和民族精神的核心价值理念。

（一）集体主义文化

儒家思想（Confucianism）是集体主义文化的思想根基，汉语文化中更重视一个人是某个集体中的人（a group member）这个概念，所有"个人"被看作是整个社会网中的一部分，不强调平等的规则，而是强调对群体的忠诚。

集体主义者对他直接隶属地组织承担责任，如果不能完成这些责任和任务，他们就会感到丢脸。集体主义者对自己群体内的人很关心，甚至达到舍己救人牺牲自我的地步，对群体外的人可能会很强硬。集体主义文化把"自我肯定"（self assertiveness）的行为看作是窘迫的，认为突出自我会破坏集体的和谐（harmony）。集体主义文化中强调互相帮助和对集体负责。任何个人的事都要在集体的协助下完成，一个人的事也是大家的事，朋友之间对个人事务要参与和关心。

与集体主义（collectivism）和利他主义（altruism）相伴随的是无私的奉献精神（spirit of utter devotion），当国家、社会和他人的利益与个人利益相冲突时，传统道德价值观往往教育我们要舍弃个人利益，以国家、集体和他人利益为重，把国家、社会和他人的利益放在个人利益之上，这种无私奉献公而忘私的精神一直受到社会推崇，受到民众敬仰。

（二）家族为本

中国长达两千多年的封建社会是以家族为本位的社会制度，所以家族本位（family standard）在中国人的思想意识中根深蒂固。中国人以血缘关系结成错综复杂的层次网络，形成了高低贵贱的不同等级。中国古代传统道德的"三纲五常"（三纲指的是父为子纲、君为臣纲、夫为妻纲，可译为"the Three Cardinal Guides—ruler guides subject, father guides son and husband guides wife",五常通常指仁、义、礼、智、信,可译为"five Constant Virtues")阐述和规范的是人与人之间的关系问题。在中国古代,子女即便是成年,依然与父母一起生活。在社会道德规范里,子女的首要义务是赡养父母。另外,中国人在处理事情的时候,往往从家族的整体利益出发,并且习惯考虑父母或者长辈的意见和建议,强调无大家就无小家,无国亦无家,家国一体。

在中国的传统文化中,家风家训(family tradition and family instructions)文化是一个十分重要的组成部分,家风家训是建立在中华文化之根本上的集体认同,是每个个体成长的精神足印,是一个个家族代代相传、沿袭下来的体现家族成员精神风貌、道德品质、审美格调和整体气质的家族文化风格。传统家训的主要作用在于有效维系家庭成员之间的关系,从而建立和谐的家庭秩序。历史著名的司马光家训、颜氏家训、曾氏家训所蕴含的道德教育,主要内容包括:孝顺父母长辈、维持兄弟和睦、关爱他人、勤以修身、俭以养德、诚信无欺、早睡早起、参加家务劳动以及读书明理学以致用等。这些家风家训伴随着中华文明的发展,已经深入到了我国国民的骨髓中,不仅能够在一定程度上提升人民的物质生活水平,同时还能丰富一个人的内在精神。

(三)重义轻利

中国传统文化对谈论财富是朦胧抽象的,对财富(钱)进行公开讨论的学者不多,历代学者也多是在探讨财富观的过程中渗透其财富思想的,很少有人专门谈论财富本身是什么。中国社会的主流思想是儒家思想,儒与商是完全不同的两个概念,儒家思想创始人孔子认为"儒"乃有道德操守的读书人,天职在于求道义(morality and justice),注重"修身、齐家、治国、平天下",向来重义而轻利(justice outweighing benefit),追求的是成圣成贤的大道;商乃通货之民,其本性在于求利和求财。

但是儒家思想并不鄙视商业行为,主张"义以求利",不反对做官,不反对发财,儒家思想创始人孔子认为做官发财都必须符合道义,不能违背原则去追求富贵荣华。儒家财富观讨论的核心是义利关系,即财富的获取是否合乎伦理道德的规范。在道德和物质利益的关系上,儒家主张见利思义,德本财末;同时,把义与公联系在一起,把利与私联系在一起,强调个人私利要服从国家公利。儒家义利观不仅规定了民众的行为规范，而且也为社会经济政策确立了指导思想。

中国的儒商文化（culture of Confucian businessmen）是儒家思想运用于经济领域形成的商业文化，是我国传统文化的重要组成部分。中国近代儒商产生于近代民族资产阶级，特别是爱国实业家中。他们既积极吸收近代西方工商业思想和科学管理理念，又继承传统儒商文化，建构起近代儒商文化。近代儒商文化主要包括七方面内容：传承儒家仁道精神、秉承义利合一的经营之道、以诚信为本做忠信之商、克己敬业勤俭守成、浓厚家国情怀倡行实业救国、强烈的社会责任感以及热心公益慈善事业。与西方近代商业文化片面崇尚工具理性不同，近代儒商文化弘扬儒家人文精神，将道德性的价值理性和功利性的工具理性相统一，富有民族文化特色。

五、西方价值观的特点

西方哲学观自古倾向于把人与大自然对立起来，即天人相分（separation of nature and human），强调人与大自然抗争的力量。所以，西方重个人主义（individualism）、个性发展（personality development）与自我表现（self-expression）。他们认为一个人有时达不到自己的目的，那不是天命（God's will），而是自己懒惰，缺乏斗争精神。因此，西方价值观强调以个人为主体和中心，也就是有突出的"利己"（egoism, self-interest）思想。这种思维方式以实现个人利益、维护个人尊严等作为出发点，决定各种社会人际关系的建立，影响人们的价值评判，并形成相应的行为方式和态度。它肯定个人作为宇宙间一个独立实体的价值，强调人的权利和人与人之间的竞争，认为只有通过个人奋斗和竞争才能够确立自我价值（establish one's self-worth）和实现个人目标（achieve personal goals）。

（一）个体主义文化

西方的个体主义思想的哲学根基是自由主义（liberalism），它的基本主张是每个人都能做出合理的选择（make well-reasoned choices），有权利依照平等和不干涉的原则（equality and non-interference）去过自己的生活，只要不触犯别人的权利，不触犯法律和规章制度，他们有权利追求个人的兴趣和爱好，一个好的公民是守法（law-abiding）和讲究平等(egalitarian)的人。在个人主义高度发达的社会中,它的成员逐渐学会并擅长表达自己的独特性(uniqueness)和自信心(self-confidence and assertiveness),表达个人的思想和情感,对于不同意见公开讨论,这些都是人们看重的交流方式。他们不害怕别人的关注(attention),因为这种关注才能证明他们的独特性。

(二)个体为本

西方"天赋人权(man's natural right)"的思想及个人主义价值取向可以追溯到古希腊罗马时期,古希腊神话如乌拉诺斯、潘多拉的魔盒、苹果之争、俄狄浦斯王等,体现了竞技性、竞争性、尚武性、残酷性、自私自利性等文化特征,也形成了包含乐观主义、确信生命只有为其自己而活着才有价值、为自我满足而奋斗才有意义的希腊精神,构成了整个西方文明和价值观念的灵魂。这种以个体为本的价值观认为,当个人利益与国家利益、社会利益、家族利益以及亲属利益相互冲突时,应当优先考虑个人的利益。

个体主义文化是一种以"我"为中心的文化,即"I cultures"。在这种文化下,每个个人都被看作拥有独特的价值(intrinsic worth),每个人都极力指出自己与他人的不同来表现这种独特价值。个体主义文化非常重视个人主义(individualism)取向,强调"自我",在交际中表现出强烈的肯定和突出自我的色彩。这种突出自我的思想意识体现在行动上就是敢于标榜和突出自我,敢说敢为,敢于表现自己,表现出强烈的自我奋斗和自我实现的进取精神。另外,因为他们身体力行个体主义,个体化意识根深蒂固的缘故,他们认为年龄、婚姻状况、收入、宗教信仰、婚姻状况、体重等都属于个人隐私,不允许别人干涉,打听个人隐私是令人难以容忍的。

西方人非常重视个人主义(individualism)取向,强调"自我",在交际中表现出强烈的肯定和突出自我的色彩,这种观念可以在英语中大量的以 ego(自我,自我意识)和 self(自我,本人)组成的词组中体现出来,如 egocentric(自我中心的), ego ideal(自我理想化), ego trip(追求个人成就), ego-defense(自我防御), self-control(自我控制), self-confidence(自信), self-made(靠个人奋斗而成功的), self-reliance(自立), self-fulfilling(自我实现), self-help(自立), self-image(自我形象), self-interest(自身利益), self-protection(自我防护), self-respect(自尊)

及 self-seeking（追求个人享乐）等。

（三）财富光荣

财富观是人们对于财富的态度和观念以及为了获得财富而采取的途径和方法的理论指导。西方历史上长期受基督教"上帝为大家,人人为自己"（God for all, every man for himself）价值观念的洗礼,宗教教义为资本主义发展提供了获取财富的道德依据,追求财富合法化,使财富成为社会合理的资本。在发展市场经济模式上推崇私利,认为私有制度（private ownership）更符合人性,相对财产公有（public ownership）能给人带来更多的快乐。基督教伦理为资本主义企业家提供了心理驱动力和道德能量,基督教孕育、生成了西方企业家精神（Western entrepreneurship spirit）。新教徒企业家对金钱财富无止境的追逐是出于"天职"（bounden duty）伦理,是上帝安排的工作,赚钱是为了彰显圣德。

第二节　中西价值取向对于用词的影响

一、人名和地址的影响

集体主义文化的中国在命名时通常会注意名字的意义,而且在命名方面很有创意,组合形式无限。中文名字表达了父母对孩子的期盼,但要避开长辈名字中的字,甚至谐音都不允许,对长辈及领袖的尊重包含对其姓名的尊重,对版权所有极为尊重。在汉语人名中姓在名前,而且同一家族的人往往倾向于名字中共用某一个字,尤其是男性,像某些姓如"孔""孟"等从名字中还能看出辈分。汉语地址是按地域从大到小的归属顺序排列,如北京市海淀区清河小营东路 12 号北京信息科技大学图书馆。

西方父母给孩子起名字时通常会表达一种纪念,用他们羡慕的人或爱戴的人的名字给新生儿命名,很可能会用祖父或祖母的名字或名人的名字。英文名字中 given name 还包含一个 middle name 或 Christian name。英文名字注重其纪念意义,但需要注意的是名字与姓构成的首字母缩写(initials)不要生成一个贬损的词语(uncomplimentary word),如 Andrew Simon Smith、Edward Grey、Machael Adam Davies、Graham Adam Yiend、Fiona Alice Tanner、Nichola Ann Green 等。英文中名字在前,姓在后,如 Bill Clinton、George Bush、Michael Jordan。英语地址是最小的地名写在最前面,最大范围的地点写在后面,在信件地址上明显可以看到这样的例子,如 Mr. Smith, 947 Flat Holtow Marina Road , Speedwell, TN37870, USA。

二、问候语、称谓语的影响

称谓语在问候语中起着举足轻重的作用,中国人习惯对他人问候时先称呼对方再问候。中国人按照尊卑有序的原则问候他人。遇到长者、上司、服务对象等对自己来说身份地位比较尊贵时,一般会采用"您好"来问候。遇到与自己同级或小于自己的一般会用"你好"来问候。中国人打招呼时常谈论的是吃饭、家庭、收入等话题。例如,对于很熟悉的朋友,可以问:"去上班啊?""吃了吗?""上哪呢?"等,这些问候的目的是为了打招呼,而不是真的想得到被问候人对于此类问题的答案,在中国人看来,这种询问型问候方式体现了对他人的关心和重视。

英语国家人对于问候语不会过多讲究,基本问候模式比较固定,经常用的几个常见的问候的句子有:"Nice to meet you!""How do you do!""How are you!""Hello!"人们见面一般习惯于谈论天气和近况,如英国人见面有时会说"It is cooler today, isn't it?"或者问"It's a nice day, isn't it?""How are you going?"对方不需要详细解释,问候不涉及对方的隐私。英语中对于特别熟悉的人常用的问候语"Hi"相当于汉语的"你好"。在英语问候语中,祝愿性质的问候语比较多。例如,"Good morning/Good afternoon/Good evening."等。

中西方的问候语都自成系统。在跨文化交际的过程中,应避免使用本国的问候语。例如,中国人在问候英美时,应避免使用"Have you eaten?"或者"Where are you going?"中国式英语,这种问候不被西方人接受,还会造成误解,应该选择西方人常用的语句,内容上选择对方日常讨论的话题,避免敏感话题。对于西方人来说,如果在中国旅游,遇到略懂英语的老百姓问候自己,可能会被问到家庭、收入、职业、国家等问题,请予以善意的理解,毕竟这些话题是中国人千百年来与他人交流的内容，只是聊家常套近乎，不是故意针对个人发难。

中国是一个讲究礼仪的国家，称谓严谨，在称呼上很重视辈分的区分，自古就讲究"长幼有序，尊卑分明"（age is orderly and hierarchy is distinct）。正所谓"君君臣臣，父父子子"。如果不讲究辈分，不懂尊卑，就会认为你不懂礼貌，没有教养，因此在称呼上体现出彼此之间的辈分关系。长辈对晚辈主要的称呼方式就是直呼其名，或者是用昵称来称呼孩子。晚辈对长辈的称呼就严格了很多。一般来说，晚辈必须按照辈分来称呼长辈。如果晚辈对长辈直呼其名，肯定会被当成是大逆不道的行为。汉语中对父系亲属和母系亲属都有不同称谓，如奶奶、姥姥、姑姑、姨妈、舅舅，体现出对血缘和亲属关系的重视。汉语中常用亲戚称谓语称呼陌生人，如小朋友称呼陌生人为叔叔、阿姨。汉语中正式场合一般用全名（姓氏加名字）称呼比较多，比较亲近的人之间单用名字（不加姓氏）称呼较多。汉语中还有用大、小和老等字加姓的称谓方式。汉语用名衔作称谓语很多，如王主任、刘科长及张馆长。

英文中对他人的称呼就简单很多了。无论上级或下属，也无论对方年纪大小，英文中比较推崇的称呼方法就是叫对方的名字，在同事之间的称呼依然是姓名。英美人认为用姓名来称呼对方，能营造一种平等自由的气氛，符合英文追求平等的特性。英语中通常可以用名字（given name）称呼某人，姓很少用，只用于名人和要人，全名只在正式场合下用。英语中可以用 big 或 little 在名前表示个头或年龄的特点，如 big Joe, little Tom。英语中表示对权威者（authority）的尊重的词语比较少，President 通常可以加上姓使用。英语正式的称谓主要是运用 Mr.、Mrs., Miss 和 Ms. 这四个词。其中 Mr. 是用来称呼男性的，任何未婚或已婚的男子，都可以用"Mr.+ 姓"这种方式称呼，如 John Smith 可以称为 Mr. Smith。而女性的称呼语有三个，分别是 Miss., Ms. 和 Mrs.。在这三个词中 Miss 是用来称呼未婚女子的；Mrs. 则是对已婚妇女的称呼；越来越多的人倾向于使用 Ms.（女士），因为这个中性词无须体现被称呼者的婚姻状况，更容易被女性接受。英语中亲属称谓只用于亲属，亲属之间的称呼有时直呼名，有时也用亲属称呼语，亲属称呼语也是按辈分，直系和旁系亲属用词一样，爷爷、外公都用 Grandfather，奶奶、外婆都用 Grandmother，叔叔和舅舅都用 Uncle 来称呼，婶婶、姑姑和舅妈都通称 Aunt。

三、人际关系以及交往中用词的差异表现

个体主义者相信平等(equality),对待上级和下级一个样,对待朋友和陌生人一样。个体主义者不强调对群体内部的人要负责任,对孩子个人的事物干涉会少,对老年人的照顾也缺乏,对待客人的态度也是以不过分干涉为原则,"Help yourself to"是常见的礼貌用语,各种礼让(offer)也是一次就够。

集体主义强调听从和敬重(deference),对社会阶层(social hierarchy)中比他低或高的人得到的待遇有明显差异。集体主义者非常重视群体内部的人之间的责任,家长对孩子有严格的监管权,而赡养老人是一件义不容辞的责任,孝顺(filial)是衡量一个人品质的重要因素。对待客人,主人是个有"特权"的人,礼让次数越多,越显示出热情,越是表现出极大的强迫性,越能体现出好客。

中英文社交称谓中还有一个特别的差异,就是敬称与谦称的使用。中文里的敬称有很多,如古汉语中的令尊、令堂和令郎,现代汉语中仍在使用的贵校、贵姓及贵庚。中文谦称有晚辈、在下、卑职、寒舍等。英语中也有一些尊称和敬语,如对国王或女王可直接用敬语 Your Majesty 或 Her Majesty(陛下或女王陛下),对亲王则说 Your Highness(殿下),对法官称 Your Honor(先生或阁下),但数量有限。谦称在英语中实属罕见。值得关注的是,英语中只有表示自己的"I"和表示上帝的"He"无论在句首或句中都是大写。

四、对独处隐私的不同态度及用词

西方文化,尤其是美国文化,比较注重个人的价值。个人主义的文化强调自我意识、自主性、情感上的独立性,着意于个人的首创精神,保护个人隐私和私有财产,追求个人物质的满足,个人目标凌驾于集体目标之上,认为每个人都是自己的主人。西方人会刻意展现自身特点,注重依靠自我,重视自我保护,把外在的个人利益看得很重。西方人认为社会有必要满足个人的需求,个人的权利要高于社会需求。个体主义者重视独立(independence)和自立(self-reliance),在其文化中的基本单位是个人而非集体,他们需要表现出与众不同,而且需要私人空间来避

开公众的视线,也就是"隐私空间"(private space)。英语国家的人看到别人买来的东西,从不去问价钱多少;见到别人外出或回来也不会去问上一句"你从哪里来"或"去哪儿";至于收入多少更是不能随便问的事。谁想在这些方面提出问题,定会遭人厌恶。美国人往往用"You've nosed into my affairs."(鼻子伸到人家的私生活里来了)这句话来表示对提问人的不满。

中国人一般高度重视社会关系,隐私观念不强。熟人见面时往往关心地问对方:"吃了吗?"或客气地询问:"你到哪里去?""你在忙什么?"等问候语来表示寒暄,大家都习以为常,因为大家彼此心里也清楚这些问候只是街坊邻居、熟人同事在路上相遇时说的一句客套话。这种传统的问候方式体现了中国源远流长的熟人圈文化,也反映了千百年来人们对饮食的注重。中国人私事观念不强,主要是传统群体生活中不分彼此留下的遗迹。在西方人眼里视为"隐私",需要保护或者不能过问的事情,在中国人眼里是可以过问甚至是关心他人的具体体现。

五、在学校教育中

西方教育是一种尝试教育,先让学生尝试进行体验,在体验中发现难点,然后在解决难点中积累经验,最后得出自己的结论。西方教师往往像朋友一样,和学生一起探索问题。当学生遇到疑惑时,会耐心指导他们去图书馆寻找答案,培养其独立思考和解决问题的能力。西方高等学校课堂及高校教学的重要方式包括:小组讨论(group discussion)、演讲展示(presentation)、即兴秀(show off the cuff)、角色扮演(show & roll play)以及话题辩论(topic debate & discussion)。基础教育中经常采用的教育方式有晨间讨论会(morning meeting)、即兴发言(free talk)等。课堂上,老师惯于采用引导式教学,学生采用辩论式学习。双方共同强调个人观点的表达,收集支撑论据,运用逻辑思维方式,经过实际思考或实验等证明个人观点的准确与否,只要说得有理有据即可(Everything is okay with evidence)。在这种鼓励个人表达的教育环境下,独立思考、勇于表现被不断提倡,形成教与学的良性循环,营造了活泼的教育氛围。这种"引导—辩论"或"引导—实践"的模式能双向传递信息,并保留了教育中的思考过程,有利于培养个人的逻辑思维、语言表达、自主解决问题的能力。简单来说,西方的辩论课是学生为自己的观点辩论,是主动学习、有序探讨、科学研究的过程。这种"引导—辩论"或"引导—实践"的教育方式也存在弊端,即由于学生讨论耗时多、观点庞杂,或学生思考速度不同等,容易导致教学进度缓慢。

在中国,老师处于主体地位,学生处于被动状态。在灌输式教育(cramming education)的课堂上,学生们往往有良好的学科基础和记忆能力。学校对孩子的教育,基本上都采用了训导式教学(indoctrination in education),即由教师主讲并引导课堂。从学龄前教育开始,老师就已经开始进行训导教育,老师讲授给学生:这是什么、这能干什么、你不能这样做或你应该做什么。教育目的与结果都是正确的,唯独缺少质疑的过程。久而久之,学龄前儿童产生懒于思考的习惯。训导式教育下,学生的思维在一定程度上有了定式,出现了疲于思考、难于创新的现象。知识的说教式灌输和权威的不可挑战定式,久而久之一定会造成个人主观能动性的进取型欠缺。在单方传授的训导模式下,中国教育注重"经验之谈"(voice of experience)。老师将已有经验进行归纳总结,直接传授给学生。这种总结经验的教育方式能够节约时间、实现传授知识的效率,也便于扩大知识普及范围。因此,学生对知识的掌握是十分扎实的,但往往容易忽略学生本身的主观能动性,不利于学生创新思维的发展。

六、在家庭教育中

在西方,家庭教育旨在提升孩子独立能力,尽可能提供让孩子自由发展的机会,锻炼其自主能力以适应多种多样的环境;鼓励孩子参与动手制作,帮家人分担家务,和父母修理花园,鼓励青少年做点兼职,体验参与社会生活;潜移默化地鼓励其自食其力,学会承担一定的家庭和社会责任,培养孩子的责任感(sense of responsibility)和独立意识(independent consciousness)。西方的家庭教育把孩子的心理健康(mental health)看得十分重要。他们十分注重和孩子的交流,聆听孩子的内心需求。遇到问题时,他们的做法不是擅作主张,取而代之的是和孩子一起商量和探讨。正如"快乐教育"(happy education)在西方的开展,家长不仅仅是孩子的监护人,更是孩子成长路上心灵的引路人,是孩子的大朋友。

中国家庭教育对孩子高要求、高期望。在孩子的成长过程中,家长往往照顾孩子的全部生活,洗衣、做饭、清扫、理财等,学习成为留给孩子的唯一任务。孩子的自主意识(independent consciousness)、道德品质(moral character)、心理健康等容易被家长忽略。家庭教育以培养孩子成才为目标,父母承担了孩子的未来规划。在这种教育环境中,孩子"成才"路上遇到的风险相对较少,在父母的规划下,成长过程也能相对平稳顺利。中国孩子的心理需求经常是被家长忽视的一个方面,在对坚定的意志、健康的性格、优良的道德品质的培养上存在不足。孩子被家长人为地隔绝在较为封闭的圈子内,以至于社会体验过少,独自面对坎坷时抗压能力相对不足。好在近些年来,关注未成年人心理健康已逐渐形成趋势,应当能在未来的教育中有所发展。

第三节　价值取向对于词语联想意义的影响

一、第一人称代词 I 和 we

在中国传统文化中,"自我"往往被不认为是最重要的,因为自我不是独立存在的,他必须附属于某个社会群体而存在,而这个群体才是最重要的实体,这便是中国文化中备受推崇的集体主义观念。因此,汉语中常用"我"和"咱"暗射一个群体而不是个性分明的自己,这种现象与中国文化密切相关。日常对话中,说话者为了与听话者维持友善的交际关系,他常常会让自己从听话者视角出发运用语用移情,将自己置身一个群体中,模糊自我。说话者往往会用"咱"表示自己,用第一人称复数代替第一人称单数(相当于用 We 代替 I),也就是用移情的技巧将自己与听话者置于同一个群体中,缩短与听话者的心理距离,如"咱们学校""咱们中国人",增强了听话者对说话者话语内容的认同。除了"咱",汉语中的"我"有时也会起到语用移情的作用,将自己置于一个团体中,表达了一种模糊意义,不是指代说话者自己而是指包括自己在内的一个群体"我们"的意思。例如:"还我河山！还我青岛！"(Return our homeland, and return our Qingdao!)。另外,汉语的礼貌原则和自谦原则与人称指示词密不可分,贬己尊人是汉语礼貌准则中的一条,表示自谦的词语很多,如晚生、在下、小人、鄙人等,虽然这些词语现在不常用,但这种贬己尊人的礼貌原则和语用移情的对话技巧却保留下来并成为中国文化的一部分。

与汉语中存在多种表达"我"的人称指示词不一样,英语中第一人称单数的指示语只用一种"I"及其相应的词形变化(me, my, myself),而且英语中的"I"指代性非常清楚具体,就指代"我",不存在模糊自己身份的情况。说话者用"I"强调自己是独立个体,将自己排除在群体之外,运用语用离情手段,给听话人一种心理距离感。

另外,英语中的"I"往往会让说话者看起来很有权威性、有主见和个性,美国前总统里根在竞选其第二任期总统职位的演讲中使用了很多"I",如其中一段:"Tonight, I'm here for a different reason. I've come to a difficult personal decision as to whether or, not I should seek reflection."让他给民众留下一种有个性、有能力、有魅力和值得信赖的印象。在演讲中,里根将"I"恰当用到语用离情中,突出个性,这正与他标榜的个人主义、人权和自由的竞选标语不谋而合。这也从另一个侧面反映出西方文化对"民主"一词的诠释和理解,西方人眼中的民主自由是与"个体""个性"这些字眼密不可分的。

就英语中的语用离情指示语"I"而言,英语的西方国家一直深受"Do-It-Yourself"行为准则的影响,所以不论是说话者还是听话者都习惯了自己对自己的行为和观点负责,习惯了站在个人的角度去思考和解决问题,在他们看来,脱离群体的个体才是值得推崇的,是有个性的自由的人。而且,受到个人主义和人本思想的影响,西方文化鼓励人们自由发表个人观点,突显自我。因此,西方文化强调个体和他人之间的界限要分明,个体与他人之间要存在适度的距离。据调查,中国作者在学术论文中对第一人称代词的使用与英语本族语者存在较大差异。英语本族语者更倾向于选用第一人称的单数形式来凸显研究的独特性和新颖性,中国作者则优先选用其复数形式来强调其团体属性。

二、颜色词及其联想意义

颜色词是语言中的重要组成部分。颜色词是用来表明人、事物色彩的词汇,它既可表示事物的不同色彩,又能描述人的各种情感色彩。由于不同国家的文化和心理认知差异,来自不同语言文化圈的人对相同的颜色有不同的感知,因此在同种颜色词的使用上也出现不同。对于同样的颜色,不同的民族有不同的看法、态度和喜好。英语中较常用的颜色词有 red(红),white(白),black(黑),green(绿),yellow(黄),blue(蓝),purple(紫),gray(灰)及 brown(棕)。这些颜色词在中西文化中既有相似之处又有不同之处,其情感色彩的联想意义更值得归纳总结。

red(红色)在中西方文化中都被认为与庆祝活动或喜庆日子有关。在中国,红色是代表喜庆、吉祥的传统颜色,逢年过节则到处是红色的海洋,如红灯笼、红春联等,结婚典礼上新郎新娘穿红色礼服。英语中也有类似的寓意,如"red-letter days"指日历上用红色标明的节日,诸如圣诞节、复活节等。但除此之外,"Red"在西方文化里,也经常代表贬义,如残酷、狂怒、灾难、血、赤字等,如"red-headed"意为"狂怒的","red hands"意为"血腥的手"。在商务英语里,红色的这种本义投射发展为债务、赤字和损失的意思。在经济报道中,醒目的红色让人有触目惊心的感觉,所以损失都是用红色表示,如 red figure、in the red、red balance、get into red、get out of red 等,都表示赤字和损失。

Black(黑色)在英汉两种语言中常常与不好的、邪恶的及神秘的事物相联系。比如,"black-hearted"(黑心的),"blacklist"(黑名单),"black market"(黑市)等。此外,在东西方国家,黑色都象征着悲哀和死亡。在中国传统文化里,丧葬仪式中用黑色和白色表达悲伤和哀悼之意。在西方经济活动中,黑色是一个与红色相反的词语,代表着盈利,寓意稳定发展,象征着安全。"black figure"指的是利润,"be in the black"指的是在银行的账户里存钱,"black figure nation"指的是那些在国际贸易中出口超过进口的国家。

White(白色)对多数中国人和西方人来说,所引起的联想意义有一些是相近的,如 purity(洁白)和 innocence(清白无辜)。但是在汉语里,"白"字的派生词往往含有徒然、轻视、无价值等贬义。普通平民百姓被称为"白衣",人们办丧事被称为"白事",与"白"字组合的词语也被赋予贬义,如白干、白搭、白费、白送、白眼、吃白食、一穷二白等。而在西方文化中,"White"象征着美好、快乐的祝福,"White"(白色)就如同天上飘下的雪花一样干净纯洁,如同晨光中盛开的百合花一样美丽清纯,因此新娘的礼服在西方传统里都是白色,白色也成了西方文化里纯洁美好的代言,如《格林童话》中深受人们喜爱的白雪公主(Snow White)就是美丽、善良、聪慧的化身。在商务英语中,"White sale"是大减价,指的是对顾客有好处的大甩卖销售,"white money"指的是银币,"the white way"指城市灯火灿烂的商业区,也可以翻译成银光大街。

　　Purple(紫色)在西方文化中是一种高贵而神圣的颜色,是一种非常高级的服装色彩,给人高贵优雅的感觉,非常受女性的欢迎,在隆重和庄严的场合,女人们总会穿一件紫色的衣服。在西方,紫色也意味着荣誉,是最高贵的颜色,源于紫色染料仅用于古代罗马帝国贵族。在拜占庭时代,皇室成员以"紫色"展示他们正统的渊源,用以区别于其他手段获得君主的宝座。所以,在英语里出现了诸如以下一些短语:"purple emperor"(帝王),"be born in the purple"(生在帝王之家)。在中国紫色与当官有关,因为很多官服是紫色的,紫气东来比喻吉祥的征兆。

　　Yellow(黄色)在英文里的隐喻义是"胆怯的、卑鄙的",如"yellow dog"(卑鄙的人),"You are yellow"(你是胆小鬼)。另外,在西方文化里,人们总是信仰基督教,而基督教耶稣由于门徒犹大的背叛惨遭不幸,所以人们对犹大深恶痛绝,犹大身穿黄色衣服,于是黄色又衍生出"背叛"之意。黄色是中国历代帝王的专用色彩,是"帝王之色",是皇位、权力的象征,也是古老中国的象征,至今中国人仍把自己称为"华夏儿女"。现代汉语中"黄色"也表示"污秽不健康的色情内容",如"黄色电影",但是英文中表示相同意义的颜色词却是"blue","a blue joke"指黄色笑话。

　　Green(绿色)在西方文化里有着蓬勃生命力、充满活力的意思。因此,在商务英语中有"Green field project"(需要资金资助的新兴项目)。美元纸币是绿色的,所以绿色在美国联系着"钱财、钞票、有经济实力",例如"green power"(财团),也指有雄厚的经济实力;"greenback"(钞票);"green stamp"(美国救济补助票)。随着全球环境恶化,绿色也逐渐成了"环保"的代名词,在经济活动中,"green business"指环保产业,"green products"指环保产品。在中国,绿色也代表"环保"。

　　Blue(蓝色)在英语文化中象征着纯洁、高贵、深沉,并且不同明度的蓝色有着不同的象征意义,如高明度蓝色——天蓝色(sky blue)象征清新和宁静,低明度蓝色——海军蓝(navy blue)象征庄重和崇高,极低明度的蓝色——墨蓝(blue black)象征孤独和悲伤。蓝色也常用来表示社会地位高、有权势或出身于贵族或王族,如"blue blood"指有贵族血统,出身名门望族;"blue laws"指严格的法规。蓝色通常也表示不快、情绪低沉、烦闷等意思,如"a blue Monday"(倒霉的星期一)。在西方宗教中,蓝色被用来表示高贵、圣洁。商务英语中,蓝色的本义有重要、权力、高贵的意思,延伸在以下词语中体现出来:"bluebook"(蓝皮书),是指英国国会的出版物,因书皮为蓝色而得名;"Blue-chips"(蓝筹股),指稳定可靠的财富。

Grey(同Gray,灰色)在英语里表示透明度差,可见度低,看不清楚,给人一种沉重、压抑的感觉。通过隐喻认知模式,灰色被投射到情绪低落等抽象的情绪概念上。"a gray day"阴天,"grey and joyless"意思为人生灰暗。灰色在中国文化里象征谦虚、平凡、沉默、中庸、寂寞、忧郁和消极。

Pink(粉色)是典型的暖色,中西方人们都用这种明亮温暖的颜色形容年轻的、活泼的少女,英语中粉色常用作积极的形象,可引申为"健康的、品格高的、使人愉悦的"等意思。例如,"in the pink of health"指身体状况良好,健康;"pink of perfection"形容人的性格完美,无可挑剔;"the pink of politeness"指有礼貌;而"tickle somebody pink"表示使某人感到身心愉悦。值得注意的是,粉色因与桃花有着相似的颜色,自然映射出别的语义,英语中"pink films"指桃色电影。

Brown(棕色)跟大地或者木材的颜色很相似,色泽较深,所以它的隐喻义"brown off"有使不满、使厌烦、激怒的意思。因其"深沉"之意,又可引申到"in a brown study"(沉思冥想),如"I left him in a brown study thinking over the question"指我让他沉思,好好地考虑一下这个问题。

中英文化中表现心理活动的颜色词之间存在差异。无论是中文还是英文,颜色词除了能表示色彩之外,通常还有其特有的引申义,用来表达人们的情感和思想等。以下面一段英文为例:"Mr. Brown is a white man. He is rather green the other day. He has been feeling blue lately. He was in a brown study. I hope he will be in the pink again."这段话包含的五个颜色词,都能反映颜色词的隐喻作用,"white"指正直,"green"指脸色不好,"blue"指情绪低落,"in a brown study"的意思是指心事重,"in the pink"指身体健康。然而这五个颜色词在汉语中都不能够表达心理活动或情感。

总之,由于地理环境和历史进程不同,中西方人的价值观大不相同。中国传统文化崇奉以儒家仁爱思想为核心的道德规范体系,讲求和谐有序,追求个人全面的道德修养提高和人生境界提升,集体主义文化、家族为本、重义轻利是中国人价值观中的核心内容。西方的个体主义思想的哲学根基是自由主义,以个体为本的个体主义文化和个人主义价值取向强调个人奋斗、追求财富合法化,使财富成为社会合理的资本,在发展市场经济模式上推崇私利。中西方不同价值取向对作为人们信息交流的工具——语言产生了很大的影响,体现在人名、地名、问候语、称谓语、人际关系交往及对于个人隐私的态度、学校教育、家庭教育中等方面的词语用法上。在中西方跨文化交流中,我们应该注意到中西方第一人称指代的用法、颜色词的联想意义都存在明显差异,值得我们总结和归纳,而这些语言背后的文化渊源,值得我们进一步探讨分析。

练习

一、填空题。

1. 克拉克洪与斯多特贝克(Stottbeck)提出了不同价值观包含的五个价值取向包括:(1)人性取向;(2)＿＿＿＿＿＿取向;(3)时间取向;(4)＿＿＿＿取向;(5)关系的取向。

2. 英美价值观念的主线是＿＿＿＿,崇尚个人相对社会的独立自主性,它强调的是＿＿＿＿和个人的成就。

3. 中国传统道德价值观中以德治国的主要内容包括＿＿＿＿＿、＿＿＿＿＿、强调官员道德修养,以及建立社会的伦理纲常等四个方面。

4. 在中国,人际关系强调"以和为贵"(harmony is the most valuable),经济发展强调"和气生财"(＿＿＿＿＿＿),治国方略强调"和谐社会"(＿＿＿＿)。

5. 古希腊神话体现了竞技性、＿＿＿＿、尚武性、＿＿＿＿、自私自利性等文化特征。

6. 英语正式的称谓主要是运用Mr.,＿＿＿＿ Miss和＿＿＿＿这四个词。

7. 西方高等学校课堂及高校教学的重要方式包括:小组讨论(＿＿＿＿)、演讲展示(＿＿＿＿)、即兴秀(show off the cuff)、角色扮演(show & roll play)以及话题辩论(＿＿＿＿＿＿)。

8. 用中文交流时,人们习惯用第一人称复数＿＿＿＿第一人称单数,也就是用＿＿＿＿的技巧将自己与听话至于同一个群体中,＿＿＿＿与听话者的心理距离,增强了听话者对说话者的话语认同。

9. 英美人士说话用"I"强调自己是独立个体,将自己＿＿＿＿在群体之外,运用语用_____手段,给听话人一种心理距离感。

二、连线题。

(一)请将下列英语单词与其汉语意思连线。

1.egocentric　　　　　　　自我防御
2.ego-defense　　　　　　 自信
3.self-confidence　　　　　靠个人奋斗而成功的
4.self-made　　　　　　　 自我实现
5.self-reliance　　　　　　 自立
6.self-fulfilling　　　　　　 自我中心的
7.self-protection　　　　　追求个人享乐的
8.self-seeking　　　　　　 自我防护
9.sense of responsibility　　独立意识
10.independent consciousness　责任感

(二)请将下列英语颜色词及其联想意义连线。

1.Red　　　　　残暴不好的、邪恶的,神秘的
2.White　　　　高贵优雅,有帝王血统的
3.Black　　　　喜庆欢快;狂怒;赤字
4.Purple　　　 纯洁美好;善良美丽
5.Yellow　　　 有着蓬勃生命力、充满活力
6.Green　　　 胆怯的、卑鄙的
7.Blue　　　　 使厌烦;沉思的
8.Grey　　　　健康的、品格高的、使人愉悦的
9.Pink　　　　 沉重、压抑、灰暗
10.Brown　　　纯洁、高贵、深沉;忧郁孤独

三、问答题。

1.你认为中国传统的价值观还包含哪些内容?这些内容用英语怎样表达?

2.你认为西方价值取向对于其高等教育有什么影响?请用英语来表达自己的观点。

参考文献

书籍：

[1] [美]Gernot Haublein,Recs Jenkins 著. 杨彩月译. 英语万词主题分类例解词典 [M]. 北京：北京语言大学出版社, 2011.

[2] 安然. 汉英百科词典 [M]. 北京：机械工业出版社, 1992.

[3] 奥莉维亚·坦普尔, 罗伯特·坦普尔. 伊索寓言全集 [M]. 南京：译林出版社, 2002.

[4] 布莱克·柯达. 烘焙课堂 [M]. 武汉：湖北科学技术出版社, 2014.

[5] 陈原. 社会语言学 [M]. 北京：商务印书馆, 2000.

[6] 崔校平. 英语词汇与西方文化 [M]. 北京：清华大学出版社, 2015.

[7] 德州农民. 至爱面包 [M]. 北京：北京科学技术出版社, 2015.

[8] 都昌满. 从走近到走进——美国高等教育纵览 [M]. 上海：上海交通大学出版社, 2017.

[9] 广州外国语学院汉英分类插图词典编写组. 汉英分类插图词典 [M]. 广州：广东人民出版社, 1981.

[10] 郝斐. 你不知道的英国留学 [M]. 北京：清华大学出版社, 2018.

[11] 胡壮麟. 语言学教程 [M]. 北京：北京大学出版社, 2001.

[12] 加拿大 QA 国际公司. 最新英汉百科图解词典 [M]. 北京：商务印书馆国际有限公司, 2012.

[13] 蒋争.英语词汇的奥秘[M].北京：中国国际广播出版社，2018.

[14] 蒋争.英语词汇分类记忆法[M].北京：中国国际广播出版社，2013.

[15] 赖世雄.字根字首字尾速记法[M].北京：外文出版社，2014.

[16] 黎小说,高民芳.图解词根[M].上海：世界图书出版公司，2014.

[17] 李赋宁.英语史[M].北京：商务印书馆，1991.

[18] 李平武.英语词根与单词的说文解字[M].北京：外语教学与研究出版社，2019.

[19] 李奭学.细说英语词源[M].杭州：浙江大学出版社，2013.

[20] 李祥睿,陈洪华.英汉·汉英餐饮分类词汇[M].北京：中国纺织出版社，2014.

[21] 李向红.英语词汇与文化[M].北京：中央编译出版社，2016.

[22] 李亦雄,耿悦.音乐英语[M].北京：外语教学与研究出版社，2020.

[23] 刘世同,周冠祖,李生禄.汉英分类翻译词典[M].大连：大连理工大学出版社，2003.

[24] 刘毅.英文字根字典[M].北京：外文出版社，2007.

[25] 陆谷孙.英汉大词典[M].上海：上海译文出版社，2019.

[26] 陆国强.现代英语词汇学[M].上海：上海外语教育出版社，1999.

[27] 罗念生.伊索寓言古希腊诗歌散文选[M].上海：上海人民出版社，2015.

[28] 洛秦,王田.外教社英汉·汉英百科词汇手册系列：英汉·汉英音乐词汇手册[M].上海：上海外语教育出版社，2013.

[29] 梅尔维尔.舌尖上的英语[M].北京：中国致公出版社，2012.

[30] 平洪.英语习语与英美文化[M].北京：外语教学和研究出版社，2000.

[31] 萨丕尔著,陆卓元译.语言论——言语研究导论[M].北京：商务印书馆，1999.

[32] 舒伟.希腊罗马神话的文化鉴赏[M].北京：光明日报出版社，2010.

[33] 索绪尔. 普通语言学教程 [M]. 北京：商务印书馆，1980.

[34] 汤季特，黄国梁. 英语记词捷径 [M]. 沈阳：东北大学，1991.

[35] 新东方考试研究中心. 专八词汇词以类记 [M]. 西安：西安交通大学出版社，2013.

[36] 徐通锵. 历史语言学 [M]. 北京：商务印书馆，1991.

[37] 闫晓旭，刘丽. 西餐英语 [M]. 西安：西安电子科技大学出版社，2014.

[38] 杨志兵，楼馥郁. 美国研究生申请指南 [M]. 上海：上海三联书店，2011.

[39] 英语培生教育出版有限公司. 朗文当代高级英语词典（英英·英汉双解）（新版）[M]. 北京：外语教学与研究出版社，2004.

[40] 英语培生教育出版有限公司. 朗文当代英语大辞典（英英·英汉大辞典）缩印本 [M]. 北京：商务出版社，2012.

[41] 张维友. 英语词汇学 [M]. 北京：外语教学与研究出版社，2000.

[42] 郑振铎. 希腊罗马神话与传说中的恋爱故事 [M]. 上海：上海世纪出版社，2005.

[43] 庄和诚. 英语语源新说 [M]. 汕头：汕头大学出版社，1994.

期刊：

[1] 蔡媛媛，杜清，冯锡铭，付滢. 儒商鼻祖子贡的经商之道对现代大学生创业的启示 [J]. 产业与科技论坛，2021，20（02）：92-93.

[2] 董欣荃，王莹. 从中希神话看中西价值观的差异 [J]. 牡丹，2015（16）：96-97.

[3] 高盼. 从汉英谚语浅谈中西价值观差异 [J]. 文化学刊，2017（02）：190-192.

[4] 韩玫，杨雪. 浅析中西方问候语的不同特点 [J]. 文学教育（下），2021（10）：68-69.

[5] 黄俊虎. 中西方文化背景下财富观比较 [J]. 佳木斯教育学院学报，2013（09）：164-165.

[6] 李民，肖雁. 英语学术语篇互动性研究——以第一人称代词及其构建的作者身份为例 [J]. 西安外国语大学学报，2018，26（02）：18-23.

[7] 梁耀.传统家训与新时代家风的文化价值内涵[J].名作欣赏,2021（27）：30-31.

[8] 刘晓玲.中英文中称呼与问候语的文化差异[J].中山大学学报论丛,2005（04）：139-144.

[9] 施静.英语颜色词隐喻义研究[J].文学教育,2016（01）：60-61.

[10] 王秀.中英文称谓词对比研究[J].科学咨询（科技·管理）,2015（08）：70.

[11] 王亚光.中英文称谓语中的人伦序位关系[J].广西师范大学学报（哲学社会科学版）,2016,52（02）：117-121.

[12] 吴慧.商务英语中基本颜色词认知隐喻研究[J].黑龙江教育学院学报,2015,34（09）：152-153.

[13] 吴秀秀.关于培养高中学生英语学科核心素养的思考——第一人称指示语隐含的中西文化差异[J].教育现代化,2017（14）：241-243.

[14] 徐春艳.中西道德价值观差异及根源分析[J].湖南工程学院学报（社会科学版）,2013,23（02）：57-60+65.

[15] 徐国利.中国近代儒商的形成和近代儒商文化的内涵及特征[J].安庆师范大学学报（社会科学版）,2021,40（01）：1-10.

[16] 徐曦.英汉颜色词文化内涵的相似和差异探究[J].江西电力职业技术学院学报,2018,31（06）：26-27.

[17] 许佳佳,成东.跨文化交际中中西方价值观差异对比研究[J].福建金融管理干部学院学报,2009（04）：60-64.

[18] 薛惠文,李滨序.简析中英文称谓语差异的文化根源[J].校园英语,2014（22）：143.

[19] 于桂敏,白玫,苏畅.中西方价值观差异透析[J].辽宁师范大学学报：社会科学版,2006（05）：11-13.

[20] 于千惠.从"课堂辩论"看中西教育差异[J].课程教育研究,2015（43）：12-13.

[21] 张维玺.当代家庭教育中优秀家训家风的传承研究[J].新课程,2021（16）：11.

[22] 赵涤非.浅谈中英颜色词语义对比与翻译[J].机电教育创新,2018,49（05）：109.

[23] 訾韦力.英语习语中颜色词的认知解析[J].海外英语,2014（05）：265-267.

外文书籍：

[1]BURROS, MARIAN. Keep It Simple[M]. New York：William Morrow And Company,1981.

[2]CARY NELSON & STEPHEN WATT. Academic Keywords：A Devil's Dictionary for Higher Education[M]. New York and London：Routledge,1999.

[3]GRIGSON, SOPHIE. The Soup Book[M]. London：Dorling Kindersley,2009.

[4]J. EMMERSON. Aesop's Fables[M]. San Diego：Peter Norton,2017.

[5]JACK ZIPES. Aesop's Fables[M]. New York：Penguin,2004.

[6]JOHN W. COLLINS Ⅲ & NANCY PATRICIA O'BRIEN. The Greenwood Dictionary of Education[M]. Westport：Greenwood Press,2003.

[7]LARRY A. SAMOVAR & RICHARD E. PORTER. Communication Between Cultures（3rd ed.）[M].Beijing：Foreign Language Teaching and Research Press,2000.

[8]MCGOVERN ANN. Aesop's Fables[M]. New York：Scholastic,2013.

[9]NATE RIPPERTON. Aesop's Fables：A Classic Illustrated Edition[M]. Beijing：Central Compilation & Translation Press,2009.

[10]PETER GORDON & DENIS LAWTON. Dictionary of British Education[M]. London：Woburn Press,2003.

[11]ROBERT AND OLIVIA TEMPLE. The Complete Fables：Aesop[M]. New York：Penguin,1998.

[12]WILLIAM DUCKWORTH. A Creative Approach to Music Fundamentals（9th Edition）[M]. Belmont, CA：Thomson Schirmer,2007.

网址：

https：//dictionary.cambridge.org
https：//en.wikipedia.org
https：//www.britannica.com
https：//www.encyclopedia.com
https：//zhihu.com
https：//bankholidays-uk.com/bank-holidays-2022/
https：//holidays-calenr.net/calendar_zh_cn/uk_zh_cn.html
https：//baike.baidu.com